国家社会科学基金资助项目

《吕氏春秋》词类研究

殷国光 著

商务印书馆
2008年·北京

图书在版编目(CIP)数据

《吕氏春秋》词类研究/殷国光著.—北京:商务印书馆,2008

(古汉语专题研究系列)

ISBN 7-100-05328-5

I.吕… II.殷… III.吕氏春秋—词类—研究 IV.H141

中国版本图书馆 CIP 数据核字(2007)第 003025 号

所有权利保留。
未经许可,不得以任何方式使用。

LǓSHÌCHŪNQIŪ CÍLÈI YÁNJIŪ
《吕氏春秋》词类研究
殷国光 著

商 务 印 书 馆 出 版
(北京王府井大街36号 邮政编码 100710)
商 务 印 书 馆 发 行
北京瑞古冠中印刷厂印刷
ISBN 7-100-05328-5/H·1280

2008年1月第1版　　开本 850×1168 1/32
2008年1月北京第1次印刷　　印张 13½
定价:26.00元

目　　录

序 …………………………………………… 胡明扬　1

一 《吕氏春秋》词类研究概说 ………………………… 1
 1. 引言 ………………………………………………… 1
 2. 词类研究的先期准备 ……………………………… 2
  2.1　区分字与词 …………………………………… 2
  2.2　区分词与非词 ………………………………… 4
 3. 划分词类的基本原则 ……………………………… 10
  3.1　划分词类的标准和依据 ……………………… 10
  3.2　划分词类的相对性 …………………………… 11
 4. 词的归类 …………………………………………… 12
  4.1　问题之一 ……………………………………… 12
  4.2　问题之二 ……………………………………… 13
 5. 词的兼类与活用 …………………………………… 15
  5.1　词的同一性 …………………………………… 15
  5.2　区分词的兼类与活用的标准 ………………… 17
  5.3　兼类的层次性 ………………………………… 21
 6. 《吕》词类概说 …………………………………… 21
  6.1　《吕》的词量 ………………………………… 21
  6.2　《吕》的词类 ………………………………… 21
  6.3　《吕》词的兼类 ……………………………… 22
  6.4　《吕》词类活用 ……………………………… 25

  6.5 关于"体用兼备"说的几点看法 …………………… 26
  6.6 名、动、形三大词类充当句子成分的差异 ………… 29

二 《吕氏春秋》名词研究 ……………………………………… 33

 1. 名词概说 ……………………………………………… 33
  1.1 名词的分类 ………………………………………… 33
  1.2 名词内部的兼类现象 ……………………………… 34
  1.3 名词内部小类间的临时转变 ……………………… 36
  1.4 音节与名词小类 …………………………………… 36
 2. 名词的语法特征 ……………………………………… 37
  2.1 名词各小类直接受名词及其他词类修饰的
    能力存在着差异 …………………………………… 37
  2.2 关于名词前的副词 ………………………………… 41
 3. 名词的语法功能 ……………………………………… 42
  3.1 充当句法结构成分 ………………………………… 42
  3.2 名词的并列使用 …………………………………… 63
 4. 名词活用与兼类 ……………………………………… 68
  4.1 名词活用考察 ……………………………………… 68
  4.2 名词兼类考察 ……………………………………… 70
 5. 词头、词尾及叠用 …………………………………… 71
  5.1 词头 ………………………………………………… 71
  5.2 关于"子"的考察 …………………………………… 72
  5.3 叠用 ………………………………………………… 73
 6. 小结 …………………………………………………… 73
 〔附〕《吕》方位名词、时间名词列举(87) ……………… 75

三 《吕氏春秋》形容词研究 ……………………………………… 76

 1. 形容词概说 …………………………………………… 76

1.1　形容词的分类 …………………………………… 76
　　　1.2　性质形容词与状态形容词的构词方式 ………… 77
　　　1.3　形容词词头和词尾 ……………………………… 77
　　2.形容词的语法特征 …………………………………………… 78
　　3.形容词的语法功能 …………………………………………… 79
　　　3.1　充当句法结构成分 ……………………………… 79
　　　3.2　形容词的并列使用 ……………………………… 98
　　　3.3　非定形容词与非谓形容词 …………………… 100
　　4.形容词活用与兼类 ………………………………………… 103
　　　4.1　形容词的转类 ………………………………… 103
　　　4.2　《吕》形容词活用的考察 …………………… 107
　　　4.3　《吕》形容词兼类的考察 …………………… 111
　　5.小结 ………………………………………………………… 113
　　〔附〕《吕》状态形容词列举(79) ………………………… 114

四　《吕氏春秋》动词研究 …………………………………… 115
　　1.动词概说 …………………………………………………… 115
　　2.动词的分类 ………………………………………………… 115
　　　2.1　准宾语和真宾语 ……………………………… 115
　　　2.2　及物动词和不及物动词 ……………………… 123
　　　2.3　不及物动词的再分类 ………………………… 125
　　　2.4　及物动词的再分类 …………………………… 130
　　　2.5　不及物动词兼及物动词 ……………………… 137
　　　2.6　《吕》动词分类一览表 ……………………… 140
　　　2.7　体宾动词和谓宾动词 ………………………… 141
　　　2.8　关于几个特殊的动词小类的探讨 …………… 142
　　3.动词的语法功能 …………………………………………… 169
　　　3.1　充当句法结构成分 …………………………… 169

3.2　构成"者"字、"所"字结构 …………………… 175
　　　3.3　动词的并列使用 ……………………………… 180
　4. 动词活用与兼类 …………………………………………… 183
　　　4.1　《吕》动词活用的考察 ………………………… 183
　　　4.2　《吕》动词兼类的考察 ………………………… 184
　5. 小结 ………………………………………………………… 189

五　《吕氏春秋》数词研究 …………………………………… 190

　1. 数词概说 …………………………………………………… 190
　　　1.1　复合数词 ……………………………………… 191
　　　1.2　基数和序数 …………………………………… 193
　　　1.3　概数和虚数 …………………………………… 195
　　　1.4　倍数 …………………………………………… 200
　　　1.5　分数 …………………………………………… 201
　2. 数词的语法功能 …………………………………………… 202
　　　2.1　充当句法结构成分 …………………………… 202
　　　2.2　构成数词短语 ………………………………… 215
　　　2.3　数词活用与兼类 ……………………………… 217
　　　2.4　数词语法功能一览表 ………………………… 219
　　　2.5　壹、两、再（载²）、参 …………………………… 219
　3. 小结 ………………………………………………………… 223

六　《吕氏春秋》量词研究 …………………………………… 225

　1. 量词概说 …………………………………………………… 225
　　　1.1　关于"觞数行"的"行" …………………………… 225
　　　1.2　名量词的意义分类 …………………………… 226
　　　1.3　名量词小类内部的差异 ……………………… 226
　　　1.4　临时量词 ……………………………………… 234
　2. 量词的语法功能 …………………………………………… 235

2.1　构成数量短语 …………………………………… 235
　　　2.2　量词的并列使用 ………………………………… 239
　　　2.3　量词活用与兼类 ………………………………… 242
　　　2.4　数量短语与指称计量对象的名词的位置及结构关系 …… 243
　　3.　小结 …………………………………………………… 247
　　　3.1　《吕》量词分类列举 ……………………………… 247
　　　3.2　《吕》量词的特点 ………………………………… 248

七　《吕氏春秋》代词研究 ……………………………… 250
　　1.　代词概说 ……………………………………………… 250
　　2.　人称代词 ……………………………………………… 250
　　　2.1　第一人称代词 …………………………………… 250
　　　2.2　第二人称代词 …………………………………… 255
　　　2.3　第三人称代词 …………………………………… 258
　　　2.4　己身称代词 ……………………………………… 261
　　3.　指示代词 ……………………………………………… 263
　　　3.1　近指代词 ………………………………………… 264
　　　3.2　远指代词 ………………………………………… 274
　　　3.3　旁指代词 ………………………………………… 275
　　　3.4　逐指代词 ………………………………………… 276
　　　3.5　虚指代词 ………………………………………… 276
　　　3.6　无定代词 ………………………………………… 276
　　4.　疑问代词 ……………………………………………… 277
　　　4.1　疑问代词的语义差异 …………………………… 277
　　　4.2　疑问代词的语法差异 …………………………… 278
　　5.　小结 …………………………………………………… 282

八　《吕氏春秋》副词研究 ……………………………… 284
　　1.　副词概说 ……………………………………………… 284

2. 范围副词 ································· 285
2.1 范围副词的意义指向 ·················· 285
2.2 范围副词的位置 ······················ 291
2.3 范围副词对中心语的选择 ·············· 292
2.4 范围副词连用 ························ 293
3. 程度副词 ································· 293
3.1 程度副词的意义分类 ··················· 293
3.2 程度副词的语法特点 ··················· 294
4. 时间副词 ································· 297
4.1 时间副词的意义分类 ··················· 297
4.2 时间副词的语法特点 ··················· 300
5. 否定副词 ································· 301
5.1 否定副词的意义分类 ··················· 301
5.2 否定副词的否定中心 ··················· 303
5.3 否定副词的语法特点 ··················· 306
6. 语气副词 ································· 310
6.1 语气副词的意义分类 ··················· 310
6.2 语气副词的语法特点 ··················· 312
7. 谦敬副词 ································· 315
7.1 表敬副词 ···························· 315
7.2 表谦副词 ···························· 316
8. 连接副词 ································· 317
8.1 连接副词的意义分类 ··················· 317
8.2 连接副词的语法特点 ··················· 319
9. 情状副词 ································· 321
9.1 情状副词的意义分类 ··················· 321

9.2　情状副词的语法特点 ·················· 323
　10. 小结 ································· 325
　〔附〕《吕》副词列举(136) ····················· 328

九　《吕氏春秋》介词研究 ······················ 329
　1. 介词概说 ····························· 329
　2. 介词的分类 ···························· 330
　　2.1　介词的功能类别 ···················· 330
　　2.2　《吕》介词功能分类一览表 ·············· 334
　3. 介词的语法功能 ·························· 335
　　3.1　介词的位置 ······················· 335
　　3.2　介词宾语 ························ 343
　4. 关于几个常用介词语的说明 ··················· 347
　　4.1　关于"于"和"於" ··················· 347
　　4.2　关于"以……为""以为" ················ 350
　　4.3　关于"於是" ······················ 351
　5. 小结 ································· 351

十　《吕氏春秋》连词研究 ······················ 353
　1. 连词概说 ····························· 353
　2. 连词的分类 ···························· 353
　　2.1　联合连词 ························ 353
　　2.2　主从连词 ························ 356
　　2.3　《吕》连词分类一览表 ················· 359
　3. 连词的语法特点及其内部差异 ·················· 360
　　3.1　连词对连接对象的选择 ················· 360
　　3.2　连词在句(或分句)中的位置 ·············· 364
　　3.3　连词的连用及搭配使用 ················· 366

4. 小结 ·· 368

十一 《吕氏春秋》助词研究 ···································· 371

1. 助词概说 ·· 371
2. 音节助词 ·· 371
3. 结构助词 ·· 372
   - 3.1 标志体词性偏正结构的语法关系 ·············· 373
   - 3.2 标志主谓结构不独立成句 ························ 374
   - 3.3 标志句法结构内部词序的变化 ·················· 377
   - 3.4 标志句法结构性质的改变 ························ 379
4. 语气助词 ·· 384
   - 4.1 语气助词的分布 ······································ 385
   - 4.2 语气助词的位置 ······································ 389
   - 4.3 语气助词表达语气的功能 ························ 391
   - 4.4 语气助词的连用 ······································ 401
5. 小结 ·· 403

十二 《吕氏春秋》叹词研究 ···································· 405

1. 叹词概说 ·· 405
2. 叹词分述 ·· 406
   - 2.1 嘻(譆) ·· 406
   - 2.2 訾,与 ·· 407
   - 2.3 嗟 ·· 407
   - 2.4 於 ·· 407
   - 2.5 嗟乎,呜呼 ··· 407
3. 《吕》叹词一览表 ··· 408

附录I《吕氏春秋》兼类词一览表(452) ············ 409

Ⅱ 主要参考著作……………………………………… 412
后记……………………………………………………… 413
再版后记………………………………………………… 415

序

汉语是一种非形态语言,而就一种非形态语言而言,词类没有外在的形态标志,或者说缺乏足够的形态标志,这样,词类研究就困难重重。

词类是根据词在句法组合中共同的组合特征类聚而成的类别。区分词类也就是区分具有不同句法组合特征的词,为的是根据不同的词类序列更概括地说明各种不同的句法结构。因此,词类和句法是相互依存的。也正因为这样,区分词类的唯一标准只能是词的句法组合特征,或者说句法功能。

形态仅仅是词的句法功能的一种外在的形式标志,应该说是第二性的,而词的句法功能则是第一性,是词的句法功能决定词的形态标志,而不是词的形态标志决定词的句法功能。因此,即使没有形态标志,词的句法功能依然存在。当然,有了形态标志,词的句法功能就比较容易确定,区分词类也就比较容易;没有形态标志,词的句法功能就不那么容易确定,语法学家往往有不同的意见,结果区分词类就困难重重了。

如果说现代汉语词类研究困难重重,那么古代汉语词类研究就是难上加难了。在现代汉语词类研究中不少有较好效果的操作方法,如代入法、鉴定词鉴定法、搭配测试法等等,都不大行得通了,因为我们不是古人,缺乏古人对古代汉语的语感,古代典籍中没有出现过的用例我们没有把握就一定不能这样用,或者就一定能这样用,而且我们也没有资格自编古代汉语的用例。这就是说,古代汉语词类研究不仅有现代汉语词类研究中碰到的种种困难,而且还由于文献不足和我们不具备古人的语感而更加困难。

殷君国光长期从事古代汉语教学和研究,敢于啃硬骨头,肯下苦功夫,对《吕氏春秋》一书的词类进行了全面考察,写了《〈吕氏春秋〉词类研究》这样一部有分量的专著。对一部专书的词类进行全面的考察,这在国内还没有先例。《吕氏春秋》又是一部有确切著作年代的早期古籍,选择这样一部专书进行断代的词类研究也是很有眼光的。当然,作者在研究过程中遇到的困难是很多的。首先是怎样贯彻句法功能是区分词类的唯一标准的难题。作者在这方面采取了一种迂回策略,也就是以语义为基础、以句法功能为唯一标准的办法。因为句法功能是有相应的语义基础的,不同的句法功能必然会在不同程度上影响语义,因此可以根据词在不同语言环境中语义上的变化来判定句法功能上的变化,从而确定词类的归属。这里所说的"语义"当然不是简单的逻辑意义,而是包含了概括的语法意义在内的语言单位的意义。举一个现代汉语的例子来看一看。例如"战争",就逻辑意义来说是一种行为,但是在当代人的语感中,"战争"是某种行为的名称而不是这种行为本身。这就是这里说的"语义"。不过,这种办法总不免掺杂几分主观成分。所以作者又广泛地采用了量化的研究方法,用统计数据来校正主观的判断,这又是本书的一大特点。偶尔在个别问题上使用统计方法现在已不算什么新鲜事,但是对一部专书进行全面穷尽的统计分析,至少在国内还没有见到过。经过统计数据的校正,再根据句法功能来分类,至少比完全凭主观判定要可靠一些。作者的结论不可能是最后的结论,将来会有进一步的修正和补充。作者的贡献是摸索了一条处理古代汉语材料的新的路子,尽管这样的新路子也需要不断修正和改进。

古代汉语语法研究长期以来采用传统的"内省"方法,连归纳法也很少采用,在方法论领域很少有突破性的进展。殷君国光的研究是在方法论领域的一个有益的尝试,得出的结论也有很重要的参考价值。值得一提的是,作者对名词、形容词、动词的句法功能的统计数据和这些年来不同的人对现代汉语名词、形容词、动词的句法功能的统计数据惊人地接近,这说明作者的统计是相当可靠的,同时也说明古代汉语和现代汉语是一脉相承的,统计数据的接近不是偶然的。

作者从 80 年代初校勘注释《吕氏春秋》起就着手准备研究《吕氏春秋》语法,其中词类研究部分到现在才脱稿,是花了不少功夫的。希望作者再接再厉,早一点儿把句法部分也写出来。

胡明扬

1996 年 7 月 8 日于北京

一 《吕氏春秋》词类研究概说

1. 引言

词类问题一直是上古汉语研究的难题之一。自《马氏文通》问世以来,这一难题困扰了人们近百年。尽管语言学家在词类研究领域积极探索,不断取得进展,但至今仍有不少理论问题有待澄清。例如:词类的性质,也就是词类和句法分析之间的关系问题;词的同一性问题;划分词类的标准问题;词的活用与兼类问题等等。本书将对《吕氏春秋》的词类进行全面的、量化的研究,力图勾画出周秦之交汉语词类系统的基本面貌;并以专书量化的语言材料为依据,对前人关于词类研究的理论、方法、结论进行检验和修正,探讨上述有待澄清的各种问题。

为什么我们把《吕氏春秋》作为首选专书研究的对象呢?主要是因为:(一)《吕氏春秋》成书年代确定无疑[1],这在先秦典籍中几乎是绝无仅有的;(二)《吕氏春秋》是用当时通行的语言写成的[2],具有

---

[1] 《序意》篇说:"维秦八年,岁在涒滩,秋甲子朔。朔之日,良人请问十二纪,文信侯曰……"这里的"秦八年"是吕不韦自己所言,应该说是可信的。"秦八年",高诱注曰:"秦始皇即位八年也。"对此,历代虽有不同的解释,但相差仅在二三年之间。

[2] 《吕氏春秋》成书之后,吕不韦曾"布咸阳市门,县千金其上,延诸侯游士宾客有能增损一字者予千金"(《史记·吕不韦列传》)。这至少表明《吕氏春秋》这部书是"诸侯游士宾客"以及"市"人都能看得懂的,它所用的语言应该是各国行用的通语。

代表性;(三)《吕氏春秋》是战国末期最后一部重要著作,它的语言反映了周秦之交的语言面貌,因此,在汉语史上具有重要的地位。

2. 词类研究的先期准备

2.1 区分字与词 《吕氏春秋》(下文简称《吕》)是上古汉语书面语。我们研究的是《吕》的词,而那些词是由一个个汉字记录下来的。一般地说,一个汉字记录的就是一个词。但字毕竟不等于词,字与词并非一一对应。同字异词现象和异字同词现象交织在一起。因此,区分字与词是研究《吕》词类首先要解决的问题。

2.1.1 假借字。《吕》中的假借字大致有两种情况,一种是造字之始的假借,一种是用字的假借。

造字之始的假借,即许慎所说"本无其字,依声托事"[①]。如:"之"字的本义是"往"(《贵因》:"西伯将何之?");在《吕》中,"之"还借来表示没有文字形式的第三人称代词(《贵公》:"荆人得之。")、近指代词(《音初》:"之子必有大吉。")、连词(《适音》:"乐之弗乐,心也。"[②])、助词(《孟春》:"孟春之月。")。"之"的代词义、连词义、助词义与其本义"往"毫无关联,因此,《吕》中,"之"字记录了四个词:之^1,动词;之^2,代词;之^3,连词;之^4,助词。

用字的假借,即王引之所说"本字见存,而古本则不用本字而用同声字"[③]。如:"爵"字的本义是"饮酒器"(《孟春》:"执爵于太寝。");

---

① 见《说文解字·叙》。
② 范耕研曰:"'乐之弗乐',犹言乐与弗乐。'之'犹'与'也。"转引自陈奇猷《吕氏春秋校释》(学林出版社,1984年)274页。
③ 见《经义述闻·经文假借》。

借为"雀"(《务大》:"燕爵颜色不变。"按:《谕大》作"燕雀颜色不变",用本字)。这样,《吕》中,"爵"字记录了两个词:爵¹,饮酒器;爵²,通"雀",鸟雀。"爵¹"与"爵²"属同字异词;"爵²"与"雀"属异字同词①。

2.1.2 区别字。在汉字孳乳过程中,一个汉字或因词义引申,或因假借,意义、用法发生分化后,往往需要另加偏旁加以区别,增加偏旁的字称区别字,与之相对的古字称本原字。

《吕》中区别字与本原字混用的现象较为普遍,如:

采—採　　益—溢　　尊—樽　　取—娶
道—导　　质—锧　　景—影　　反—返
弟—悌　　知—智　　辟—避　　乡—飨

以上各组字,前者为本原字,后者为区别字。

我们把区别字与本原字看作异字异词,主要基于以下考虑:(一)《吕》中的区别字都产生于《吕》时代之前②,自其产生之日起,就是一个独立的词的书写符号。区别字记录的词与其本原字记录的词,无论在意义上,还是在用法上都存在着差异。(二)有的区别字读者已发生了变化。如"溢"读锡部喻母③,而"益"读锡部匣母;"避"读锡部並母,而"辟"读锡部帮母。这表明,部分区别字记录的词与其本原字记录的词已具有不同的语音形式。(三)少数区别字与其本原字意义有了明确的分工,如"飨"与"乡",《吕》中,凡"以酒食款待人"之义用"飨",不用"乡"。

---

① 还有一种情况比较特殊,如"辤"字,《说文解字》云"不受也",段玉裁按:"经传凡辤让皆作辞说字,固属假借,而学者乃罕知有辤让本字,或又用辤为辞说而愈惑矣。"(见段玉裁《说文解字注》742页,上海古籍出版社)依段说,"辤""辞"当为异字异词,"辤"作"辞"亦属用字的假借,只不过虽然"本字见存",而未见本字使用罢了。

② 有的区别字历史还相当悠久,如"娶"字,甲骨文中就已出现。

③ 本书上古音系统依王力先生《汉语语音史》先秦音系(战国)。

2.1.3 异体字。《吕》中有异体字 21 个,其中有些是声符不同,如"糂""糁";有些是义符不同,如"鷄""雞";有些是造字方法不同,如"野(形声)""埜(会意)";有些则是由于隶变不同造成的,如"竝""並"。凡异体字均属异字同词。

2.1.4《吕》中,少数同字异词是由于引申分化形成的。如:"长"字记录了两个词:长¹读阳部定母,义与"短"相对;长²读阳部端母,义为"生长""年长"。从甲骨文字形看,"长"像人头发长长的样子,长短之"长"就是从人头发长引申而来;"生长""年长"之义又是从长短之"长"引申出来的。因此,长短之"长"与"生长""年长"最初只是一个词的不同意义,后来"生长""年长"又分离出来,其标志是读音发生了变化,从而产生了音义均有别于长¹(长短之"长")的新词长²。①

类似的情况还有"朝"字(朝¹,读宵部端母,义为"早晨";朝²,读宵部定母,义为"朝见""朝廷")、"见"字(见¹,读元部见母,义为"看见";见²,读元部匣母,义为"显现")等。

2.2 区分词与非词

2.2.1 字与词的交错关系,除了同字异词、异字同词外,大量存在的是,同一汉字,有时记录的是词,有时记录的不是词(或是语素、或仅是个音节)。如"苍"字:

---

① 这里说的音变造词不是指的后代所谓"四声别义"。清代学者顾炎武、钱大昕、段玉裁等都认为汉以前没有所谓"四声别义"的现象。周祖谟先生也指出:"以余考之,一字两读,决非起于葛洪、徐邈,推其本源,盖远自后汉始。"(见《四声别义释例》)郑玄《三礼注》,高诱《吕览、淮南注》,服虔、应劭的《汉书音义》等东汉大儒的音训都证明了周先生的论断"确乎信而有征"。尽管"四声别义"现象始见书的时代与其存在于语言中的时代未见得完全一致,但目前尚无足够的语言材料证明周秦之交已经存在着四声别义现象,因此,在研究《吕》词类时,我们不免考虑"四声别义"问题。

> 有其状若人,苍衣赤首。(《明理》) [苍,青黑色。]
>
> 苍庚鸣。(《仲春》) [苍庚,鸟名。]
>
> 后时者,弱苗而穗苍狼。(《审时》) 毕沅曰:"苍狼,青色也。在竹曰'苍筤',在天曰'仓浪',在水曰'沧浪',字异而义皆同。"①
>
> 东方曰苍天。(《有始》) [苍天,东方属木,木色青,故名。]

"苍衣"中的"苍"字记录的是词,"苍庚""苍狼""苍天"中的"苍"字记录的不是词。因为"苍衣"是短语,"苍庚"等是复音词。可见,确定一个字记录的是词与否,关键是区分复音词和短语。

2.2.2 区分复音词和短语是上古汉语研究的难题之一。这一方面固然是由于春秋战国时期汉语出现了明显的双音化倾向,部分短语逐渐凝固成词,短语和复音词之间本来就没有绝对的界限;另一方面是由于我们研究上古汉语只能依靠有限的古代文献,在区分短语和复音词的具体操作中,形式特征难以作为定词的标准。古代文献的语言不能像活在人们口头的现代汉语那样任意用拆开、扩展或转换的方法加以验证,也不能像现代汉语那样,借助于语音变化(如轻声)加以认定。因此,我们确定《吕》的复音词,主要凭借意义特征,同时参考结构特征、出现频率,以及同时代的其他文献。例如:

> 千乘 "千乘"按其字面意思是指千辆兵车。如《贵直》:"与吾得革车千乘也,不如闻行人烛过之一言。"但《吕》中,"千乘"还有其他意思。《慎势》:"以千乘令乎一家易。"(千乘,指诸侯国。)《观世》:"文王,千乘也;纣,天子也。"(千乘,指

---

① 转引自陈奇猷《吕氏春秋校释》1805 页。

诸侯。)《不侵》:"昭王,大王也;孟尝君,千乘也。"(千乘,指诸侯国的执政大臣。)以上诸义,均不是"千""乘"意义的简单相加,而是新义。《吕》中,具有新义的"千乘"共出现14次。考察《韩非子》,"千乘"也有"诸侯"之义,如《孤愤》:"万乘之患,大臣太重;千乘之患,左右太信:此人主之所公患也。"因此,具有"千辆兵车"义的"千乘"是短语,具有"诸侯(国)""大臣"等新义的"千乘"是复音词。

甽亩　"甽"为田垄间的小水沟,"亩"为田垄。《辩土》中的"大甽小亩,为青鱼胁",用的就是"甽""亩"的本义。但"甽亩"结合在一起,不是指"垄沟和田垄"两个并列的事物,而是表达一个更广泛、更概括的概念,指"田野""乡野"。如《离俗》:"居于甽亩之中,而游入于尧之门。""甽亩"在《吕》中虽仅出现1次,但考察《孟子》《荀子》《韩非子》诸书,"甽(畎)亩"共出现8例,均连用,这表明"甽亩"的结合是稳定的。因此,具有概括义的"甽亩"是复音词。

即位　"即位"的字面意义是走上某位置,但《吕》中不是走上任何位置都叫"即位",而是特指新君走上君主的位置。如《古乐》:"武王即位。"《吕》中,"即位"共出现10次,都是"继承君位"之义。考察《左传》《荀子》《韩非子》诸书,"即位"共出现128例,其中123例是"继承君位"之义。因此,具有特指义的"即位"是复音词。

国家　"国"指诸侯统治的政治区域,"家"指卿大夫统治的政治区域(或家庭)。如《执一》:"故曰以身为家,以家为国,以国为天下。"《吕》中,"国家"结合在一起共14次,均偏指"国","家"只起衬托作用,如《制乐》:"宰相,所与治国家也。"

又如《顺民》:"孤将弃国家,释群臣。"考察《韩非子》,"国家"共出现11次,其中10次偏指整个国家。因此,具有偏指义的"国家"是复音词。

总之,如果一个复音组合中,包含两个有意义的成分,这两个成分之间的意义联系是不可分解的(或构成新义,或具有概括义,或具有特指义,或具有偏指义),而且这个复音组合又比较稳定,那么这个复音组合就是词;反之,就是短语。

至于复音词中的连绵词(如"苍狼""哭历""蟋蟀")、叠音词(如"寥寥""莽莽""匈匈"),以及附加式合成词(如"有凤""嘆然""喟焉"),因具有某种形式特征,容易确认,兹不赘述。

当然,主要凭借意义特征区分词和短语也有其难以避免的缺陷:其一,人们在理解古代文献时,不可避免地带有一定的主观随意性。对古代文献中某一复音组合的意义应如何理解,仁者见仁、智者见智的情况在历史上屡见不鲜。仅就一部《诗经》来说,毛传、郑笺、孔疏、朱集传就多有不同。古人众说纷纭,今人亦然。其二,对某一复音组合的意义即使理解上没有分歧,但是否算作新义,在判别上也可能因人而异,而这往往又与人们对历史上某一时期复音词范围大小的看法有关。例如"左右","左""右"本指方位,如《精谕》:"前后左右尽靖也。"《吕》中,"左右"又指君主的近侍,如《贵当》:"其朝臣多贤,左右多忠。"我们认为,指称方位的"左右"是短语,具有"君主的近侍"义的"左右"是复音词。但也有人认为"近侍"也是短语义,"左右"只有具有"帮助""支配"义后,才转化为复音词,如《史记·萧相国世家》:"高祖为亭长,常左右之。"[1]具有

---

[1] 参见赵克勤《古汉语词汇纲要》(浙江教育出版社,1987年)59页。

"近侍"义的"左右"是复音词,还是短语?并没有一个绝对的标准,也没客观的外部形式作为区分的依据。为了弥补凭借意义区分词和短语的缺陷,多少年来,人们一直在探索凭借外部形式区分古代汉语中词和短语的方法。但迄今为止,人们提出的一些方法,如"成分替代""结构变换"等,或难于操作,或仍以意义为核心。我们认为,必须依据大量的语言材料,对复音词逐一进行共时的、历时的量化研究,既有意义的研究,又有语境的分析,形式与功能的比较,才能真正解决复音词与短语的划界问题。这一课题需要另作专门研究,仅凭《吕》的语言材料是远远不够的。

2.2.3 过渡词。词和短语都是语言单位,在语言发展中,不断有短语凝固成词。我们认为在短语和词中间存在着一个过渡地带,而过渡词正处在这一地带之中。

过渡词具有词的意义特征,即意义上融贯统一。如:

道路　　段玉裁《说文解字注》云:"一达谓之道、路,此统言也。《周礼》:'浍上有道,川上有路。'此析言也。"依段注,"道"与"路"本有区别,指两种事物,后渐渐同义。《劝学》:"君子行于道路,其有父者可知也。"其中"道路"显然已与"一达"无关,而且也不再是指称有区别的两种事物了。

衣裳　　"衣"本指上衣,"裳"本指下衣。《仲秋》:"乃命司服,具饬衣裳。"高诱注:"司服,主衣服之官,将饬正衣服,故命之也。"高诱用"衣服"注释"衣裳",正说明《仲秋》中的"衣裳"已具有概括义,泛指衣服。

但过渡词在形式上很不稳定。具体表现为,出现频率不高,其构成成分以单用为主要形式,位置可颠倒,成分可代换,可扩展。分述如下:

(一) 绝大多数过渡词出现频率不高,其构成成分以单用为主要形式。如:"道路",《吕》共出现 4 次,而"道"单用 38 次,"路"单用 11 次。"衣裳",《吕》共出现 2 次,而"衣"单用 98 次,"裳"单用 3 次。"人民",《吕》共出现 3 次,而"人"单用 998 次,"民"单用 342 次。

(二) 有些过渡词的构成成分位置可以颠倒。如:

人民《察贤》—民人《当染》　　家室《贵当》—室家《别类》
弟子《诬徒》—子弟《当染》　　斗争《禁塞》—争斗《荡兵》
适宜《顺说》—宜适《离俗》　　节俭《节丧》—俭节《安死》
襁褓《直谏》—褓襁《明理》　　志气《精通》—气志《精谕》
调和《去私》—和调《必己》　　听从《任数》—从听《大乐》
诈伪《义赏》—伪诈《季夏》　　和平《音律》—平和《适音》
穷困《举难》—困穷《论人》　　兵戎《孟春》—戎兵《孟秋》

以上各组同素异序词,有些词义没有什么分别(至少今人已难以辨析),有些在《吕》中则有较明显的差异。如"人民"指人或人类,与"万物""禽兽"相对为言;"民人"指百姓。又如"弟子"指学生,对老师而言;"子弟"指晚辈,对父兄而言。再如"家室"指家庭,主要指人,所以说"愧其家室"(《贵当》);"室家"指房舍,所以说"为室家"(《别类》)。这说明位置在构词中仍起着一定的作用。

(三) 有些过渡词的构成成分可以代换。如:

衣裳《仲秋》—衣服《仲秋》　　军旅《至忠》—师旅《季秋》
士卒《悔过》—兵士《用众》　　兵戎《孟春》—兵革《季春》
室家《别类》—室屋《怀宠》　　沟洫《禁塞》—沟壑《节丧》
农民《季冬》—农夫《不屈》　　庶人《上农》—庶民《季冬》

(四) 过渡词偶或中间出现连词,扩展为短语。如:"悲哀"可扩展为"悲以哀"(《适音》),"生长"可扩展为"生而长"(《圜道》)等。

总之,上述特点表明,这些词在《吕》时代还处于凝固、选择的过渡阶段。随着语言的发展,过渡词不断分化,有的消亡了,如"民人""俭节""宜适""从听""气志"等,有的转化为复音词,如"人民""斗争""和平""平和""衣裳""衣服"等。

关于过渡词的归属,人们意见不一是很自然的,因为它本身就是介乎短语和词之间的东西。我们之所以采用比较宽的标准,把它归入词,除了考虑到它具有词的意义特征之外,还考虑到这样处理有助于复音词的历时研究。作为一般复音词(连绵词、专名除外),它的形成大都经历了由短语向词的转化过程。这一过程,可以说,在其构成成分最初组合在一起的时候就已经开始了。这类复音组合(说它是短语也罢,说它是词或过渡词也罢)是复音词历史发展的遗迹。如果每一部专书的语言研究都能把这类组合提供出来,人们将能据以划出每一复音词形成发展的历史轨迹。

除过渡词外,《吕》中还有一类出现频率极低(1—2次)的复音组合,如:骨肉、妖孽、朝廷、学问、群众、乡里、退却、犒劳、讴歌、屈服、沐浴、呻吟、统率、攻击、眺望、整齐、脆弱、严肃、寂寞、果敢、疏远、纯朴、坚固、人类、罪人、先人、敌人等。这类复音组合在现代汉语中无疑都是词,而在《吕》中,由于出现频率极低而无法确定其是否已经转化为词。我们把这类复音组合看作是词,也正是出于上述考虑。

3. 划分词类的基本原则

3.1 划分词类的标准和依据 词类是词的语法分类,划分词类自然是以词的语法功能(主要指词的组合能力,以及词的造句功能)为标准。但是,词是客观现实的反映,一类词之所以具有这样或那样的语法功能,有其深刻的语义基础(这里所说的"语义",不仅指词的稳定的、独立的逻辑意义,即我们常说的义项或义位,而且包含了概括的语法意义在内,如事物、动作、性质、状态、数量等),因此,语义是划分词类的依据。以语法功能为标准,以语义为依据,二者不可或缺,这是我们划分词类的基本原则。

词的语法功能有已实现、未实现之分。作为划分上古汉语词类标准的只能是词在文献语言中已实现的语法功能。词在文献语言中已实现的语法功能又有常功能、暂功能之分(这是由数频显示出来的),作为划分词类标准的是常功能,而非暂功能。

3.2 词类划分的相对性 上古汉语是个具有连续性的、模糊性的语言客体,我们根据上古文献有限的语言材料切分的词、概括的词型必然只能是相对合理的、具有人为性的单位,因此,在此基础上进行的分类必然也只能是相对的。

词类系统是个多层次的系统。无论我们把《吕》的词分为多少类,划分出的类别都只能是词类系统中某一层次的类别,并不是词类划分的终极。词类可以粗分,也可以细分,至于划到哪一层为宜,也是相对的。

自《马氏文通》问世,把古代汉语的词类分为九类[①],近百年来,关于古代汉语的词类问题,语言学家进行了广泛的探讨。词类的划分或粗或细,少则几类,多则十几类,但总的说来,大的格局没

[①] 《马氏文通》把汉语词类分为"名字""代字""动字""静字""状字""介字""连字""助字""叹字"等九类。

有什么变化。我们在对《吕》的词划类时,并未另起炉灶,而是沿用了前人关于上古汉语词类的分类及名称,目的在于,以《吕》量化的语言材料为依据,检测前人关于上古汉语词类的基本格局;并在前人分类的基础上,着眼于同一大类的词在入句之后呈现出的不同变化,着重描写词的大类内部存在的语法功能和语义的差异。

4. 词的归类

我们把《吕》的词类系统看作是一个穷尽类系统,《吕》的全部词都应当包括在这个系统之中。因此,我们必须判定《吕》中每一个词的词性,将它们一一归类。这在具体操作中必然会遇到种种问题。

4.1 问题之一 词在《吕》中显示的意义是该词的基本词汇意义,还是临时意义? 词在《吕》中实现的语法功能是该词的常功能,还是暂功能? 这本来主要是靠数频显示的(数频常常为我们提供可以把握的相对稳定范围)。但是,对于那些在《吕》中出现频率极低的词,我们则难于判定。尤其是词的表现与我们的语感不一致的时候。例如:

　　轮(1)① 《大乐》:"天地车轮。" 高诱注:"轮,转。"

　　豆(1) 《贵公》:"大庖不豆。" 高诱注:"但调和五味,使神人享之而已,不复自列笾、簋、籩、豆也。"

　　弁(1) 《上农》:"庶人不冠弁、娶妻、嫁女、享祀。" 夏纬英曰:"正当农时,不许庶人行冠礼、娶妻、嫁女、享祀等事。"

---

① 括号中的数字为该词在《吕》中出现的次数。

为了判定"轮""豆""弁"诸词的词性,我们不得不参考与《吕》时代相近的先秦其他文献。

考察春秋战国时期的文献①:

"轮"共出现 34 例,均为名词用法,义为"车轮";

"豆"共出现 19 例,其中名词用法 18 例,义为"食器",动词用法 1 例,义为"以豆祭祀";

"弁"共出现 8 例,其中名词用法 6 例,义为"皮冠",动词用法 2 例,义为"加弁"。

通过对"轮""豆""弁"诸词的全面考察,我们认为,"轮"的基本词汇意义是"车轮","轮"的名词用法是其常功能;"轮"在《吕》中的"转"义只是该词的临时意义,"轮"在《吕》中的动词用法只是该词的暂功能。根据划分词类以词的常功能为标准的原则,我们把"轮"一词归入名词。同理,"豆""弁"也归入名词。

这样归类,虽然会使少数词的类别与其在《吕》中的表现不一致,有背于我们在上文说的划分《吕》的词类当以词在《吕》中已实现的语法功能为标准的原则,但是,我们认为:(一)这样归类是以先秦文献的语言材料为依据的,符合我们在上文说的划分词类以词的常功能为标准的原则;(二)这样归类以语义为基础,更符合人们对于"轮""豆"诸词心理上的认同;(三)对于上述不一致的现象,我们可以用词类活用予以解释,因此,这样归类不会影响《吕》词类系统的基本格局。

4.2 问题之二 部分词在《吕》中已实现的语法功能未显示

---

① 包括《论语》《左传》《墨子》《庄子》《孟子》《荀子》《韩非子》《公羊传》《穀梁传》等九部文献。

出该词所属词类的主要语法特征。这突出地反映在实词的归类上。

部分实词在《吕》中只显示一种组合关系,在句法结构中只充任一种成分,如:"殇(3)、攒(1)、涌(1)、恨(1)、旧(2)、奇(2)、恒(1)、粹(2)"等,只修饰名词,充任定语;"讶(1)、爽(1)、讼(1)、馈(1)、尤(1)、飘(1)、憝(1)"等,只与动词结合,充任宾语,等等。因此,上述诸词,仅凭它们在《吕》中的表现,无法判定它们的词性。我们不得不依据那些词的语义,以及那些词在先秦其他文献中的表现,而将它们一一归类。

毋庸讳言,这样归纳出的词类,其内部虽具有相同的语义基础,但语法功能必然参差不齐,难于整齐划一。之所以出现这样的结果,固然与我们采用的语言材料是有限的语言材料有关,但这并不是主要原因。主要原因还要从上古汉语自身寻找。我们认为,词类系统随着语言自身的发展也在不断地发展完善。上古汉语的词类系统在周秦之交,其基本格局(如名、动、形三分)已经确定,但词类之间的界限仍是模糊的,每个词类的成员尚未完全固定。只有词类内部的主体部分的(核心词)才具有该词类的全部语法特征,至于非主体部分则只具有该词类的部分语法特征;此外,还有些词尚在词类间游移。我们把它们全部归入到一个穷尽类系统中,出现上述结果是不可避免的[①]。正因如此,我们才把研究的重点放在词类内部的差异上。

[①] 当然,我们也可以把《吕》的词类系统看作是一个非穷尽类系统。这样处理,虽然词类系统内部比较整齐划一,但我们将面临另一个难题,即如何解决"剩余词"的问题。不管采用哪一种处理方法,作为专书的词类研究,都必须面对该书的每一个词,这是基本原则。

5. 词的兼类与活用

5.1 词的同一性 如何理解上古汉语中词的同一性,这是我们讨论词的兼类与活用时首先遇到的一个难题。鉴定对象的同一性,既没有成功的理论根据,又没有明确的实践准则。上古汉语显然不能采用现代汉语中关于词的同一性的标准,即"同音同义"的标准①,否则,将会导致出现大批的同形词。例如,"节"在《吕》中共有9个义项:

①竹节。《古乐》:"取竹于嶰谿之谷……断两节间。"

②骨节。《本生》:"三百六十节皆通利矣。"

③关键。《察传》:"夫乐,天地之精也,得失之节也。"

④节令。《明理》:"阴阳失当,四时易节。"

⑤符节。《首时》:"楚王说之,与将军之节以如秦。"

⑥马箠。《适威》:"若御良马,轻任新节。"

⑦节操。《序意》:"是失为人臣之节。"

⑧节制。《论人》:"适耳目,节嗜欲。"

⑨节省。《原乱》:"节器用。"

如果以"同音同义"作为鉴定上古汉语词的同一性的标准,那么,"节"一词便至少分化为节^1、节^2……节^{9}等九个同形词。② 这样的结果不仅模糊了上古汉语词的面貌,而且,人们在心理上也难以接

---

① 见陆俭明《关于词的兼类问题》(载《中国语文》1991 年第 1 期)。

② 在这里,我们还没有考虑同一义项内,不同的词例所显示的意义的差异。例如:"节令"义项下,尚有"寒暑不节"(《辩土》)之例;"节制"义项下,尚有"怒之以验其节"(《论人》)之例。

受①。基于上述考虑,我们把同音而且意义之间具有联系(其义相关、其源相通)作为鉴定上古汉语词的同一性的基本标准;把同形作为鉴定上古汉语词的同一性的参考依据。根据这一标准考察《吕》,结果是《吕》中 43% 的单音词(1281 个)是多义词②。这表明,汉语发展至周秦之交,一词多义、乃至由此而产生的一词多类是其重要的特点之一;一词多义正是汉语历时的发展在共时平面上的反映。

当然,我们设立的鉴定上古汉语词的同一性的标准,并不是一个理想的标准。首先,从意义出发鉴定词的同一性很难从形式上得到验证;其次,所谓"意义之间具有联系",其本身就是一个模糊的概念。什么叫"有联系",什么叫"没有联系",人们往往根据自己的理解做出见仁见智的解释,因此,这种鉴定不可避免地带有今人的某些主观随意性。例如《吕》中的"尊"至少有 3 个义项:

① 酒器。《情欲》:"尊,酌者众则速尽。"
② 尊贵。《慎小》:"上尊下卑。"
③ 尊重。《劝学》:"疾学在于尊师。"

"尊贵"义与"尊重"义之间具有明显的联系,自不待言;但是,"酒器"义与"尊贵"义呢?今人看来,二者相去甚远,谈不上什么联系,因此,有人把"酒器"义看作是"尊"的假借义。③ 按照这种看法,"酒器"之"尊"与"尊贵"之"尊"当属两个不同的词。但是,故训则

---

① 即使是《现代汉语词典》也是把"节"看作一个词,兼名、量、动三类。
② 《吕》中的单义词,在先秦时代未必都是单义。如果这样算,多义单音词当超过单音词的半数。
③ 杨金鼎主编《古汉语通用字字典》云:"尊,通'樽'。古时盛酒器具。"(福建人民出版社,1988 年)125 页。

认为二者之间有联系。段玉裁《说文解字注》中说:"凡酒必实于尊,以待酌者。郑注《礼》曰:'置酒曰尊。凡酌酒者必资于尊。'故引申以为尊卑字,犹贵贱本谓货物而引申之也。"(上海古籍出版社,752页)黄侃《文字声韵训诂笔记·训诂》中说:"夫酒器所以名为尊者,奉酒以所尊故也。"(转引自《汉语大词典》②1280页)段、黄之说尽管有别,但是在"酒器"义与"尊贵"义之间有联系这一点上是一致的。这样看来,依据段、黄之说,把《吕》中的"尊"看作一词,才更为妥当。

总之,在目前没有明确的形式标准的情况下,我们只能采用上述以同形、同音为前提的意义标准。为了减少主观随意性,我们尽可能地参照古人的训释。[①] 对于少数难于鉴定的词,则采取从合不从分的原则。例如《吕》中的"染"有3个义项:

①用染料着色。《仲夏》:"令民无刈蓝以染。"

②薰陶。《当染》:"舜染于许由、伯阳。"

③豉酱。《当务》:"于是具染而已。" 高诱注:"染,豉酱也。"

"用染料着色"与"豉酱"之间有没有联系?古人没有说,我们今天也难以断定。像这样的词,我们都把它看作是一个词。这样处理也许更符合上古汉语的特点。

5.2 区分词的兼类与活用的标准 区分词的兼类与活用的标准有二:一是频率,一是意义。

5.2.1 频率标准。在言语中,"词的临时活用→兼类"是个连

[①] 当然,古人的训释也未必完全符合周秦之交人们的认识,也在一定程度上带有后人的主观随意性,只不过与今人相比,较为可靠罢了。

续不断的过程,其间的界限显然不大容易把握。我们认为,既然称"活用",当属偶然的、临时的语言现象,其出现频率必然不高;反之,出现频率高的"活用",当看作是该词的常功能,当属"本用"。这里所说的频率"高"或"不高"显然是一个模糊的概念。为了对《吕》词类系统作量化的研究,需要有一个量化的标准,以区分词的兼类与活用。如何确定这一标准呢。我们的设想是:(一)要以《吕》的语言材料为依据,必要时参考先秦的其他文献;(二)要考虑到人们语感上的可接受程度;(三)要从词类系统总的格局考虑。如果把标准定低了,比如,以出现1次或2次作为"活用"的标准,超过1次或2次便视作"本用",那么,人们在语感上已经认同的一些活用现象,如"吾举登也,已耳而目之矣"(《知度》)中的"耳""目"①,便被排斥在外,从而大大增加了兼类词的数量。如果标准定高了,比如超过10次才不视为"活用",则又很难自圆"偶然""临时"之说。基于上述考虑,通过对《吕》语言材料的考察,全面衡量之后,我们把出现频率5次作为区分"活用"与"本用"的标准:凡一词的某一词类用法在《吕》中出现频率达到5次者,不视为"活用"。例如:

轻(63)　意动用法21次,当属"本用";

弱(28)　意动用法2次,当属"活用";名词用法12次,当属"本用";

友(35)　动词用法11次,当属"本用";

君(239)　动词用法13次,当属"本用"。②

---

① 《吕》中,"耳""目"作动词各4次。
② 出现频率超过百次的常用词,亦可参考另一条量化标准加以校正:凡属"活用"现象,其出现频率不超过该词出现总频率的5%。

依照我们选定的标准,"轻"兼形、动二类,"弱"兼形、名二类,"友""君"兼名、动二类。毋庸讳言,我们选定的标准带有一定的主观随意性,是否完全符合《吕》的语言实际情况,并未经过严格的验证。但是,只有有了这一标准,我们才可以把《吕》中的词的兼类与活用现象的研究加以量化,并在运用这一标准的同时,验证它的合理性。

频率标准在使用时受到以下限制:其一,《吕》中相当一批词出现频率在 5 次以下,以致无法操作。例如:

巢(3)　名词用法 1 次,动词用法 2 次;

弋(3)　名词用法 1 次,动词用法 2 次;

扑(2)　名词用法 1 次,动词用法 1 次;

垣(2)　名词用法 1 次,动词用法 1 次;

瘘(2)　名词用法 1 次,动词用法 1 次。

其二,我们只能说,"活用"既然是偶然的、临时的语言现象,其出现频率必低;但是,不能倒过来说,词的某一类用法频率低的一定是"活用"。因此,我们还必须使用意义标准;对于那些出现频率较低的词,还必须参考先秦其他文献。

5.2.2　意义标准。词类活用是一种共时的语言现象。当一个词(主要指名、动、形三类词)在言语中活用作他类词时,该词的意义(词汇意义和语法意义)也随之发生位移。位移的具体情况如下:

指称事物→表示以该事物为对象(或工具等)的动作。如:桑,用作动词,义为"采桑";豆,用作动词,义为"置豆";耳,用作动词,义为"(用耳)听";兵,用作动词,义为"(用兵)杀"。

指称事物→表示以该事物为量度量位。如:以"鼎""镬"之类的容器作容量单位。

表示性状→指称具有该性状的人或事物。如：良，用作名词，义为"良人"；强大，用作名词，义为"强大的国家。"

表示性状→表示使客体具有该性状的动作。如：洁，用作动词，义为"使清洁"。

表示性状→表示认为客体具有该性状的动作。如：拙，用作动词，义为"以为拙"。

表示动作→指称动作者，或动作涉及的对象。如：逃，用作名词，义为"逃亡之人"；亡，用作名词，义为"灭亡之国"。

这种位移发生在同一意义层次之上。活用后的词义与该词本来的词义之间存在着直接的、有迹可寻的联系。它们是同一义位的临时变体。因此，如果一个词的词义与其用作他类词的词义之间存在着较大差异，超出了上述词类活用时词义变化的范围，当考虑排除活用的可能，而把该词归入兼类词。如上文曾提及的"尊"一词，其"酒器"义与"尊贵"义之间相去甚远，谈不上谁活用谁的问题。尽管在《吕》中作"酒器"义的名词用法仅出现1例，但我们仍把"酒器"义看作是"尊"的"本用"义。

在上文我们曾说过，一词多义，乃至由此产生的一词多类是汉语发展至周秦之交的特点，是汉语历时的发展在共时平面的反映。因此，我们在区分词的兼类与活用时还要看词义的历史发展。例如：

寇，依甲文字形，像一个人拿着棍棒跑进他人的屋内去击打主人的头。其本义是动词。《诗经》中，"寇"出现7次，6次用作动词，义为"抢劫""掠夺"；1次用作名词，义为"盗匪"。从《诗经》的情况看，"寇"用作名词应看作是活用。《吕》中，

"寇"出现27次,26次用作名词,指入侵之敌;1次用作动词,义为"劫掠"(《贵公》:"大兵不寇。")。从频率看,"寇"用作动词又像是活用。我们认为,从词义的历史发展看,"寇"的动词义项是它所固有的,不是在句中临时取得的,因此,"寇"宜看作是兼类词。

"尊""寇"等词的例子表明,当频率标准与意义标准不一致的时候,意义标准更为重要。

5.3 兼类的层次性 词类系统是个多层次的系统,在每一层次上都有兼类现象存在。如:在超词类层次上有实词兼虚词,在词类内部的次类层次上有及物动词兼不及物动词,人称代词兼指示代词,普通名词兼方位名词、时间名词,音节助词兼结构助词、语气助词等等。这种兼类从本质上说,是由一词多义造成的。

6.《吕》词类概说

6.1 《吕》的词量 《吕》共有5154个词,其中单音词2937个,复音词2217个。单音词的频度(单词平均出现频率)为27.6,复音词的频度为3.28。这表明,汉语发展至《吕》时代,仍以单音词为主[①]。

6.2 《吕》的词类 《吕》的词汇分为11大类。它们是:名词、

---

① 从表面看,《吕》中复音词的数量与单音词相差无多,但如果深入考察一下,我们看到,复音词内部半数以上为专有名词。如果将专有名词排除在外,《吕》中复音词有957个,约占总词量(专有名词除外)的26.6%,这一比例与时贤对战国时期几部典范作品的研究统计大体相合:《论语》《孟子》《左传》的复音词均占总词数的21%左右,而《墨子》为33.4%,《庄子》则高达39.1%!(转引自徐流《论同义复词》一文,载《古汉语研究》1990年第4期)

动词、形容词、数词、量词、代词、副词（以上为实词）；介词、连词、助词、叹词（以上为虚词）。《吕》中，这 11 类词的数量、比例、频度详见下表：

词类名称	统计内容	词量[①]（出现频率）	占总词量百分比	频　度
实词	名　词	3369 (26027)	59.5%	7.73
	形容词	571 (5572)	10.1%	9.76
	动　词	1418 (23994)	25.0%	16.92
	数　词	24 (1646)	0.4%	68.58
	量　词	21 (105)	0.4%	5.00
	代　词	40 (6176)	0.7%	154.40
	副　词	134 (7167)	2.3%	53.83
虚词	介　词	22 (3237)	0.4%	147.14
	连　词	35 (4772)	0.6%	136.34
	助　词	23 (9793)	0.4%	425.78
	叹　词	7 (27)	0.1%	3.86

《吕》的实词占词汇总量的 98.5%，其频度为 12.68；虚词占词汇总量的 1.5%，其频度为 204.93。大体上说，词类的词量与其频度成反比，词量越小，频度则越高。唯量词、叹词例外，词量小，频度也低。这表明，量词、叹词在《吕》时代的言语交际（至少是书面语）中，作用是微乎其微的。[②] 由此看来，一些语法著作的词类系统中，没有把量词、叹词独立出来自有其道理。[③]

6.3　《吕》词的兼类　《吕》中共有兼类词 452 个，约占总词量

[①] 兼类按类分别统计，故表中总词量为 5663 个，超出数字为兼类词重复计算部分。

[②] 量词在《吕》时代很不发达；叹词与量词有所不同，叹词是语言中不可缺少的一部分，其在《吕》中的表现恐怕与《吕》的语体有一定关系。

[③] 《马氏文通》的"名字"包括量词；《中国文法要略》的"语气词"包括叹词。

的 8.8%。《吕》的兼类词以兼两类为主,最多可达四类,具体情况分列于下:

兼两类(392):

形/名(63)、形/动(63)、名/动(222)、形/副(5)、动/副(18)、动/介(16)、名/量(3)、数/动(1)、动/量(1);

兼三类(55):

形/动/名(32)、形/动/副(9)、形/名/副(3)、动/名/副(3)、形/名/介(1)、形/动/介(1)、数/名/动(1)、名/动/介(1)、名/量/动(3)、名/量/形(1);

兼四类(5):

形/动/名/副(4)、形/动/副/介(1)。

《吕》的兼类词99%都是单音词,复音兼类词一共只有7个。这是由于复音词正处于形成时期,尚不稳定,因而出现频率低,词义单一,语法性质很不活泼的缘故。

不同词类,兼类的情况也存在差异,请看下表:[①]

统计内容＼词类名称	名词	形容词	动词	副词	介词	量词	数词	代、连、助、叹词
词 量	330	183	374	43	20	8	2	0
占该词类百分比	9.8%	32.0%	26.4%	32.3%	90.9%	38%	8.3%	0

上表表明:不是所有词类都有兼类现象。数词中兼类词的比

---

① 表中数字仅仅是为了显示兼类词在各词类中所占的数量。在统计时,兼类词按类分别计算,如一词兼名、动、形三类,则按三个词分别计入各类,因此,表中的数字包括重复计算的部分,不能准确地从总量上反映出兼类的格局。

例最小,因为数词语义单一。名词中兼类词的比例也很小,仅次于数词,这是由于名词中近半数为专有名词,而专有名词不存在兼类现象。介词中兼类词的比例最大,这是由于介词的绝大多数都是由动词演化而来,在《吕》时代,这种演化过程还在继续,介词不仅与其相应的动词在语义上仍有着明显的渊源关系,而且还大都保留着动词的部分功能。① 量词、副词中兼类词的比例也很大,这也是由于相当部分的量词、副词是由名词、动词、形容词演化而来的缘故。

《吕》中,还常见虚词一身而多用的现象。如:连词中有"及""以""与""为""因"诸词,介词中也有"及""以""与""为""因"诸词;连词中有"之",助词中也有"之"等等。它们之间究竟是什么关系?是一形而多用(同形词)?还是一词而多用(兼类词)?这种现象不仅异类词之间存在,即使是同一词类内部也随处可见。如:连词中表假设关系的"若"和表并列关系的"若",助词中结构助词"者"和语气助词"者"等等,也都同样存在着它们是一个词还是两个词的问题。这个问题须另作专门的探讨,须扩大考察范围,对上述诸词逐一地进行历史的研究,不能一概而论。为了对《吕》的词类进行量化研究,我们在将《吕》的虚词归类时采用了以下原则:凡属不同词类的虚词一身而多用,均看作一形多用;凡属同一词类的虚词一身而多用,均看作一词多用。依照这一原则,连词"及"与介词"及"分属两个词类,当看作是两个词;表示假设关系的"若"与表示并列关系的"若"同属连词,当看作是一个词。我们在论及《吕》词的兼类现象时,未涉及虚词词类之间的兼类问题,也正是基于这一原则。

---

① 即使在现代汉语中,兼属动词的介词也为数不少,如:在、到、给、跟、比等。

6.4 《吕》词类活用 《吕》中,活用的词共 339 个,约占总词量的 6.6%;活用词出现频率共 574 次,约占词的总频率的 0.6%。

《吕》词类活用包括以下几种情况:

名词活用作动词,名词活用作量词;

动词活用作名词;

形容词活用作名词,形容词活用作动词;

数词活用作动词;

量词活用作名词;

代词活用作动词。

《吕》中,发生词类活用的词绝大多数是单音词(315 个,约占活用词总词量的 92.9%),而发生词类活用的复音词仅 24 个(32 次)。

《吕》中,实词各类几乎都有活用现象发生,唯副词除外。具体情况见下表:

活用统计类别\词类名称	名词		形容词		动词		数词	量词	代词
	动词	量词	名词	动词	名词	动词	动词	名词	动词
数量	118 (193)	12 (29)	56 (89)	71 (139)	72 (107)	6 (9)		1 (1)	1 (1)
占该类词总量百分比	3.5% (0.7%)	0.3% (0.1%)	9.8% (1.6%)	12.4% (2.5%)	5.1% (0.4%)		25% (0.5%)	5% (0.7%)	2.5% (0.05%)
合计	3.8% (0.8%)		22.2% (4.1%)		5.1% (0.4%)		25% (0.5%)	5% (0.7%)	2.5% (0.05%)

依照我们设立的鉴定词的同一性的标准,以及区分词的兼类与活用的标准,考察《吕》,其结果如下:《吕》中,涉及活用的词只占总词量的 6.6%,其活用频度为 1.69,符合人们关于词类活用的惯

常说法,即词类活用只是发生在言语中的偶然的、临时的语言现象;《吕》中,兼类词只占总词量的 8.8%[1],大大低于人们的估计。这表明,上古汉语中"词有定类""类有定词"的大格局已基本具备。同时也说明,我们采用"活用"说、"兼类"说来处理上古汉语中的词类转化现象,基本符合上古汉语词类系统大的格局;我们为此而设立的标准基本上也是合理的。

6.5 关于"体用兼备"说的几点看法 关于词的活用与兼类,另有一种说法:"与其说是一个词的词类转化,不如说是一个词的体用兼备。"[2]也就是说,汉语的实词在入句之前并无词类之别(仅有"义类之别"[3]),而在句中则获得体用兼备的功能。在这里我们并不想评价这一说法的是与非,只是就《吕》谈一谈我们未采此说的想法。

6.5.1 《吕》中,并非每个实词都获得了"体用兼备"的功能。即以名词为例,像"耳而目之"这样"体用俱来""举体以该用"者(按:我们称之为"活用")有之,像"君君、臣臣""尊尊、亲亲"这样"体用一源"者(按:我们称之为"兼类")也有之,但其总量只占名词总量的 13%,87%的名词(包括全部专有名词和大部分普通名词)只见"体"而未见"用"。动词、形容词的情况也大致如此。因此,所谓"无体不可用,无用不为体"并不完全符合《吕》的言语事实。

6.5.2 我们承认,《吕》的语言材料是极其有限的,尽管在研究中我们有时把考察范围扩大到先秦其他九部文献,但同上古汉

---

[1] 由于语言材料的限制,有些兼类词未能在《吕》中显示兼类的语义及功能,但这并不影响总的格局。

[2] 见申小龙《语文的阐释》(辽宁教育出版社)113 页。

[3] 本节引文凡未特别加注者皆同上。

语这个客体相比,毕竟是九牛一毛。因此,如果说,上古汉语中的某些语言现象(包括词的语法功能)在我们考察的范围内未能实现,这样说毫不为过。但我们以为,作为专书的语法研究不能把研究基础放在未实现的潜在功能上。

在现代汉语的语法研究中,人们打破了以已实现的言语事实为基础的归纳的传统规范,而以"内省"的"实验"作为语言研究的方法。研究者自制语例,逐一测试,以研究者的语感为判断准则。这种方法给现代汉语的研究带来了深远的影响。但是这种方法并不适合于上古汉语的研究。原因很简单,因为我们不具备两千多年前的古人的语感,无法进行"内省"的"实验"。对于某一语法功能,在没有文献语言材料证明的情况下,我们无法自制语例,以判定它究竟是未实现的潜在功能,还是根本就不存在。研究古汉语的人常说"说'有'易,说'无'难",难就难在于此。

同一义类的词,入句之后,所显示的语法功能未必一致。例如:

衣,在《吕》中作名词用 67 次,作动词用 33 次;但与"衣"同一义类的"裳"出现 3 次,只作名词。在我们考察的其他九部先秦文献中,"裳"共出现 28 次,均只作名词。

鼓,在《吕》中作名词用 19 次,作动词用 21 次;但与"鼓"同一义类的"钟(鐘)",出现 24 次,只作名词。在我们考察的其他九部先秦文献中,"钟"共出现 70 次[①],均只作名词。

雨,在《吕》中作名词用 35 次,作动词用 6 次;但与"雨"同一义

[①] 统计数字中包括"钟"的通假字"鍾"。段玉裁《说文解字注》在"钟"字条下注云:"经传多作'鍾',假借酒器字。"

类的"云",出现9次,只作名词。在我们考察的其他九部先秦文献中,"云"共出现29次,均只作名词。又与"雨"同一义类的"霜",在《吕》中出现7次,只作名词。在其他九部先秦文献中,"霜"共出现16次,均只作名词。

城,在《吕》中作名词用20次,作动词用3次;但与"城"同一义类的"池"出现10次,只作名词。在我们考察的其他九部文献中,"池"共出现48次,均只作名词。

上述"衣""鼓""雨""城"诸词均可谓"体用兼备",但与它们同一义类的"裳""钟""云""霜""池"诸词却仅见"体"而不见"用"。我们只见"衣 N"(N 代表作宾语的名词或代词),却未见"裳 N";只见"鼓 N",却未见"钟 N";只见"雨 N",却未见"云 N""霜 N";只见"城 N",却未见"池 N"。当然,"未见"也可能是"未实现",但这需要文献语言材料加以证明。在"未见"的情况下就说"裳""钟""云""霜""池"诸词也是"体用兼备",这种推断不符合以已实现的言语事实为基础的归纳的传统规范。

6.5.3 上古汉语中,那些"体用兼备"的词并非与生俱来,其产生初始,当或为"体",或为"用","体用各出而不相假"(袁仁林《虚字说》)。在语言组织中,一些词先是偶尔由"体"及"用"(或由"用"及"体"),而后逐渐经常化,于是演变出一批批"体用兼备"的词(上古汉语缺乏形态变化,单音词又占绝对优势,无疑为这一演变提供了物质基础)。这一演变过程是连续的,至《吕》时代并未结束;同时,这一演变过程在词汇内部又是不平衡的。例如,专有名词始终未见由"体"及"用"的演变;至于普通名词,即使是同一小义类,如上述"衣—裳""鼓—钟""雨—云—霜""城—池"诸词,其演变也不尽相同。我们认为,由"体用各出"至"体用兼备"是历史演变的过程,而非只是语言中互相独立的层次。作为专书的语法研究,如果采用"体用兼备"说,则无法描写出这一演变过程进行至周秦之交时的面貌。

6.6 名、动、形三大词类充当句子成分的差异

6.6.1 名、动、形三大词类与句子成分的对应关系。《吕》中,名、动、形三大词类充当句子成分的情况统计如下:①

词类	句子成分 频率 统计	主语	宾语	述谓中心语	定语	状语	补语
名词	词量 (频率)	1398 (7746)	1817 (10229)	259 (712)	322 (1829)	101② (1002)	4 (55)
	占该词类总数百分比	41.5% (29.8%)	53.9% (39.3%)	7.7% (2.7%)	9.6% (7.0%)	3.0% (3.8%)	0.1% (0.2%)
形容词	词量 (频率)	78 (203)	164 (636)	392 (2157)	177 (1265)	102 (458)	14 (18)
	占该词类总数百分比	13.7% (3.6%)	28.7% (11.4%)	68.7% (38.7%)	31.0% (22.7%)	17.9% (8.2%)	2.5% (0.3%)
动词	词量 (频率)	87 (217)	338 (1196)	1229 (20271)	88 (197)	14 (19)	6 (7)
	占该词类总数百分比	6% (0.9%)	23.8% (5.0%)	86.7% (84.5%)	6.2% (0.8%)	1% (0.08%)	0.5% (0.03%)

① 关于统计原则的几点说明:(1)各类词在充当句子成分时,只要词义不发生重大变化,均按原词类计入各项;(2)在偏正短语中充当中心语、或在并列短语中充当并列成分的各类词,其功能依整个短语的功能计入各项;(3)下列几种情况不计入表内各项:a.借助虚词间接充当定语、状语者,b.构成"者"字结构、"所"字结构者,c.临时活用者。

② 作状语的名词绝大多数是时间名词、方位名词。如果把时间名词、方位名词排除在外,《吕》中充任状语的名词只涉及 49 个(1.4%),共出现 88 次(0.3%)。

上表的数字表明:(1)《吕》中,名、动、形三大词类与句子成分之间不存在简单的一对一的对应关系,它们之间的对应关系是一对多的交叉关系。上古汉语缺乏形态造成了名、动、形三大词类的多功能现象。(2)名、动、形三大词类与句子成分对应的差异是量的差异,而不是"有"和"无"的对立。这反映出,名、动、形三大词类之间在句法功能上并没有一条泾渭分明的界限。(3)名、动、形三大词类与句子成分的对应有主次之分,据上表的数字,大致可量化为三级:凡充任某句子成分的词量、出现频率均超过该词总词量、总出现频率的20%,则该句子成分为该类的主要对应成分;出现频率低于20%,而高于4%,则为次要对应成分;出现频率低于4%,则为偶尔对应成分。据此,《吕》名、动、形三大词类与句子成分对应的差异又可简示如下:

词类\对应级差类别	主要对应成分	次要对应成分	偶尔对应成分
名 词	主语、宾语	定语	状语、谓语、补语
形容词	谓语、定语	状语、宾语	主语、补语
动 词	谓语	宾语	主语、定语、状语、补语

6.6.2 名、动、形三大词类充当句子成分时,语法、语义上的差异。① 名、动、形三大词类充当句子成分的差异,不仅反映在频率上,不同词类具有不同的主要对应成分;而且还反映在语法、语义上,不同词类充当同一句子成分时,各具有不同的特点。分述如下:

(1) 充当主语。名词充当主语是自由的,动词、形容词充当主

---

① 这种差异不仅存在于名、动、形三大词类之间,而且也存在于名、动、形三大词类内部,详见"名词研究""动词研究""形容词研究"各节。

语是不自由的。这表现为:a. 名词充当主语,与之相应的谓语动词不受限制;而动词、形容词充当主语,与之相应的谓语动词受到极大的限制,只能是非自主动词(多为关系动词),不能是自主动词。b. 名词充当主语,语义范畴不变;而动词、形容词充当主语,绝大多数情况下,语义范畴发生某种变化,即"事物化"①。c. 名词可以自由地充当施事主语、受事主语和当事主语;而动词、形容词不能充当施事主语,充当受事主语亦属偶见,一般只充当既非施事、也非受事的当事主语。

(2) 充当宾语。名词充当宾语是自由的,动词、形容词充当宾语是不自由的。其间的语法、语义差异与充当主语大体相似,兹不细论。需要说明的是,动词、形容词充当宾语,其中近半数为助动词宾语。关于助动词在其与后续成分组成的结构中的地位和作用,历来众说纷纭,归纳起来,主要是两种意见:a. 谓语动词说,b. 状语说。二说各有所长,"谓语动词说"长于句法结构的分析,"状语说"长于语义结构的解释。本书采用了"谓语动词说",②这就是我们上表的统计中,动词、形容词充当宾语的频率大大高于充当主语的频率的主要原因之一。

(3) 充当谓语。a. 名词充当谓语以充当判断句谓语为主,此外,也可充当描写句谓语;形容词充当谓语以充当描写句谓语为主,有时也对主题语作出带有主观色彩的评判;动词充当谓语以充当陈述句谓语为主。b. 名词充当谓语,不能有后续成分(如宾语、

---

① 绝大多数处在主语位置上的动词、形容词不再表示具有时空特征的动作变化,也不再表示事物的性状,而是指称动作、性状自身。这是一种抽象的、静态的动作、性状。这种变化,我们称之为"事物化"。

② 如果我们采用"状语说",动词的次要对应成分"宾语"则降至偶尔对应成分。

补语);前附成分也很少出现,如果出现的话,只能是副词。形容词充当谓语,可以出现后续成分,但仅限于补语;其前附成分多为副词,也可以是形容词。动词充当谓语,可以出现后续成分,不仅有补语,还有宾语(二者还可以同时存在);其前附成分可以是副词、形容词,也可以是名词,还可以是介词短语。总之,名词充当谓语是不自由的,而动词、形容词充当谓语是自由的。

(4) 充当定语。名词充当定语,按其语法意义可分为三类:限制性定语、描写性定语和同位性定语。形容词充当定语,只能是描写性定语。动词极少充当定语,充当定语的动词在语义上也发生某种变化,即"性状化"[①];由动词充当的定语也属于描写性定语。

(5) 充当状语。名词充当状语一般都是限制性状语,描写性状语极少(约为名词状语总频率的5%)。形容词充当状语,都是描写性状语。动词只是偶尔充当状语,也都是描写性的。

(6) 充当补语。名、动、形三大词类只是偶尔直接充当补语。名词直接充当补语只表示动作持续的时间;形容词直接充当补语,语义上大致可分为三类:表示结果,表示程度和表示时间;动词直接充当补语,语义上大致也分为三类,但与形容词有别:表示情态,表示结果,表示趋向。

综上所述,名、动、形三大词类充当句子成分,不仅主要对应成分不同(按:次要对应成分也不同),而且,语法、语义上也存在诸多差异。这大体显示出"类有定职";同时也表明,名、动、形三分的格局基本符合上古汉语的实际情况。

---

① 处在定语位置上的动词不再表示具有时空特征的动作变化,而是描写性状,如"涌泉""死人""鸣琴",这种变化,我们称之为"性状化"。动词充当状语,语义上也有类似的倾向。

二 《吕氏春秋》名词研究

1. 名词概说

《吕》中，名词共 3369 个(26027)，其中，单音名词 1523 个(19829)，复音名词 1846 个(6198)。

1.1 名词的分类 名词可以根据语义分为以下四类：

(1)普通名词。普通名词包括具体名词和抽象名词。前者如：禾、手、风、舟、天子、国家等；后者如：忠、孝、节、义、德行等。

(2)专有名词。专有名词包括人名、地名、国名、族名、职官名等。分别举例如下：

①人名：尧、豫让、壶丘子林；

②地名：岐、郢、晋阳、赤水；

③国(族)名：荆、狄、昆吾、葛天氏；

④职官名：太卜、相国、司马、中大夫；

⑤其他(书名、星名、乐曲名、音律名、节气名、器物名等)：易、昴、宫、九招、黄钟、荧惑、牵牛、夏至、干将、绿耳。①

(3)方位名词。如：东、前、内、中、北方、西南、中央等。

方位词表示方位，唯"中"有时不表示实在的方位，或表范围

---

① 九招：古乐曲名。绿耳：古良马名。

(受名词修饰),如"乱辞之中"(《淫辞》);或表情况正在继续(受动词、形容词修饰),如"忧约之中"(《义赏》)、"危厄之中"(《报更》)、"哅哅之中"(《乐成》)。

(4)时间名词。如:晨、昏、旦、今、春、年、上古、夜日、日至等。

时间名词有的表示时点,即时间的位置、时间的早晚,如:晨、昏、旦、春、上古等;有的表示时段,即时间的长短,如:选间、须臾、朝夕等。

时间名词表示时点或时量一般是单一的、固定的,但也有少数时间名词,如"年""月""日"等,兼具有量词的语义特征,在受数词修饰时,兼表时点、时量。①

名词各小类词量及出现频率见下表:

音节数＼名词小类	普通名词	专有名词	方位名词	时间名词
单音	1226(15777)	242(2197)	20(571)	35(1284)
复音	555(2455)	1259(3638)	9(46)	23(59)
总计	1781(18232)	1501(5835)	29(617)	58(1343)
占名词总数百分比	52.8% (70%)	44.5% (22.4%)	0.9% (2.4%)	1.8% (5.2%)

1.2 名词内部的兼类现象 有的名词兼几个小类(专名除外),这是由于一词多义的缘故。例如"阳":

遂之箕山之下,颍水之阳。(《求人》) 高诱注:"水北曰阳也。"

下得阴,上得阳,然后咸生。(《辩土》) 高诱注:"阳,日也。"

---

① 参见本书"数词研究"2.1.1节。

造于太一,化于阴阳。(《大乐》) 高诱注:"阴阳,化成万物者也。"

名词"阳"在《吕》中有三个义项:①山的南面,水的北岸,见《求人》例;②阳光,见《辩土》例;③古代哲学概念,见《大乐》例。义项①指称方位,义项②③指称事物。因此,"阳"兼方位名词、普通名词两类。又如"年":

不出三年,而吴亦饥。(《长攻》)

子产相郑,往见壶丘子林,与其弟子坐必以年。(《下贤》)

高诱注:"年,齿也。"

有年塺土。(《任地》) 高诱注:"年,谷也。"

名词"年"在《吕》中有三个义项:①十二个月为一年,见《长攻》例;②年龄,寿命,见《下贤》例;③年成,见《任地》例。义项①指称时间,义项②③指称事物。"年"兼时间名词、普通名词两类。又如"上":

上不竭,下不满。(《圜道》) 高诱注:"水从上流而东,不竭尽也。"

自此以上者,亡国不可胜数。(《安死》) 高诱注:"上犹前也。"

圣王法之,所以立上下。(《圜道》) 高诱注:"上,君。"

泗上为徐州,鲁也。(《有始》)

名词"上",在《吕》中有四个义项:①位置在上,见《圜道》例;②时间次序在前,见《安死》例;③君主,在上位者,见《圜道》例;④边,畔,见《有始》例。义项①④指称方位,义项②指称时间,义项③指称人。"上"兼方位名词、时间名词和普通名词三类。

《吕》中,名词内部兼类情况如下:

名普/名方(5):阴、阳、左、右、下。

名普/名时(6):年、岁、月、时、日、世。

名时/名方(2):前、内。

名普/名方/名时(3):上、后、中。

需要指出的是,名词内部发生兼类现象的都是单音词;复音名词正处在形成时期,语义单一,未见兼小类的现象。

1.3 名词内部小类间的临时转变 名词在言语中偶尔也发生临时变类的现象。如:

虽得十越,吾不为也。(《长攻》)

得十良马,不若得一伯乐;得十良剑,不若得一欧冶。(《赞能》)

今举大木者,前呼舆谚,后亦应之。(《淫辞》) 高诱注:"前人倡,后人和。"

国名"越"、人名"伯乐""欧冶"在《长攻》《赞能》例中用于比喻,意思是"像越那样的国家""像伯乐(或欧冶)那样的人",专名临时用作普通名词。《淫辞》例中,"前""后"分指"前面的人""后面的人",方位名词临时用作普通名词。

《吕》中,只见专有名词、方位名词临时转变为普通名词,这种转变是由于修辞原因而发生的。

1.4 音节与名词小类 《吕》中,普通名词、方位名词、时间名词都是单音词占优势。这不仅仅反映在词量上,更重要的是反映在词的出现频率上;而专有名词则恰恰相反,复音词占绝对优势。请看下表:

音\名词\小类节	普通名词	专有名词	方位名词	时间名词
单音词占该类词总数百分比	68%(86%)	16%(37%)	69%(93%)	58%(95%)
复音词占该类词总数百分比	32%(14%)	84%(63%)	31%(7%)	42%(5%)

《吕》中的复音名词以双音词为主(1583个,约占复音词总数的86%),三音节以上的复音名词不多(三音节名词238个,四音节名词22个,五音节名词1个)。值得注意的是,三音节以上的复音名词均为专有名词。如:

公输般、宓子贱、周文王、南宫括、太史令、关内侯、神农氏;

赤章蔓枝、壶丘子林、延陵季子;

总万物之极。①

2. 名词的语法特征

《吕》中,名词的语法特征表现为:(1)名词可以直接受名词、代词的修饰;②(2)名词不受副词修饰。

2.1 名词各小类直接受名词及其他词类修饰的能力存在着差异 为了探讨这一问题,我们将名词各小类直接受名词及其他词类修饰的情况分述如下。

(1)名词各小类直接受名词修饰:

---

① 总万物之极:乐曲名。见《古乐》。

② 名词还可以直接受形容词、数词修饰,但因动词直接受形容词、数词修饰的现象大量存在,所以我们未把直接受形容词、数词修饰看作名词的语法特征。

①名普/专/方/时＋名普

　　君令不行。(《慎大》)

　　卑梁人操其伤子以让吴人。(《察微》)

　　迎夏于南郊。(《孟夏》)

　　秋气至则草木落。(《义赏》)

②名普/专＋名专

　　帝舜师许由。(《尊师》)

　　夏后氏孔甲田于东阳负山。(《音初》)

③名普/专＋名方

　　人在马前。(《执一》)

　　梁北有黎丘部。(《疑似》)

④名专/时＋名时

　　秦穆公时，戎强大。(《壅塞》)

　　今昔天子梦西方有日。(《慎大》)

(2)名词各小类直接受代词修饰：

①代人/指/疑＋名普①

　　期吾君骤。(《爱士》)

　　国有此物。(《明理》)

　　谁国无有。(《长攻》)

②代指＋名专

　　杀彼龙逢。(《慎大》)

　　惟此文王。(《行论》)

　　此缪公非欲败于殽也，智不至也。(《悔过》)

　　(按：《吕》中仅见3例。《行论》例引自《诗经》)

---

① "代人/指/疑"分别指人称代词、指示代词、疑问代词。

③代人＋名方

　　位则在吾上。(《执一》)

　　(按:《吕》中仅见1例。)

④代指＋名时

　　他日,复见其邻之子。(《去尤》)

　　是夕,荧惑果徙三舍。(《制乐》)

　　每朝与其友俱立于衢。(《离俗》)

(3)名词各小类直接受数量短语修饰:

①数量短语＋名普

　　使五尺竖子引其棬。(《重己》)

　　尝一脟肉。(《察今》)

又:名普＋数量短语

　　遗之粟数十秉。(《观世》)

　　与吾得革车千乘也。(《贵直》)

(4)名词各小类直接受形容词修饰:

①形＋名普

　　新林之无长木也。(《谕大》)

　　君,贤君也。(《自知》)

②形＋名专

　　往视旷夏。(《慎大》)

　　请以故吴之地阴江之浦书社三百以封夫子。(《高义》)

　　(按:《吕》中仅见6例,"名专"限于国名。)

③形＋名时

　　是良日也,之子是必大吉。(《音初》)

　　明旦加要离罪焉。(《忠廉》)

(5)名词各小类直接受数词修饰:

①数+名普

　　五味三材,火为之纪。(《本味》)

②数+名专

　　必先杀三郤。(《骄恣》)　高诱注:"三郤,锜、犨、至也。"

③数+名时

　　岁六月,文王寝疾五日而地动。(《制乐》)

(6)名词各小类直接受动词修饰:

①动+名普

　　亡国相望,囚主相及。(《观世》)

　　得死人之骸。(《异用》)

②动+名时

　　及飧日。(《慎行》)

《吕》中,名词各小类直接受名词及其他词类修饰的情况,我们作了统计,列表对比如下:

名词中心语小类＼修饰语类别	名词	代词①	数词	形容词	动词	数量短语
普通名词	名普/专/方/时 160(1411)	代人/指/疑 72(410)	70 (713)	111 (1175)	65 (190)	13 (38)
专有名词	名普/专 121(265)	代指 3(3)	6(7)	5(6)	0	0
方位名词	名普/专 14(118)	代人 1(1)	0	0	0	0
时间名词	名专/时 7(35)	代指 4(121)	8 (162)	10 (84)	3 (5)	0

---

① 代词直接修饰名词的统计不包括"其"。"其"的作用相当于"名+之","其"修饰名词,不属于直接修饰之列。

从上表可以看出:普通名词可以自由地直接受各小类名词、代词以及他类词语的修饰;而专有名词、方位名词、时间名词则受到限制。这种限制不仅反映在直接修饰语的类别上,而且也反映在频率上。根据上表,名词各小类直接受名词和他类词语修饰的能力大体排列如下:

普通名词＞时间名词＞专有名词＞方位名词①

2.2 关于名词前的副词②　名词不受副词修饰,但副词有时位于名词之前。如:

A. 矛非戟也,戟非矛也。(《离俗》)

受德乃纣也。(《当务》)

此八者皆兵也。(《荡兵》)

惕然而寤,徒梦也。(《离俗》)

中之者已六札矣。(《爱士》)

B. 惟义兵为可。(《禁塞》)

凡人主必信。(《贵信》)

吾于阳城君也,非师则友也,非友则臣也。(《上德》)

C. 非彼死,则臣必死矣。(《悔过》)

非鬼告之也,精而熟之也。(《博志》)

名词前的副词,考察其出现的语境:(1)出现在名词谓语之前,见 A 组例句;(2)出现在紧缩复句之中,见 B 组例句;(3)出现在主谓短语构成的从句之前,见 C 组例句。

由于名词前的副词分属不同小类,出现的语境又不尽相同,因

---

① 符号＞,这里读作"优于"。

② 参看本书《副词研究》中副词的语法特点各节。

此,它们表示的语义也是多种多样。A 组例句,《当务》《离俗》例中的"乃""非"是对判断进行肯定或否定;《荡兵》《离俗》例中,副词表示范围,不过"皆"表总括,语义指向主语,"徒"表限制,语义指向名词谓语;《爱士》例中,副词"已"表示已然实现。B 组例句中的副词与其后的名词语构成从句,或表示条件,见《禁塞》《贵信》例;或表示假设否定,见《上德》二例。C 组例句中的副词"非"与其后的名词不处在同一个结构层次上,"非"否定的是整个从句。

总之,名词前的副词在语义上并不直接描写或限制其后的名词语;在语法上,与其后的名词语也不能组合成名词性的向心结构。名词前的副词在句中仍充当状语。

《吕》中,出现在名词前的副词共 24 个(273)[①],分类列举如下:

(1) 范围副词 9 个(127):唯、惟、独、特、乃[②]、徒、尽、皆、凡;

(2) 时间副词 2 个(2):已、将;

(3) 否定副词 2 个(86):非、微;

(4) 语气副词 9 个(50):其、必、乃、实、盖、岂、固、殆、意者;

(5) 连接副词 1 个(6):亦;

(6) 情状副词 2 个(2):犹、果。

3. 名词的语法功能

3.1 充当句法结构成分

3.1.1 名词作主语。名词各小类都可以作主语,如:

---

① 统计数字包括充当判断句、描写句谓语的数词前的副词。
② "乃"兼两个小类。《义赏》:"天下胜者众矣,而霸者乃五。"高诱注:"乃犹裁也。"据高注,《义赏》例中的"乃"为范围副词。

二 《吕氏春秋》名词研究 43

雨乃大至。(《顺民》)

客士欤?(《士容》)

人主贤则豪杰归之。(《功名》)

(以上普通名词作主语。)

丘闻之。(《先己》)

叔虞喜。(《重言》)

邺有圣令。(《乐成》)

(以上专有名词作主语。)

中央土。(《季夏》)

东方曰苍天。(《有始》)

在右则右重,在左则左重。(《劝学》)

(以上方位名词作主语。)

秋早寒则冬必暖矣。(《情欲》)

岁将更始。(《季冬》)

(以上时间名词作主语。)

名词各小类充当主语的频率见下表:

名词小类 频率统计	普通名词	专有名词	方位名词	时间名词
词量(出现频率)	724 (5232)	655 (2355)	13 (78)	6 (81)
占该小类总数 百分比	40.7% (28.7%)	43.6% (40.4%)	44.8% (12.6%)	10.3% (6.0%)

统计数字表明,在名词主语中,普通名词、专有名词占绝对优势。

名词各小类作主语,对谓语的选择存在着很大差异。普通名词、专有名词作主语,充当谓语的可以是名词(见《士容》例),可以是形容词(见《功名》例),也可以是各小类动词,如:动作动词(见《顺民》《功名》《先己》各例)、心理动词(见《重言》例)、关系动词(见《乐成》例)等。方位名词、时间名词作主语,充当谓语的不能是动作动词、心理动词。如果一旦出现这种情况,方位名词则临时转类为普通名词。① 如:

  今举大木者,前呼舆谚,后亦应之。(《淫辞》) 高诱注:"前人倡,后人和。"

这表明,方位名词、时间名词作主语,其谓语受到极大的限制。从这个意义上说,方位名词、时间名词作主语是不自由的,而普通名词、专有名词作主语是自由的。

在考察中,我们还看到,音节也是影响名词作主语的一个因素。下面表中的数字表明,复音名词(时间名词除外)充当主语的能力优于单音名词。

频率统计 \ 名词小类 音节	普通名词		专有名词		方位名词		时间名词	
	单	复	单	复	单	复	单	复
占该小类出现频率总数百分比	26.8%	35.8%	36.9%	45.7%	8.7%	60.8%	6.3%	0

此外,普通名词、专有名词指称的事物有无生命也对名词作主语产生影响。总的说来,充当主语的能力,有生名词优于无生名词。这反映在三个方面:

(1)有生名词作主语,无论是词量,还是出现频率都占优势。详见下表:②

---

 ① 《吕》中,未见时间名词出现这种临时转类的情况。
 ② 兼有生名词、无生名词二类的专有名词(国、族名,朝代名等)116个(1374)未计在内。

名词小类 频率统计	有生名词	无生名词
充当主语词量（频率）	849(4577)	549(2923)
占该小类词总数百分比	63.0%(38.2%)	28.8%(23.1%)

(2) 有生名词作主语是自由的，既可以充当施事主语，也可以充当受事主语、当事主语。① 如：

父窃羊而谒之。(《当务》)

葬浅则狐狸扣之。(《节丧》)

矇箴，师诵，庶人传语。(《达郁》)

丹知寡人。(《过理》)

次非攘臂祛衣。(《知分》)

(以上为施事主语。)

父诛而代之。(《当务》)

臣已为辱矣。(《忠廉》)

夫子逐于鲁。(《慎人》)

铎可赏也。(《似顺》)

故龙逢诛，比干戮。(《必己》)

(以上为受事主语。)

公姣且丽。(《达郁》)

主亦有地。(《审分》)

母猴似人。(《察传》)

任座在于门。(《自知》)

---

① 所谓当事主语是指施事、受事主语之外的其他主语（包括判断句主语、描写句主语等）。

尧,天子也;善绻,布衣也。(《下贤》)

(以上为当事主语。)

无生名词作主语受到一定限制,只可充当当事主语、受事主语。如:

霜始降。(《季秋》)

齿十二与牙三十。(《淫辞》)

戟非矛也。(《离俗》)

海阻山高。(《长利》)

河出孟门。(《爱类》)①

(以上为当事主语。)

故上失其道则边侵于敌。(《先己》)

袚簪日用而不藏于箧。(《勿躬》)

土地侵削。(《孟冬》)

昔上古龙门未开,吕梁未发。(《爱类》)

(以上为受事主语。)

无生名词不能充当施事主语,一旦其充当施事主语,则临时转变为有生名词。② 如:

四境皆贺。(《不侵》)

四鄙入保。(《孟夏》) 高诱注:"四境之民,畏寇贼来,入城郭以自保守也。"

天下必争事之矣。(《怀宠》)

---

① 少数运动动词,如"出",其主语是施事,还是当事,随充当主语的名词的语义而定。如果是有生名词,则是施事主语,如"惠子出。"(《不屈》);如果是无生名词,则是当事主语,如《爱类》例。

② 这种语义上的临时变类如果反复出现,则逐渐形成独立的义项。如方位词"上""下"就因此而形成独立的义项"在上位者""在下位者",最终从方位词中分化出来。

上述诸例中的"四境""四鄙""天下"指称的都是人,而不是物。

需要说明的是,《吕》中,少量名词兼有生、无生两类,其情况各有不同:一种情况是由一词多义造成的。如"兵","兵器"义是无生名词,"军队""士卒"义是有生名词。又如"官","官府""官位"等义是无生名词,"官吏"义是有生名词。另一种情况是义项是一个,但人们的认识有二。如"天",古人认为"天"有两个,一是自然的"天",被看作是无生命的;一是创造并主宰万物(包括人类)的"天",被看作是有生命的。又如国名,作为具有一定空间位置的国家,被看作是无生命的;作为由人组成的某个社会、政治集团,被看作是有生命的。《吕》中,无论上述哪种情况,都是有生名词(或名词的有生义项)充当施事主语,无生名词(或名词的无生义项)充当非施事主语。分别举例如下:

故兵入敌之境。(《怀宠》)

官以是豕来也,昭釐侯曰:"是非向者之豕耶?"官无以对。(《任数》)

天必三赏君。(《制乐》)

魏举陶削卫。(《应言》)

殷虽恶周。(《精谕》)

(以上为施事主语。)

兵不接刃而民服若化。(《怀宠》)

官为司空。(《行论》)

天有九野。(《有始》)

商涸旱。(《慎大》)

鲁虽削。(《长见》)

(以上为非施事主语。)

《吕》中,有生名词、无生名词充当施事主语、受事主语、当事主语的具体情况统计如下:①

名词小类＼主语类别	施事主语	受事主语	当事主语
有生名词	701 (3377)	84 (138)	199 (1062)
无生名词	*15 (60)	154 (197)	459 (2536)
(附:国名)	19 (91)	11 (23)	26 (103)

上表还表明,有生名词充当主语以施事主语为主(约占有生名词充当主语总数的84%);而无生名词充当主语以当事主语为主(约占无生名词充当主语总数的87.9%)。

(3)有生名词与无生名词同时出现在一句之中(分布在谓语动词前后充当主、宾语),一般总是有生名词充当主语,无生名词充当宾语。《吕》中,同一个句子,由无生名词充当主语,而又由有生名词充当宾语的仅见11例。② 如:

南阳无令。(《去私》)

国有游蛇西东。(《明理》)

道多褓襁。(《明理》)

泽及子孙。(《节丧》)

---

① 方位名词、时间名词未计在内。国名兼有生、无生两类,附于表后。 *为临时转为有生名词的统计数字。

② 《重己》中有"爵为天子","天子"在句中指至高至尊的爵位,临时用为无生名词。

11例中,7例为"存现"句,由无生名词充当的主语在语义上表示"存现"的空间,由有生名词充当的宾语则表示"存现"的人或事物。另4例谓语动词均为"及"(见《节丧》例)。"及"的宾语是准宾语①,它可以转换为介词宾语,如:泽及子孙→泽及乎子孙(参见《孝行》"灾及乎亲"句)。总之,这11例不仅数量极少,而且情况特殊(或为特殊的句式,或为特殊的动词),这更从反面说明:有生名词充当主语优于无生名词。②

3.1.2 名词作宾语。③ 名词各小类都可以作宾语。如:

令官为甲必以组。(《去尤》)
遇故人于涂。(《离谓》)

(以上普通名词作宾语。)

吴起果去魏入楚。(《长见》)
自鲁隐公以至哀公十有二世。(《求人》)

(以上专有名词作宾语。)

轩冕在前。(《具备》)
有人自南方来。(《贵直》)

(以上方位名词作宾语。)

自古及今。(《安死》)
请以日中为期。(《贵因》)

(以上时间名词作宾语。)

名词各小类充当宾语的频率见下表:

---

① 关于"准宾语",详见本书"动词研究"2.1节。
② 同充当主语恰恰相反,充当宾语的能力,无生名词优于有生名词。兹不赘述。
③ 包括介词宾语。

名词小类 频率统计	普通名词	专有名词	方位名词	时间名词
词　　量 (出现频率)	1044 (8099)	734 (1714)	15 (286)	24 (130)
占该小类总数 百分比	58.6% (44.4%)	48.9% (29.4%)	51.7% (46.4%)	41.4% (9.7%)

在名词宾语中，普通名词、专有名词占绝对优势。普通名词、专有名词作宾语，在对谓语动词的选择上是自由的；而方位名词、时间名词作宾语，谓语动词则受到很大限制。[①]

3.1.3　名词作定语。名词各小类都可以作定语。名词作定语有两种形式：一是直接作定语，一是借助助词"之"作定语。分别举例如下：

(1)名词直接作定语：

　　人情欲生而恶死。(《论威》)

　　地道方。(《圜道》)

　　土阶三等。(《召类》)

　　　　　　　　　　　　　(以上普通名词作定语。)

　　殷民反。(《古乐》)

　　有侁氏女子采桑。(《本味》)

　　　　　　　　　　　　　(以上专有名词作定语。)

　　左手攫之则右手废。(《审为》)

　　陷西北隅以入之。(《察微》)

　　　　　　　　　　　　　(以上方位名词作定语。)

[①] 《吕》中，名词作宾语的情况与作主语相似，由于篇幅所限，这里不再作更进一步的描写和探讨。

今世之惑主。(《本生》)

春气至则草木产。(《义赏》)

(以上时间名词作定语。)

(2)名词借助助词"之"作定语:

率土之滨。(《慎人》)

玄山之禾,不周之粟。(《本味》)

索卢参,东方之钜狡也。(《尊师》)

好须臾之名。(《长攻》)

名词各小类充当定语的频率见下表:

频率\音节形式\作定语\统计\名词小类	普通名词				专有名词			
	单		复		单		复	
	直接	带"之"	直接	带"之"	直接	带"之"	直接	带"之"
词量(出现频率)	186(839)	79(332)	17(144)	96(492)	48(561)	36(92)	45(98)	211(392)
占该小类总数百分比	15.2%(5.3%)	6.4%(2.1%)	3.1%(5.9%)	17.3%(20.0%)	19.8%(25.5%)	14.9%(4.2%)	3.5%(2.7%)	16.8%(10.8%)

频率\音节形式\作定语\统计\名词小类	方位名词				时间名词			
	单		复		单		复	
	直接	带"之"	直接	带"之"	直接	带"之"	直接	带"之"
词量(出现频率)	12(70)	0	3(3)	3(7)	11(114)	12(73)	0	5(12)
占该小类总数百分比	63.1%(12.4%)	0	33.3%(6.5%)	33.3%(15.2%)	32.3%(8.9%)	35.3%(5.7%)	0	21.7%(20.3%)

上表表明:单音名词作定语,以直接作定语为常(单音方位词只见直接作定语一种形式);复音名词作定语,以借助助词"之"作定语为常(复音时间名词只见借助"之"作定语一种形式)。

3.1.3.1 名词作定语,按其语法意义可分为三类:(1)限制性定语,(2)描写性定语,(3)同位性定语。

(1)限制性定语,从归属、范围、时间、处所等方面对中心语加以限制。如:

  岂特随侯珠之重也哉。(《贵生》)
  使乌获疾引牛尾。(《重己》)
  宋之分野也。(《制乐》)
  跖之徒问于跖曰。(《当务》)
(以上限制归属。)

  夺之以兵事。(《上农》)
  秦穆公时,戎强大。(《壅塞》)
  今使天下书铭于君之前。(《审为》)
  鱼之美者。(《本味》)
(以上限制范围。)

  此古人所以为法也。(《不苟》)
  少选之间,而志在流水。(《本味》)
(以上限制时间。)

  迎夏于南郊。(《孟夏》)
  必于北方之岸。(《悔过》)
(以上限制处所。)

(2)描写性定语,从性状、质料、特征等方面对中心语加以描写。如:

  乘鸾辂。(《孟春》)
  其主,俗主也。(《异宝》)
  此之谓骨肉之亲。(《精通》)
(以上描写性状。)

衣铁甲操铁杖以战。(《贵卒》)

公衣狐裘,坐熊席。(《分职》)

土阶三等。(《召类》)

(以上描写质料。)

故墨子见歧道而哭之。(《疑似》)

愿为民请炮烙之刑。(《顺民》)

(以上描写特征、类别。)

(3)同位性定语,在于说明中心语的身份、职业。如:

帝舜师许由。(《尊师》)

宋之庖丁好解牛。(《精通》)

夏太史令终古出其图法。(《先识》)

名词各小类充当定语,其语法意义存在差异,详见下表:

名词小类＼语法意义小类	限制	描写	同位
普通名词	＋	＋	＋
专有名词	＋	－	(＋)①
方位名词	＋	－	－
时间名词	＋	－	－

普通名词充任三类定语是自由的,专有名词、方位名词、时间名词充任定语则受到限制。

3.1.3.2 名词直接作定语有时可以转换为带"之"的形式。如:

臣兄→臣之兄②

---

① 只有人名、职官名可以充当同位性定语。

② 符号→表示可以转换。下文↛表示不可转换。

臣兄之有功也于车下。(《至忠》)

臣之兄犯暴不敬之名。(《至忠》)

人情→人之情

反诸人情。(《诬徒》)

人之情,不能乐其所不安。(《诬徒》)

地道→地之道

地道方。(《圜道》)

得地之道。(《行论》)

今世→今之世

今世之惑主。(《本生》)

今之世当之矣。(《谨听》)

天下兵→天下之兵

天下兵乘之。(《权勋》)

以迎天下之兵于济上。(《权勋》)

随侯珠→随侯之珠

岂特随侯珠之重也哉。(《贵生》)

以随侯之珠弹千仞之雀。(《贵生》)

骩桑下→骩桑之下

臣骩桑下之饿人也。(《报更》)

见骩桑之下有饿人卧不能起者。(《报更》)

平阿馀子→平阿之馀子

今焉知天下无平阿馀子与叔无孙也。(《离俗》)

平阿之馀子亡戟得矛。(《离俗》)

是不是所有名词直接作定语的形式都可以转换为带"之"的形式呢？考察《吕》,我们得出以下几点结论:

(1) 限制性定语一般都可以转换为带"之"的形式；唯单音方位名词作定语不能实现这种转换：左手≠左之手，东郊≠东之郊。

(2) 单音名词充当描写性定语，不能转换为带"之"的形式：铁甲≠铁之甲，糟丘酒池≠糟之丘酒之池，歧道≠歧之道。

《分职》中有两个典型的例句：一是"公衣狐裘"，一是"衣狐之皮"。前者"狐"直接作定语，后者"狐"借助"之"作定语。两句定语形式不同，语法意义各异。"狐裘"之"狐"指狐皮，在于说明"裘"的质料；"狐之皮"之"狐"指狐狸，在于限制"皮"的归属。前者是描写性定语，后者是限制性定语。因此，狐裘≠狐之裘。

(3) 同位性定语都不能转换为带"之"的形式：帝舜≠帝之舜，庖丁≠庖之丁，太史令终古≠太史令之终古。

由此可见，名词直接作定语的形式转换为带"之"的形式要受到诸多因素的制约，比如：定语的性质（语法意义），名词小类，音节数目等等，并不是自由的。

3.1.3.3 准定语。所谓准定语是指下面一组由名词借助"之"充任的定语：

后之伐桀也。（《离俗》）

吴之亡也犹晚。（《适威》）

民之用也有故。（《用民》）

若草莽之有华实也。（《精通》）

幽王欲褒姒之笑也。（《疑似》）

上述例句中，定语的中心语都是动词（或动词短语）。我们称之为准定语，是因为它只具备定语的形式，但其语法意义与结构变换都与真定语不同。

真定语的中心语是名词（或名词短语），真定语的语法意义在于限制或描写中心语;而准定语的语法意义或为动作的施事,如《离俗》《适威》《疑似》诸例,或为动作的受事,如《用民》例,或为存现空间,如《精通》例,等等。

诚如上节所述,真定语后的"之"可以没有,如:

臣之兄→臣兄

人之情→人情

天下之兵→天下兵

随侯之珠→随侯珠

"之"脱落后,语义关系、结构关系不变。

准定语之后的"之"如果去掉,如:

后之伐桀→后伐桀

民之用也→民用

吴之亡也→吴亡

草荠之有华实→草荠有华实

语义关系未变,但结构关系发生了变化,由形式上的偏正结构转换为主谓结构。

《吕》中,普通名词、专有名词可以充当准定语,方位名词、时间名词不能充当准定语。方位名词、时间名词之所以不能充当准定语,是与它们充当主语即受到很大限制密切相关的。准定语实质上就是主语的变体。

3.1.4 名词作状语。名词各小类都可以作状语。如:

水用舟,陆用车。(《慎势》)

禹之裸国,裸入衣出。(《贵因》)

有人自南方来,鲋入而鲵居。(《贵直》)

夫国士畜我者,我亦国士事之。(《不侵》)

二 《吕氏春秋》名词研究　57

(以上普通名词作状语。)

请以垂棘之璧与屈产之乘。(《权勋》)

西河可以王。(《长见》)

夏至日行近道。(《有始》)

(以上专有名词作状语。)

二子北行。(《诚廉》)

下水上腾。(《孟春》)

东南向而唾。(《异宝》)

(以上方位名词作状语。)

昔黄帝令伶伦作为律。(《古乐》)

虢朝亡而虞夕从之矣。(《权勋》)

如此者,国日安,主日尊,天下日服。(《至忠》)

(以上时间名词作状语。)

名词各小类充当状语的频率见下表:

名词小类 频率统计	普通名词	专有名词	方位名词	时间名词
词　量 (出现频率)	39 (74)	10 (14)	12 (140)	40 (774)
占该小类总数 百分比	2.2% (0.4%)	0.6% (0.2%)	41.4% (22.7%)	69% (57.6%)

统计数字表明:在名词状语中,时间名词、方位名词占绝对优势,普通名词极少作状语,专有名词作状语更属特例。

3.1.4.1 《吕》中,名词作状语90%以上采取直接作状语的形式,见上述各例,另有近10%的名词状语与中心语之间或出现连词,或出现语气词。如:

昏而生。(《制乐》)

齐日以大,至于霸。(《长见》)

故令师从东方出于国而西以进。(《慎大》)

春则黄,夏则黑,秋则苍,冬则赤。(《明理》)

内则用六戚四隐,外则用八观六验。(《论人》)

(以上名词状语后出现连词。)

今者梦见先君。(《任数》)

向也见客之容而已,今也见客之志。(《观世》)

今夫惑者非知反性命之情。(《谨听》)

(以上名词状语后出现语气词。)

《吕》中,出现在名词状语与中心语之间的连词有"而""以""则";语气词有"者""也""夫"。

名词状语与中心语之间虚词的有无与名词小类有很大关系。请看下表:

名词小类 \ 虚词小类	连词			语气词		
	而	以	则	者	也	夫
普通名词	0	0	0	0	0	0
专有名词	0	0	0	0	0	0
方位名词	0	1(1)	2(2)	0	0	0
时间名词	4(4)	1(5)	5(5)	6(28)	3(5)	1(4)

统计数字表明:普通名词、专有名词作状语,其与中心语之间不能出现虚词;方位名词作状语,其与中心语之间偶尔出现连词,不能出现语气词;时间名词作状语,其与中心语之间既可出现连词,也可出现语气词。

此外,名词状语与中心语之间虚词的有无与音节也有关系。《吕》中,虚词一般总是出现在单音名词之后,复音名词之后,仅见2例,虚词仅限于连词"而":

夜半而死。(《长利》)

特会朝而祛步堂下。(《达郁》) 许维遹曰:"《诗·大明》篇'会朝清明',马瑞辰释'会朝'为黎明,是也。"①

3.1.4.2 名词作状语,按其语法意义可分为两类:(1)限制性状语,(2)描写性状语。

(1)限制性状语,从时间、处所、范围、条件、对象等方面对中心语加以限制。如:

虢朝亡而虞夕从之矣。(《权勋》)

清旦被衣冠。(《去宥》)

昔上古龙门未开。(《爱类》)

(以上限制时间。)

桓公郊迎客。(《举难》)

屈产之乘。(《权勋》)

国莫敢言,道路以目。(《达郁》)

(以上限制处所。)

西河可以王。(《长见》)

若夫人者,目击而道存矣。(《精谕》)

车过者下。(《慎大》)

(以上限制条件、工具。)

水居者腥,肉玃者臊,草食者膻。(《本味》)

(以上限制对象。)

(2)描写性状语,或描写方式,或描写状态特征,或用于比拟。

---

① 许维遹注转引自陈奇猷《吕氏春秋校释》(学林出版社,1984年)1383页。按:下文凡《吕》例句引述前人注释者(高诱注除外),皆转引自《吕氏春秋校释》,不另出注,只在引文后标明所在该书的页数。

如:

文王貌受以告诸侯。(《过理》)

禹之裸国,裸入而衣出。(《贵因》)

其民聚生群处。(《恃君》)

(以上描写方式。)

执箕帚而臣事之。(《顺民》)

夫国士畜我者,我亦国士事之。(《不侵》)

(以上用于比拟,或比拟施事者的身份,或比拟施事者对受事者的态度。)

考察《吕》名词状语的语义分类,我们看到:(1)名词状语一般都是限制性状语(约占总数95%以上);(2)普通名词充当状语可以表示多种语义,既可以充当限制性状语,又可以充当描写性状语,而专有名词、方位名词、时间名词只充当限制性状语;(3)名词状语与中心语之间出现虚词的现象只发生在限制性状语之中。

3.1.4.3 普通名词、专有名词、方位名词充当状语,其位置在主语之后(如果句中出现主语的话);唯时间名词充当状语,其位置可在主语之前。如:

昔桓公得之莒。(《慎人》)

昏参中,旦尾中。(《孟春》)

少顷,东郭牙至。(《重言》)

今昔臣梦受之。(《慎大》)

乡臣遇之。(《适威》)

时间名词充当状语,或在主语之前,或在主语之后,其位置是固定的。考察《吕》,充当状语、位置只出现在主语之前的时间名词有11个(约占时间名词总数的19%),除上述各例外,还有"往昔"

"上古""曩"等；充当状语，位置只出现在主语之后的时间名词有45个，如"朝""夕""夜""清旦"等。

《吕》中，唯"今""日"二词充当状语时位置可前可后。如：

今晏子见疑。（《士节》）

今我非其主也？（《异用》）

日者大王欲破齐。（《应言》）

日者臣望君之在台上也。（《重言》）

（以上时间名词状语在主语之前。）

吾今见民之洋洋然东走。（《贵直》）

法虽今而至。（《察今》）

精气日新。（《先己》）

故日杀僇而不止。（《论人》） 按：主语承上文省。

（以上时间名词状语在主语之后。）

但"今""日"二词情况却大不相同：(1)"今"充当状语，其位置在主语前或主语后语义并不发生变化。而"日"充当状语，其位置在主语之前，当"往日"讲，用于追溯过去；在主语之后，或当"日日"讲，表示动作的频繁（见《论人》例），或当"一天天"讲，表示逐渐发展（见《先己》例）。① (2)"今"充当状语，其位置以在主语之前为常（约占总数的97％）。② 而"日"充当状语，其位置以在主语之后为常（约占总数的94％）。

---

① 考察《论语》《左传》《墨子》《庄子》《孟子》《荀子》《韩非子》《公羊传》《穀梁传》等九部先秦文献，"日"在主语之前共得8例（均出自《左传》），都作"往日"讲，用于追溯过去。与《吕》不同的是，这8例"日"后均无语气词"者"。

② 《贵直》篇有"身今得见王"句，王念孙曰："'身今'二字《治要》作'今身'，当乙正。"（转引自《吕氏春秋校释》1534页）王氏之所以据《治要》"乙正""身今"二字，大概也正是由于上古汉语中，"今"作状语一般总是出现在主语之前的缘故吧。

3.1.5 名词作谓语。《吕》中,只有普通名词、专有名词才能充当谓语。[①] 如:

子,肉也;我,肉也。(《当务》)

始生之者,天也;养成之者,人也。(《本生》)

此君子也。(《贵因》)

(以上普通名词作谓语。)

东方为青州,齐也;泗上为徐州,鲁也。(《有始》)

其神太皞,其神句芒。(《孟春》)

名词各小类作谓语的频率见下表:

频率统计＼名词小类	普通名词	专有名词	方位名词	时间名词
词量（出现频率）	177（551）	82（161）	0	0
占该小类总数百分比	9.9%（3%）	5.4%（2.8%）	0	0

《吕》中,普通名词、专有名词充当谓语是不自由的,它们只能充当判断句、描写句谓语。

3.1.6 名词作补语。《吕》中,普通名词、专有名词、方位名词都不能直接充当补语;唯少数时间名词可以充当补语,表示动作持续的时间。例如:

立有间,再三言。(《骄恣》)

出亡十七年。(《不广》)

---

① 《有度》中有"仁义之术外也。以外胜内,匹夫徒步不能行,又况人主"之句,陈奇猷注:"外谓外饰,内谓内修。"(1657页)依陈注,充当谓语的"外"已临时转变为普通名词。

爨之三日三夜。(《至忠》)

《吕》中,名词直接充当补语的唯见"有间"一词(5例),见《骄恣》例;其余均为以时间名词为中心语的短语,见《不广》《至忠》例。

3.1.7 名词充当句法结构成分的分布情况详见下表:

频率统计\句法结构成分	主语	宾语	定语	状语	谓语	补语
词量 (出现频率)	1398 (7746)	1817 (10229)	322 (1829)	101 (1002)	259 (712)	4 (55)
占名词总数 百分比	41.5% (29.8%)	53.9% (39.3%)	9.6% (7.0%)	3.0% (3.8%)	7.7% (2.7%)	0.1% (0.2%)

统计数字表明:在句中充当主语、宾语是名词最主要、最基本的语法功能,其次是充当定语,名词很少充当状语、谓语,名词充当补语仅属特例。

3.2 名词的并列使用 《吕》中,名词除充当句法结构成分之外,还经常并列使用。例如:

天地和同,草木繁动。(《孟春》)

水木石之性,皆可动也。(《具备》)

何谓六戚:父母兄弟妻子。(《论人》)

凤皇圣人皆来至矣。(《开春》)

(以上为普通名词并列使用。)

尧舜得伯阳、续耳然后成。(《本味》)

其星房、心、尾。(《有始》)

齐荆燕尝亡矣。(《安死》)

(以上为专有名词并列使用。)

东西二万八千里。(《有始》)

前后左右尽蜻也。(《精谕》)

　　　　上下皆曲。(《适威》)

　　　　　　　　　　　　(以上为方位名词并列使用。)

　　　　朝暮进食。(《知士》)

　　　　古今前后一也。(《长见》)

　　　　是以春秋冬夏皆有麻枲丝茧之功。(《上农》)

　　　　　　　　　　　　(以上为时间名词并列使用。)

　《吕》中名词并列使用共涉及 1046 个词,频率达 3142 次,约占名词总词量的 31.4%,约占名词出现总频率的 12.1%。并列使用以单音名词为常(约占名词并列使用总频率的 83%)。《吕》中,单音名词并列以两两并列为常,主要是基于修辞的原因。古人行文,讲究语言片断、语言节奏成双成对,诚如《马氏文通》所指出的"古籍中诸名,往往取双字同义者,或两字对待者,较单辞只字,其辞气稍觉浑厚。"[1]

　3.2.1 《吕》中,名词并列成分之间,绝大多数情况下(约占名词并列总数的 98.5%)没有形式标记(见上文所举诸例),但有时出现连词"与"(44)和"及"(3)。如:

　　　　食麦与羊。(《孟春》)

　　　　冬与夏不能两刑,草与稼不能两成。(《博志》)

　　　　士与圣人之所自来,若此其难也。(《观世》)

　　　　成与璜孰可?(《举难》)

　　　　子路与子贡相与而言曰。(《慎人》)

　　　　　　　　　　　　(以上用连词"与"。)

　　　　周公及召公取风焉。(《音初》)

---

[1] 见《马氏文通》(商务印书馆,1983 年)38 页。

为天下及周,莫如以德。(《上德》)

王及蔡公抎于汉中。(《音初》)

(以上用连词"及"。)

如果仔细体味一下,可以发现,用"与"连接的并列成分,其所指称的事物多无主次轻重之别,如"麦与羊""成与璜""冬与夏"等;即使有别,如"士与圣人""子路与子贡",也与其排列顺序无关。"圣人"高于"士",而"圣人"在后,"子路"年长于"子贡","子路"在前。"及"则不然。"及"连接的两个并列成分在语义上是不对等的,有轻重之别;其顺序是重者在前,轻者在后,不得任意颠倒。①

名词并列成分偶尔用语气词"也"隔开:

使其三臣丙也、术也、视也于东边候瞫之道。(《悔过》)

3.2.2 名词并列成分的顺序是固定的,还是自由的? 带着这个问题,我们对《吕》中名词并列现象作了全面的考察,举例如下:②

天地(40)	×地天	汤武(31)	×武汤
阴阳(22)	×阳阴	草木(22)	×木草
父母(21)	×母父	日夜(18)	×夜日③
君臣(18)	×臣君	父子(10)	×子父
日月(11)	×月日	祸福(9)	×福祸
声色(9)	×色声	妻子(8)	×子妻

---

① 《春秋公羊传·定公二年》诠释《春秋》"雉门及两观灾"时说:"言雉门及两观灾何? 两观微也。然则曷为不言雉门灾及两观? 主灾者两观也。主灾者两观则曷为后言之? 不以微及大也。"这表明早在两千多年前,古人就已体察到,用"及"连接的两个名词语义上有轻重之分,轻者"后言之"。

② 仅列举重复出现5次以上的并列名词。( )中的数字为出现频率。

③ 《吕》中有"夜日"一词,如:"夜日置表于南门之外。"(《慎小》),"夜日"是"前一天"的意思,与"日夜"完全不同。

古今(8)	×今古	左右(7)	×右左
诸侯大夫(7)	×大夫诸侯	肌肤(6)	×肤肌
珠玉(6)	×玉珠	郊庙(5)	×庙郊
府库(5)	×库府	钟磬(5)	×磬钟
耳目鼻口(5)	×耳目口鼻	×目耳口鼻	×鼻口耳目

考察结果表明,名词并列是一种有序的并列,并列成分受到言语习惯的制约,一般不能自由地变换顺序。

名词并列的顺序,有些有规律可寻。比如:

方位名词两两连用,遵循下列顺序原则组合:东＞西＞南＞北(＞读作优于)。① 前面的方位名词可以和后面的组合,而后面的不能和前面的组合。② 其他方位词:上＞下,前＞后,左＞右,惟"外""内"较为自由。③

时间名词两两连用以时间先后顺序为序:古＞今(如"古今""前后")、日＞夜(如"日夜""昼夜")朝＞暮(如"旦暮""朝夕""旦夕""晨昏""晨暮""夙夜")、春＞秋(如"春夏""秋冬")。惟"冬夏"与今不同。④ 古人一说四时,其顺序总是"春秋冬夏",考察先秦其他九部文献,无一例外。

普通名词、专有名词凡与空间、时间有关的,大体都按上述顺序。

如:天地,符合上＞下的顺序;

---

① 见陆俭明《同类词连用规则刍议》(《中国语文》1994 年第 5 期)。
② 《明理》篇有"国有游蛇西东"句,句中方位词已活用作动词,其顺序与名词并列无关。
③ 考察先秦其他九部文献,"外内"(29),"内外"(15)。
④ "冬"置"夏"前,恐怕与古人的认识有关。周历即把冬至所在的十一月(夏历)作为一年之始。

又如历史人物,依时间顺序,如:尧舜、汤武、桀纣、文王武王、禹汤文武等;

如果是同一时代的人物,则依地位的尊卑、年龄的长幼,尊长在前,卑幼在后。如:君臣、父母、父子、父兄、妻子、妻妾、夫妇、夫妻、后妃,诸侯大夫等。①

多数普通名词、专有名词并列的顺序是依当时的言语习惯约定俗成的,一时还难以找出规律。如:祸福、阴阳、草木、水火、声色、舟车、钟磬、江河、沟渎等;又如"九山""九塞""六川"的排列等等。

3.2.3 多项名词并列,其内部的结构层次分为两种情况:(1)只有一个层次。如:

何谓九山?会稽、太山、王屋、首山、太华、岐山、太行、羊肠、孟门。(《有始》)

"九山"之名都在同一个结构层次上。上文提及的"耳目鼻口""尧舜汤武"也属于这种情况。(2)分为两个层次:首先由语义相对或相关的名词两两组合,构成第一个层次;而后这些并列短语再并列组合,构成第二个层次。如:

草木鸡狗牛马,不可谯诟遇之。(《诬徒》)

水大则有蛟龙鼋鼍鳣鲔。(《谕大》)

何谓六戚:父母兄弟妻子。(《论人》)

如果有连词出现,则连词只出现在第二个层次上。如:

释父兄与子弟。(《察今》)

---

① 惟"兄弟"有时也作"弟兄"。考察《左》《论》《孟》《庄》,只见"兄弟"(58),未见"弟兄";《墨》《荀》《韩》《公》《穀》,"兄弟"(38),"弟兄"(15)。

4. 名词活用与兼类

4.1 名词活用考察 《吕》中,名词可以活用为动词,也可以活用为量词,分别举例如下:

(1)活用作动词。

　　子罕非无宝也,所宝者异也。(《异宝》)

　　孰当可而镜？其唯士乎。(《达郁》) 高诱注:"镜,照。独士履礼蹈正,不阿于俗,而能镜之也。"

　　吾子胡不位之。(《离俗》) 高诱注:"何不位天子之位也。"

　　大庖不豆。(《贵公》) 高诱注:"但调和五味,使神人享之而已,不复自列笾簋簠豆也。"

　　三士羽翼之也。(《举难》)

　　　　　　　　(以上为普通名词活用作动词。)

　　候雁北。(《孟春》) 高诱注:"候时之雁,从彭蠡来,北过至北极之沙漠也。"

　　欲左者左,欲右者右。(《异用》)

　　　　　　　　(以上为方位名词活用作动词。)

　　请夜之。(《达郁》) 高诱注:"以夜继昼。"

　　　　　　　　(以上为时间名词活用作动词。)

(2)活用作量词。

　　尝一脔肉,而知一镬之味,一鼎之调。(《察今》)

　　宣孟与脯一朐。(《报更》)

　　尧有子十人。(《去私》)

棺椁数袭。(《节丧》) 高诱注:"袭,重。"

为之九成之台。(《音初》) 高诱注:"成犹重。"

上述例句中,"镬""鼎"活用作容量单位,"胕""胸""人"活用作个体量词,"袭""成"活用作合体量词。

名词活用作他类词,该词的语义也随之发生位移:

指称事物→表示以该事物为涉及对象(或受事,或工具)的动作。如:豆,用作动词,义为"置豆";镜,用作动词,义为"(用镜)照";宝,用作动词,义为"以为宝"等等。

指称事物→表示以该事物为量度单位。如:以"鼎""镬"之类的容器作为容量单位。

活用后的词义与该词本来的词义之间存在着直接的、有迹可寻的联系,它们是同一义位的临时变体。

《吕》中,名词活用作他类词的共130个词(222例),约占名词总量的3.8%(0.8%),活用词的频度约为1.71。

《吕》中,名词活用作量词的情况比较简单,共12个词,29例,都是单音节普通名词。下面着重考察一下名词活用作动词的情况。

名词各小类活用作动词的情况详见下表:

名词小类 频率统计	普通名词				专有名词	方位名词		时间名词	
	单		复			单	复	单	复
	有生	无生	有生	无生					
词 量 (出现频率)	12 (14)	96 (161)	0	3 (3)	0	6 (14)	0	1 (1)	0
占该小类总数百分比	1% (0.09%)	7.8% (1%)	0	0.5% (0.1%)	0	30% (2.5%)	0	2.9% (0.1%)	0

统计数字表明:

(1)名词各小类活用的能力不同,可以描述为:

方位名词＞普通名词＞时间名词＞专有名词。

(2)名词活用作动词受三个因素影响：专指、音节、及有无生命。可以描述为：

非专有名词＞专有名词，

单音名词＞复音名词，

无生名词＞有生名词。

在影响名词活用作动词的三个因素中，"专指"是最重要的，其次是"音节"，再次是"有无生命"。

有的文章在论及现代汉语名词活用自由度所涉及的功能因素时，认为"抽象名词活用的最为多见"[①]。考察《吕》名词活用的情况，与此恰恰相反。《吕》中，活用作动词的名词约85%是具体名词(100个，频率150次)，因此可以说：《吕》中，具体名词活用的最为多见。这一方面，固然是由于普通名词中绝大多数是具体名词(约占名词总数的91%)，而另一方面，我们推测，可能是由于具体名词活用，在语境中语义更容易把握，因而也就更易于为当时的人们所理解。

4.2 名词兼类考察　《吕》中，专有名词未见兼类现象。《吕》中，名词兼他类词的共有330个，约占名词总量的9.8%。其中复音兼类词仅4个，绝大部分都是单音词。名词兼类的具体分布详见下表：

[①] 见张伯江《词类活用的功能解释》，载《中国语文》1994年第5期。

名词兼类情况\小类	名/动	名/形	名/量	名/动/形	名/形/副	名/动/副	名/形/介	名/数/动	名/量/动	名/量/形	名/形/动/副
普通名词	223	55	3	28	3	3	1	1	3	1	4
方位名词	0	0	0	3①	0	0	0	0	0	0	0
时间名词	0	2	0	3	0	0	0	0	0	0	0
专有名词	0										

《吕》中名词兼类也受专指、音节两个因素影响。在名词兼类现象中,专指与非专指、单音节与复音节显示出明显的对立。复音节名词正处于形成时期,出现频率低,语义单一,因此,极少兼类。

《吕》中,名词兼动词最为多见,其次是名词兼形容词。名词兼动词、名词兼形容词构成了名词兼类词的主体(约占名词兼他类词总数的94%)。

5. 词头、词尾及叠用

5.1 词头 《吕》中,名词词头仅见"有"(10)②,加于专有名词之前(9)。如:

有倕作为鼙鼓钟磬。(《古乐》)

夏后相与有扈战于甘泽而不胜。(《先己》)

---

① "上""中""下"跨方位名词、时间名词两个小类,表中分别统计。

② 黄奇逸认为,"古籍中的国、族名前的'有'""为不完全动词"(见《古国、族名前的"有"字的新解》,载《中国语文》1981年第1期)。秦建明等认为,"'有'是上古某一时期对于国家的称谓"(见《也谈古国名前的"有"字》,载《中国语文》1985年第4期)。又,出现在专名之前的"子",如"子墨子""子华子""子列子",作尊称用,不是词头。

有侁氏女子采桑。(《本味》)

有娀氏有二佚女。(《音初》)

偶尔加于普通名词之前(1):

有凤之丸,沃民所食。(《本味》)

考先秦诸书,名词词头"有"多见于西周文献,如《尚书》《诗经》(《大雅》《周颂》及《小雅》部分),至战国时期已经消失。① 《吕》中极少数专有名词前出现词头"有",只是远古时期的专名(包括"有")的沿用罢了,显然仅仅是一种存古现象。正如我们今天谈到上古时代,免不了要提到"有莘""有扈""有虞""有夏"一样。至于"有凤"1例,则是由于修辞的原因。"有凤之丸"上下文都是伊尹"说汤以至味",言物之美者,四字一读,上文有"猩猩之唇,獾獾之炙,隽觾之翠,述荡之掔,旄象之约",下文有"洞庭之鱄,东海之鲕",为了音节的整齐,为了增加古雅的色彩,"凤"前仿古而加词头"有"。正如近人称"有明""有清"一样,也是仿古。

5.2 关于"子"的考察 《吕》中未见名词词尾。有的语法著作中提出,"上古时代'子'字已经有了词尾化的迹象"②,"'子'字作为名词词尾在先秦也初见端倪"③。在先秦最后一部重要文献《吕》中,"子"的情况如何呢?

《吕》中,"子"出现在词尾位置的复音名词共有 59 个,"子"在其中的意义可以分为两类:一类与"孩子"义有关,一类表示尊敬。

---

① 考察《论》《左》等九部文献,名词词头"有"共出现 63 次,分布如下:《论》(1)、《左》(18)、《墨》(18)、《庄》(13)、《孟》(5)、《荀》(3)、《韩》(5)、《公》(0)、《穀》(0)。除"有政(1)""有帝(1)"外,其余均为古国、族名,都是远古时期的专名的沿用。

② 见周法高《中国古代语法(构词篇)》260 页。

③ 见易孟醇《先秦语法》(湖南教育出版社 1989 年)96 页。

与"孩子"义有关的复音名词 13 个,如:儿子、赤子、太子、弟子、男子、馀子、竖子,等等。

表示尊称的"子"绝大多数附于专名之后(43),构成专有名词。如:孔子、墨子、春子、北郭子、关尹子、温伯雪子,等等。附于非专名之后、构成普通名词的只有"君子""夫子""钜子"三词。

总之,《吕》中的"子"未见有词尾化的迹象。

5.3 叠用 《吕》中,名词叠用仅 3 见:

世世乘车食肉。(《安死》)

祖伊尹世世享商。(《慎大》)

一终曰"燕燕往飞"。(《音初》)

《安死》《慎大》例中"世"叠用,表逐指①。《音初》例中"燕燕"即"燕",叠用以足音节。②

6. 小结

名词在《吕》的词类系统中词量居第一位(约占总词量的 59.5%)。

《吕》的复音名词在词量上超过了单音名词(其比例约为 55:

---

① 名词叠用表逐指,先秦已见萌芽,如:
旦旦而伐之。(《孟子·告子上》)
焉得人人而济之。(《孟子·离娄下》)
以世世相教事秦之力也。(《韩非子·存韩》)

② 《诗经·邶风·燕燕》作"燕燕于飞"。《诗集传》曰:"燕,鳦也。谓之燕燕者,重言之也。"按:《吕》有"猩猩"(《本味》)一词,与"燕燕"不同。"猩猩"为叠音词,不能独用。王筠《毛诗重言》:"《释鸟》《释兽》两篇,以重字为名者有鹅鹅、狒狒、猩猩三物,皆异域所产。"

45),这主要是由于复音专有名词大量存在的缘故。当然,双音化倾向也是原因之一。

《吕》中,复音名词的频度为3.36,单音名词的频度为13。这表明,在言语交际中,单音名词要比复音名词活跃得多。

《吕》中,名词的语法特征表现为:(1)名词可以直接受名词、代词的修饰;(2)名词不受副词修饰。

名词最主要、最基本的语法功能是在句中充当主语、宾语;其次是充当定语;名词很少充当状语、谓语;名词直接充当补语仅属特例。

《吕》中,单音名词常常两两并列使用,这主要是基于修辞的原因。名词并列是一种有序的并列,并列成分受到言语习惯的制约,一般不能自由地变换顺序。

名词按语义可分为四类:普通名词、专有名词、方位名词、时间名词。名词各小类在语法功能上存在着差异。这种差异显示出,普通名词、专有名词是名词的核心部分。

《吕》中,少量名词可以活用作动词或量词(约占名词总量的3.8%,约占名词出现总频率的0.8%)。活用词的频度约为1.71。名词活用作他类词受三个因素影响:专指,音节,有无生命。这三个因素中,专指是最重要的。

名词兼他类词的共有330个,约占名词总量的9.8%。名词兼动词、名词兼形容词构成了名词兼类词的主体。

《吕》时代,名词词头"有"已经消失,极少数专有名词前出现词头"有",只是远古时期的专名的沿用。《吕》中,未见名词词尾。

〔附〕《吕》方位名词、时间名词列举(87)

1. 《吕》方位名词列举(29)：

(1) 单音方位名词(20)：东、西、南、北、前、后、左、右、内、外、间、上、中、下、阴、阳、滨、侧、边、旁；

(2) 复音方位名词(9)：东方、西方、南方、北方、西北、西南、东北、东南、中央。

2. 《吕》时间名词列举(58)：

(1) 单音时间名词(35)：晨、乡²(向)、鼂、昼、曙、夕(昔²)、旦、霄(通"宵")、昏、暮、夜、今、昔¹、初、夙、古、朝¹、晦、朔、春、夏、秋、冬、时、日、月、旬、年、岁、兹¹、世、上、前、后、辰；

(2) 复音时间名词(23)：今昔、会朝、清旦、上古、少顷、有顷、选间、往昔、昨日、朔日、日中、今日、当今、朝夕、少选、须臾、有间、昼日、夜日、夜半、终古、日至、耆年。

三 《吕氏春秋》形容词研究

1. 形容词概说

《吕》中,形容词共有 571 个(5572),其中单音形容词 406 个(5243),复音形容词 164 个(329)。

1.1 形容词的分类 形容词按其语法意义,可以分为性质形容词和状态形容词两类。分述如下:

(1)性质形容词,包括:

①单音形容词,如:大、小、远、近、深、浅、清、浊、长、短、久、甚,等等;

②复音形容词,如:坚固、太平、安宁、整齐、素朴、脆弱、不肖、小心,等等。

(2)状态形容词,包括:

①复音形容词,如:苍狼、哭历、逍遥、棬棬、殷殷、有晻、烈然、区区焉,等等;

②拟声词,如:谥隘、锵锵、舆谔、凄凄①、英英,等等。

性质形容词单纯表示属性,而状态形容词表示情状,带有明显

---

① 《吕》中,"凄凄"有二:一是状貌,形容寒凉的样子,见下文《务本》例;一是拟声,形容风声,见《古乐》:"正风乃行,其音若熙熙凄凄锵锵。"

的描写性。

1.2 性质形容词与状态形容词的构词方式 构词方式只涉及复音形容词,自不待言。复音形容词按其构词方式可分为四种:(1)复合式,(2)附加式,(3)叠音词,(4)联绵词。

复音性质形容词都是合成词,构词方式只有复合式一种。换句话说,凡复合式形容词均为性质形容词,考察《吕》,无一例外。《吕》中,约98%的复音性质形容词属联合式复合词,偏正式复合词仅"不肖""小心"2例。

状态形容词有单纯词、合成词两类。单纯词包括叠音词、联绵词两种;合成词只有附加式。上文例词中的"惓惓""殷殷"属叠音词;"苍狼""哭厉""逍遥"属联绵词;"有晻"(加词头)、"烈然"、"区区焉"(加词尾)属附加式形容词。

拟声词在语义和语法功能上都与状态形容词相近,所以归入状态形容词。

《吕》中两类形容词具体分布如下:

频率统计	形容词小类音节数构词方式	性质形容词		状态形容词				
		单	复		单	复			
		/	联合式	偏正式	/	叠音词	联绵词	附加式	拟声词
词量(出现频率)		406(5243)	84(168)	2(65)	0	30(33)	9(11)	32(40)	8(12)
占形容词总量百分比		492(5476) 86.2%(98.3%)				79(96) 13.8%(1.7%)			

1.3 形容词词头和词尾

《吕》中,形容词词头仅见"有"①:

---

① 王引之《经传释词》卷三云:"有,状物之词也。《诗·桃夭》'有蕡其实'是也。"

《诗》云:"有晻凄凄,兴云祁祁。"(《务本》)

仅此1例,且引自《诗经》。这表明形容词词头在《吕》时期已经消失,"有晻"只是作为古语而保存在古代文献中。

《吕》中,形容词词尾共出现四个,除上述例词中的"然""焉"之外,还有"乎"和"其",如"巍巍乎""愉愉其"等。形容词词尾出现的频率以"然"为最(25),依次是"焉"(10)、"乎"(8)、"其"(1)。

2. 形容词的语法特征

《吕》中,形容词的语法特征表现为:(1)形容词可以受程度副词修饰;(2)形容词不能带宾语,但可以带补语,表示比较。

需要说明的是:

(1)状态形容词不具备上述语法特征。状态形容词本身就包含着量的意义,因此不受程度副词修饰[①];状态形容词侧重描写情状,因此也不用于比较。我们之所以把它归入形容词,是因为它与形容词的共同点要比跟动词的共同点多得多。

(2)即使是性质形容词,也并非都显示出上述语法特征。这是由于:①由于语言材料的限制,一些形容词的语法特征未能得到实现。有些形容词,如:博、修、亲、殆、早、仁、察、坚、急、广、简、严、下、阔、平、罢(通"疲")、烦等,虽在《吕》中未见受程度副词修饰的例证,但是在先秦他书中可以见到,如《韩非子》中有"甚博""甚修"(《外储说左上》)、"太亲"(《爱臣》)、"至殆"(《存韩》)、"太蚤(通

---

① 《韩非子·扬权》:"齿乎唇乎,愈惛惛乎。"状态形容词"惛惛"受程度副词"愈"修饰当属特例。

'早')"(《说林上》)、"太仁"(《内储说上七术》)、"至察""至坚"(《问辩》)、"益急"(《十过》);《荀子》中有"甚广""甚简"(《王霸》)、"至严""至下"(《儒效》)、"至闇"(《臣道》)、"至平"(《成相》)、"至罢"(《正论》)、"弥烦"(《富国》)等。②少量词,如:群、故、孟、仲、季等,不具备上述语法特征,它们的主要语法功能是直接修饰名词,因与形容词相近,所以归入形容词。①

3. 形容词的语法功能

3.1 充当句法结构成分

3.1.1 形容词作主语。《吕》中,状态形容词不能作主语,只有性质形容词才能作主语。如:

恺者,大也。(《不屈》)

寒不信,其地不刚。(《贵信》)

清有馀也。(《有度》)

幸反为祸。(《遇合》)

显荣,人子人臣之所甚愿也。(《劝学》)

富贵弗就而贫贱弗揭。(《士容》) 高诱注:"轻富贵,甘贫贱。"

上述例句中,"恺""寒""清""显荣"等形容词处在主语的位置上已经事物化了,即由表示属性而变成了指称属性自身。属性也是事物,只不过不具备形状,不占据空间罢了。但并非处在主语位置上的形容词都事物化了,如:

---

① 详见3.3节中的"非谓形容词"。

> 强大未必王也,而王必强大。(《壹行》)
>
> 疾不必生,徐不必死。(《知分》)

细玩文意,这两个例句与上一组例句不同。处在主语位置上的"强大""疾""徐"都不是谓语陈述的对象。《壹行》例中,"未必王"陈述的对象是"国家";《知分》例中,"不必生""不必死"陈述的对象是说话者"晏子"。而处在主语位置上的"强大""疾""徐"也是分别描写"国家""晏子"的,并未事物化。

事物化的主语,我们称之为指称性主语;非事物化的主语,我们称之为陈述性主语。《吕》中,形容词作主语以指称性主语为主(182例,约占形容词充当主语总频率的97%,陈述性主语仅见5例)。

形容词作主语是不自由的:(1)形容词不能充当施事主语。形容词作主语,以当事主语为主(163例,约占总频率的87%),见上文《不屈》《贵信》《有度》《遇合》《劝学》《壹行》《知分》诸例;受事主语仅得24例,除《士容》例"富贵""贫贱"之外,再如:

> 平得于公。(《贵公》)
>
> 贤不可以加矣。(《过理》)
>
> 勇敢不足以却猛禁悍。(《恃君》)

(2)形容词充当主语,与之相应的谓语动词受到极大的限制,只能是非自主动词,不能是自主动词。如果充当谓语的是自主动词,则充当主语的形容词临时转化为名词。如:

> 小弱而不可知,则强大疑之矣。(《壹行》) 高诱注:"小而不小,弱而不弱,故强国、大国疑之也。"

3.1.2 形容词作宾语。《吕》中,充当宾语的形容词约99%为性质形容词;状态形容词不能充当宾语,唯拟声词例外。如:

今举大木者,前呼舆谚,后亦应之。(《淫辞》) 高诱注:"'舆谚'或作'邪谚',前人倡,后人和,举重劝力之歌声也。"

鸣若谥嗌。(《音初》)

其必由呴呴邪。(《乐成》)

形容词作宾语也有指称性宾语与陈述性宾语之别。

由拟声词充当的宾语都是指称性宾语,见上文《淫辞》《音初》诸例;由性质形容词充当的介词宾语、多数谓宾动词的宾语、以及由形容词转化的动词的宾语都是指称性宾语。如:

凡主之立也,生于公。(《贵公》)

其得之以公,其失之必以偏。(《贵公》)

大之则尊于富贵也。(《忠廉》)

(以上为介词宾语。)

有巧有拙而已矣。(《荡兵》)

非好俭而恶费也。(《重己》)

不忘恭敬,民之主也。(《过理》)

(以上为谓宾动词的宾语。)

力贵突,智贵卒。(《贵卒》) 李宝洤曰:"突、卒(同猝)皆迅疾之义。"(1474页)

昔先圣王之治天下也,必先公。(《贵公》)

善持胜者,以术强弱。(《慎大》) 高诱注:"言能以术强其弱也。"

(以上为由形容词转化的动词的宾语。)

由性质形容词充当的助动词的宾语、少数谓宾动词的宾语为陈述性宾语。如:

湿者欲燥,燥者欲湿。(《任地》)

智者不得巧,愚者不得拙。(《不二》)

去之能速。(《悔过》)

(以上为助动词宾语。)

祁黄羊可谓公矣。(《去私》)

或以为良,或以为恶。(《别类》)

似缓而急,似迟而速。(《首时》)

(以上为谓宾动词的宾语。)

《吕》中,由形容词充当的宾语以指称性宾语为主(494 例,约占形容词充当宾语总频率的 78%)。

《吕》中,形容词充当宾语也是不自由的。形容词不能充当动作动词的受事宾语,也不能充当处所宾语。如果形容词处在动作动词宾语或处所宾语的位置上,则临时转化为名词。[①] 如:

诛暴而不私。(《去私》) 按:暴,指暴君。

圣人去小取大。(《权勋》) 按:小,指上文的"小利""小惠"。

发仓窌,赐贫穷。(《季春》) 按:贫穷,指贫穷之人。

(以上为动作动词的受事宾语。)

均薪施火,火就燥。(《应同》) 高诱注:"火就燥者先然。"

螭食乎清而游乎浊。(《举难》) 按:清,指清水。浊,指浊水。

树肥无使扶疏。(《辩土》) 按:肥,指肥沃之土。

---

① 形容词"临时转化为名词"与形容词的"事物化"是两个有关联但又不同的概念,详见"形容词活用与兼类"。

（以上为处所宾语。）

3.1.3 形容词作述谓中心语。

3.1.3.1 《吕》中，状态形容词和性质形容词都可以单独作谓语。如：

空窍哭历。（《士容》） 陈奇猷曰："'哭历'为稀疏或上通下达之意。"（1700页）

乱世之民嘆然。（《首时》）

众庶泯泯。（《慎大》）

其音英英。（《古乐》）

（以上为状态形容词单独作谓语。）

颜色黎黑。（《行论》）

天下太平。（《大乐》）

廷小人众。（《精谕》）

城郭高，沟洫深，蓄积多也。（《似顺》）

（以上为性质形容词单独作谓语。）

两类形容词虽然都可以单独充当谓语，但其间存在着很大差异。

1. 从语义上看，状态形容词作谓语只是对主题语作出描写，或描写情状，或模拟声音，例见上文。而性质形容词作谓语则表示多种语义：或对主题语的性状作出描写，例见上文；或对主题语的性状作出带有主观色彩的评判。如：

夫忠于治世易，忠于浊世难。（《至忠》）

以轻使重凶。（《慎势》）

先王卜以臣为葆，吉。（《直谏》）

有时还可以表示原因。如：

> 使夏桀、殷纣无道至于此者,幸也。(《禁塞》)

无论是描写,还是评判,性质形容词单独作谓语大多含有比较对照的意思。

2. 从语言形式上看,总的说来,状态形容词作谓语的句子形式简单,对主语的单向选择性强,主语和谓语间结合紧密,其主谓结构具有较强的独立成句能力;性质形容词则与之相反。分述如下:

(1)状态形容词单独作谓语,在正常词序下[①],要求主语是双音节名词或名词短语。这是一种比较严格的单向选择,但是也有少数例外。[②] 如:

> 弱苗而穗苍狼。(《审时》) 毕沅曰:"苍狼,青色也。在竹曰'苍筤',在天曰'仓浪',在水曰'沧浪',字异而义皆同。"(1805页)

> 乱世之民嗷然。(《首时》)

《审时》例中,"苍狼"的主语为单音名词"穗",《首时》例中,"嗷然"的主语为四音节名词短语。

性质形容词单独作谓语,对主语的音节数和词性没有严格的

[①] 指主语在前,谓语在后。形容词谓语还可以置于句首,详见下文。

[②] 陈克炯《〈左传〉形容词的考察和非定形容词的建立》一文说:"(双音词作谓语)要求主语必须是双音节。这是一种严格的单向选择。"(载《第一届国际先秦汉语语法研讨会论文集》岳麓书社,1994年)申小龙在《中国句型文化》一书中也说过:"凡单音名词作主脑成分,其述谓形容词必然是单音。"(314页)二位时贤的论断与《吕》的情况基本相符,但并不尽然。除文中所举状态形容词外,双音性质形容词作谓语,其主语也有非双音节的情况。如:

义则敌孤独。(《决胜》)　　少私义则公法立,力专一。(《上农》)
赏罚易而民安乐。(《义赏》)　夫为诸侯,名显荣。(《长利》)
秦缪公时,戎强大。(《壅塞》)　晋厉公侈淫。(《骄恣》)

单向选择。其主语既可以是单音节,也可以是双音节、多音节;其主语虽说以名词或名词短语为主,但也可以是谓词或谓词短语。例见上文。下面将《吕》中,性质形容词单独作谓语时,主语的情况统计如下:①

主语类别	单音节	双音节	复音节	名词语	谓词语
频率统计	190	122	113	403	22

(2)状态形容词单独作谓语,主谓之间不能嵌入虚词;而性质形容词单独作谓语,主语与谓语之间有时可以嵌入语气词、连词等(59)。如:

赞也贫,故衣恶也。(《顺说》)
殷其乱矣。(《贵因》)
潦之经吾宫也利。(《召类》)

(以上嵌入语气词。)

力虽多,材虽劲,以制其命。(《顺说》)
民则寒矣。(《分职》)
人主虽不肖。(《不苟》)

(以上嵌入连词。②)

(3)状态形容词单独作谓语,在正常词序下,句末不出现语气词;而性质形容词单独作谓语,近四分之一的句子(149例)句末带语气词。如:

天寒乎?(《分职》)

---

① 表中数字不包括主语省略者,主语后置者。
② 除"虽""则"外,《吕》中尚见"维"。《古乐》:"周虽旧邦,其命惟新。"文引自《诗经》。

　　　　善弋者,下鸟乎百仞之上,弓良也。(《功名》)
　　　　天地大矣。(《贵公》)
　　　　异乎哉!此非吾所谓道也。(《诚廉》)
句末语气词以"矣"为最多(102),其次为"也"(30);偶见语气词连用,如《诚廉》例。

　　(4)状态形容词单独作谓语的主谓结构一般总是独立成句,其与相邻的句子或短语不发生语法上的联系,至多是并列而已。如《审时》篇"弱苗而穗苍狼"句,"穗苍狼"与"弱苗"并列。而性质形容词单独作谓语的主谓结构恰恰相反,很少独立成句。考察《吕》,性质形容词单独作谓语的主谓结构或充当句子成分,如:
　　　　镜之明已也功细,士之明已也功大。(《达郁》)
　　　　子与我孰贤?(《执一》)
或并列使用,表示比较对照。如:
　　　　海阻山高。(《长利》)　　或柔或则。(《大乐》)
　　　　上尊下卑。(《慎小》)　　主贤世治。(《观世》)
　　　　楚众我寡。(《义赏》)　　天道圜,地道方。(《圜道》)
　　　　夫忠于治世易,忠于浊世难。(《至忠》)
或与相邻的句子、短语发生联系,表达各种逻辑关系,诸如假设、条件、因果、转折等等。这种联系大多是通过连词实现的。列举如下:
　　(M·)A·则/而……①
　　　　狗良则数得兽矣。(《贵当》)
　　　　水泉深则鱼鳖归之。(《功名》)

---

① M代表名词语,(M)表示可有可无,A代表形容词。

三 《吕氏春秋》形容词研究

　　权专而奸止。(《知度》)

　　博则多助。(《不苟》)

……则/而·(M·)A

　　唇竭而齿寒。(《权勋》)

　　丘陵成而穴者安矣。(《先己》)

　　反诸已则车轻马利。(《论人》)

　　夫激矢则远,激水则旱。(《去宥》)

(M·)A·则/而·(M·)A

　　天全,则神和矣,目明矣,耳聪矣。(《本生》)

　　人主贤则人臣之言刻。(《达郁》)

　　礼烦而乐淫。(《音初》)

　　公则天下平矣。(《贵公》)

　　或湿而干。(《别类》)

(M·)虽·A……

　　力虽多,材虽劲,以制其命。(《顺说》)

　　天时虽异,其事虽殊,所以亡同者,乐不适也。(《过理》)

(M·)A,故……

　　赞也贫,故衣恶也。(《顺说》)

　　荆僻也,故不能与争。(《慎行》)

　　潦之经吾宫也利,故弗禁也。(《召类》)

有时这种联系没有连词标志,如:

　　善钓者,出鱼乎十仞之下,饵香也;善弋者,下鸟乎百仞之上,弓良也;善为君者,蛮夷反舌殊俗异习皆服之,德厚也。(《功名》)

3.1.3.2 《吕》中,状态形容词只能单独作谓语(或并列作谓

语);而性质形容词作谓语时,既可以带状语,也可以带补语①。如:

　　草木早枯。(《孟夏》)

　　君则不寒矣,民则寒矣。(《分职》)

　　天下之王皆不肖。(《审己》)

　　韩之为不义,愈益厚也。(《审应》)

　　之子是必大吉。(《音初》)　陈奇猷曰:"'是'字犹实也。古是、实通。详王引之《经传释词》。"(337页)

（以上带状语。）

　　是巧于我。(《君守》)

　　世暗甚矣。(《期贤》)

　　孔子之后学显荣于天下者众矣。(《当染》)

（以上带补语。）

《吕》中,性质形容词还可以进入连谓结构,如:

　　地可使肥,又可使棘。(《任地》)

　　使苗坚而地隙。(《任地》)

　　子能使粟圜而薄糠乎?(《任地》)

状态形容词进入连谓结构仅见 1 例:

　　树肥无使扶疏。(《辩土》)

3.1.3.3　充当谓语的两类形容词都可以出现在句首,以加强感叹语气。如:

　　棬棬乎后之为人也。(《离俗》)

　　空空乎其不为巧故也。(《下贤》)

---

① 《吕》中,单音形容词带补语可以表示比较,复合式形容词带补语不表示比较,这反映了性质形容词内部由于音节数目的不同而引起的语法功能的差异。

就就乎其不肯自视也。(《下贤》)

恩恩乎其心之坚固也。(《下贤》)

(以上为状态形容词谓语前置(4)。①)

桔乎其若陵上之木。(《士容》)

善乎而问之。(《孝行》) 高诱注:"而,汝也。"

情矣宋公之言也。(《行论》)

美哉城乎。(《开春》)

异哉后之为人也。(《离俗》)

易哉为君。(《任数》)

善哉乎鼓琴。(《本味》)

(以上为性质形容词谓语前置(18)。)

两类形容词的差异在于:(1)状态形容词充当谓语出现在句首,其后的语气词是单一的,仅见"乎",而且仅限于1个;而性质形容词充当谓语出现在句首,其后的语气词是多样的,除"乎"之外,还有"矣""哉";语气词的数目可以是2个。(2)状态形容词充当谓语出现在句首,其后置主语都是"主·之·谓"格式,如《离俗》例,或变形的"主·之·谓"格式,如《下贤》例;而性质形容词充当谓语出现在句首,其后置主语既可以是"主·之·谓"格式,见《离俗》例,也可以是名词语,见《开春》《行论》例,也可以是动词短语,见《任数》《本味》例,还可以是主谓短语,见《孝行》例。

3.1.3.4 现将《吕》中形容词作述谓中心语的情况统计如下:

---

① 申小龙《中国句型文化》:"凡形容词述谓成分倒装在句首的,其形容词必然是单音。"(314页)这一结论只适用于性质形容词,不适用于状态形容词。

句法结构\形容词小类		单独(或并列)作谓语	受状语修饰	带补语	连谓结构
状态形容词	联绵词	7(7)	0	0	1(1)
	附加式合成词	2(4)	0	0	0
	叠音词	21(21)	0	0	0
	拟声词	2(2)	0	0	0
性质形容词	复合式合成词	41(69)	13(20)	2(2)	0
	单音词	239(982)	204(907)	31(121)	15(21)

3.1.4 形容词作定语。形容词作定语在语法意义上是描写中心语。《吕》中,状态形容词直接充当定语只有3例:

《诗》曰:"莫莫葛藟。"(《知分》)

故《诗》曰:"赳赳武夫,公侯干城。""济济多士,文王以宁。"(《报更》)

3例均引自《诗经》。① 这表明,《吕》时代,状态形容词已不直接充当定语。《吕》中,只有性质形容词才能直接充当定语。如:

君,贤君也。(《自知》)

见一丈人,刺小船。(《异宝》)

新林之无长木也。(《谕大》)

君,不肖君也。(《自知》)

形容词作定语、修饰名词的语法功能与修饰语、被修饰语的音节数目有极大的关系。这表现为:

---

① 状态形容词直接充当定语在《诗经》中是很普遍的,如"采采衣服"(《曹风·蜉蝣》)、"关关雎鸠"(《周南·关雎》)、"有嘒其星"(《大雅·云汉》)、"窈窕淑女"(《周南·关雎》)等等。《吕》表明,这种情况到了周秦之交已经发生了根本变化。

1. 单音节形容词直接作定语非常活跃,而复音形容词则很难直接作定语。《吕》中,直接作定语的形容词约 99% 是单音形容词(173 个词,出现频率 1247 次),能直接作定语的复音形容词仅见"不肖"(13)、"恺悌"①二词。而"恺悌"一词又比较特殊。《吕》中,"恺悌"一词共出现了 3 次:

《诗》曰"凯弟君子。"(《知分》)　按:凯弟,同"恺悌"。

《诗》曰"恺悌君子"。(《不屈》)

《诗》岂曰"恺悌新妇"哉!(《不屈》)

前 2 例引自《诗经》,后 1 例属仿《诗》而作,是一种活用。因此,《吕》中能直接作定语的复音形容词实际上只"不肖"一词。

2. 直接作定语的形容词对中心语的音节数有严格的选择,即选择单音节。《吕》中,中心语为复音节的只涉及 9 个词,12 例,仅占 1%。列举如下:

有枯梧树。(《去宥》)

公输般为高云梯。(《爱类》)

于是鲁君乃以真岑鼎往也。(《审己》)

新素履,墨剑室。(《离俗》)

众耳目鼻口也。(《有始》)

诸天下之士其欲破齐者,大王尽养之。(《应言》)

荆廷尝有神白猿。(《博志》)

万物,群牛马也。(《审分》)

粲然恶丈夫之状。(《达郁》)

---

① 周法高《中国古代语法》(构词编)将"恺悌"看作是联绵词(124 页)。个别词的归属无关宏旨,兹不细论。

3. 单音形容词作定语只采用直接作定语的形式①;而复音形容词恰恰相反,除个别词外,必须借助"之"作定语。如:

意气得游乎寂寞之宇矣。(《审分》)

又况强大之国。(《壹行》)

故呴呴之中,不可不味也。(《乐成》)

单音形容词与复音形容词作定语,用"之"与否,呈现出鲜明的对立。

3.1.5 形容词作状语。

3.1.5.1 《吕》中,性质形容词作状语远不如作定语那么活跃(73个词,419次),相比之下,状态形容词作状语要比作定语活跃得多(29个词,39次)。如:

子路抗然执干而舞。(《慎人》)

然而视之蝺焉美。(《应言》)

巍巍乎若太山。(《本味》)

岂越越多业哉。(《本味》)

(以上为状态形容词作状语。)

骈犹浅言之也。(《执一》)

白露早降。(《季冬》)

国家大危。(《情欲》)

竫立安坐而至者。(《贵因》)

(以上为性质形容词作状语。)

---

① 《马氏文通》卷三:"静字先乎名者常也。单字先者,概不加'之'字为衬。"(商务印书馆,1983年,112页)《正名》:"故君子之说也,足以言贤者之实,不肖者之充而已矣,足以喻治之所悖、乱之所由起而已矣,足以知物之情、人之所获以生而已矣。"句中"治""乱"已不再描写性状,而是与上下文中的"贤者""不肖者""物""人"一样,指称事物。"治""乱"临时用作名词。"治之所悖""乱之所由起"属名词借助"之"作定语。

形容词作状语有时也借助虚词。如：

　　父母全而生子,子全而归之。(《孝行》)

　　惕然而寤,徒梦也。(《离俗》)

　　冀幸以得活。(《介立》)

　　若此则幸于得之矣。(《谨听》)

虚词以"而"为常(13),"于"次之(4),"以"偶见(1)。

《吕》中,形容词作状语以直接作状语为常(约占作状语总频率的96%),借助虚词连接的仅少数而已。

性质形容词与状态形容词作状语,无论在语义上,还是在语言形式上都存在着差异。

1.两类形容词作状语,在语法意义上虽然都是描写中心语,但状态形容词语义单一,只描写情状,例见上文;而性质形容词语义多样,除描写性状之外,还描写方式、时间、程度等。如：

　　今以众地者,公作则迟。(《审分》)

　　整设于屏外。(《季秋》)

　　　　　　　　　　　("公""整"描写方式。)

　　大器晚成。(《乐成》)

　　能久乐之。(《情欲》)

　　　　　　　　　　　("晚""久"描写时间。)

　　深见侮而不斗。(《正名》)

　　齐王闻之,大骇。(《士节》)

　　　　　　　　　　　("深""大"描写程度。)

2.在语言形式上,其差异表现为：

(1)状态形容词作状语,其中心语以复杂形式(即短语形式)为常(35例,约占总数的90%);而性质形容词作状语,其中心语以简单形式(即词,主要是单音词)为常(291 例,约占总数的 69%)。①

(2)在包含形容词的多项状语中,状态形容词以位置在前为常(9 例,占总数 75%),如:

吾今见民之洋洋然东走。(《贵直》)

卒然相遇于涂。(《当务》)

吴起默然不对。(《执一》)

喀喀然遂伏地而死。(《介立》)

而性质形容词以位置在后为常(65 例,约占总数 76%),如:

明君者,非遍见万物也。(《知度》)

饮必小咽。(《尽数》)

骈犹浅言之也。(《执一》)

可与微言乎?(《精谕》)

(3)状态形容词作状语偶尔可以离开被修饰语出现在主语之前。②如:

---

① 赵金铭《〈诗经〉中的形容词研究》一文说:"在《诗经》中,用一类成分(按:指单音形容词)修饰双音动词或词组的情况是极其罕见的。同样,用二类成分(按:指复音形容词和部分复音结构)修饰单音动词也是极个别的。"(载《先秦汉语研究》,山东教育出版社,134 页)《诗经》的这种状况到了《吕》时代,前者已经发生了很大变化,单音形容词修饰双音动词或词组在《吕》中共出现了 128 例。(约占总数的 31%),虽仍处于劣势,但已非"极其罕见"了。略举数例如下:

微扣之。(《安死》)　　速与我衣。(《淫辞》)

重怒王。(《至忠》)　　无大田猎。(《孟夏》)

而后者基本没有变化。

② 《诗经》《左传》中偶见此种用法,如:

霭霭王多吉士。(《诗经·大雅·卷阿》)

茕茕余在疚。(《左传·哀公十六年》)

又:《楚辞》中此种用法常见,不过出现在句首的多为单音状词,如:

纷吾既有此内美兮。(《离骚》)　　王逸注:"纷,盛貌。"

沛吾乘兮桂舟。(《九歌·湘君》)　　王逸注:"沛,行貌。"

尚巍巍焉山在其上。(《观世》)

性质形容词未见如此用法。

3.1.5.2 性质形容词与状态形容词作状语,其各自内部也存在差异。

性质形容词作状语,其内部差异取决于自身的音节数目。《吕》中,凡充当状语的性质形容词均为单音节词。

状态形容词作状语,其内部差异取决于自身的种类及构词方式。《吕》中,充当状语的状态形容词绝大多数都是附加式形容词;联绵词、拟声词未见充当状语①;叠音词仅见2例:

岂越越多业哉!(《本味》)

故《易》曰:"愬愬履虎尾。"(《慎大》)②

3.1.6 形容词作补语。《吕》中,形容词极少直接充当补语③,这一方面固然是因为处于周秦之交的上古汉语,其述谓中心语直接带补语的形式本身就不发达,另一方面也是因为形容词充当补语的功能很弱的缘故。

《吕》中,状态形容词充当补语出现2次:

《诗》曰:"惟此文王,小心翼翼。"(《行论》)

《诗》曰:"有弇凄凄,兴云祁祁。"(《务本》)

都出自《诗经》。因此,我们可以说,《吕》时代,状态形容词不直接充当补语。

---

① 《诬徒》有"草木、鸡狗、牛马,不可谯诟遇之。""谯诟"疑即"誚诟",粗暴过分之义,疑为联绵词,未计在内。

② 《慎大》例引自《周易》,不能反映周秦之交的语言实际情况,当排除在外。因此,《吕》中叠音词作状语亦属偶见。

③ 所谓"直接"是指不需要借助介词等虚词。

《吕》中,复音性质形容词不直接充当补语,只有单音性质形容词才可以直接充当补语。

《吕》中,形容词作补语有三种格式:

(1) 述·补

> 恐听缪而遗使者罪。(《贵生》)
>
> 葬浅则狐狸㧐之。(《节丧》)
>
> 晋文公亡久矣。(《不苟》)
>
> 世暗甚矣。(《期贤》)
>
> 宓子使臣书,而时掣摇臣之肘,书恶而有甚怒。(《具备》)

(2) 述·宾·补

> 用智褊者无遂功。(《博志》)
>
> 孔子见之以细,观化远也。(《察微》)
>
> 从师浅而欲学之深也。(《诬徒》)
>
> 故使雨雪甚。(《开春》)

有时补语前还可以有修饰语,如:

> 行地滋远,得民滋久。(《怀宠》)
>
> 去人滋久,而思人滋深欤?(《听言》)

(3) 述·补·宾①

> 辟远箕子。(《先识》)

《吕》中,形容词作补语,按其与述谓中心语的语义关系大致可以分为结果补语、程度补语、时间补语三类。上文《贵生》《节丧》

---

① 形容词充当补语的三种格式起源较早,《诗经》《尚书》中即已具备。上文《吕》引《诗》,"小心翼翼"即"述·补"式,"兴云祁祁"即"述·宾·补"式。《尚书》中有"敬明乃罚"(《康诰》),"张皇六师"(《顾命》)即"述·补·宾"式。不过,《吕》的材料表明,这三种格式在先秦时期并未得到发展,尤其是"述·补·宾"式仍处在萌芽状态。

《具备》《察微》《先识》诸例属结果补语,《期贤》《开春》诸例属程度补语,《不苟》例属时间补语。

3.1.7 《吕》中,形容词充当句法结构成分的具体分布见下表:①

句法结构成分 形容词小类	主语	宾语	述谓中心语	定语	状语	补语
状态形容词	0	4(4)	32(35)	0*	29(39)	0*
性质形容词	78(203)	160(632)	360(2122)	177(1265)	73(419)	14(18)
合计	78(203)	164(636)	392(2157)	177(1265)	102(458)	14(18)
占总数百分比	13.7%(3.6%)	28.7%(11.4%)	68.7%(38.7%)	31.0%(22.7%)	17.9%(8.2%)	2.5%(0.3%)

上表表明:(1)两类形容词在充当主语、宾语、定语等句法结构成分上存在着明显的差异②;(2)从总的词量及频率来看,充当述谓中心语、定语是形容词最主要的语法功能③,其次是充当状语、宾语,形容词很少充当主语,至于充当补语则属个别现象。

---

① 表中 * 表示该数字未包括引自《诗经》《周易》等上古文献的例句。又:"定语""状语"栏内的数字未包括形容词借助虚词作定语、状语的例句。

② 申小龙《语文的阐释》中说:"单双音形容词在句法功能上不存在'互补'的对立,在语法意义上也没有显著的差别。据此区分两类形容词是没有必要的。……这一点跟现代汉语形容词不同。"(辽宁教育出版社,1991年,563页)考察《吕》中的形容词,情况与申说有异。《吕》中,性质形容词(绝大部分为单音词)与状态形容词(均为复音词)无论在语法意义上,还是在分布上都有着显著的差别。据此区分两类形容词是很有必要的。现代汉语形容词简单形式与复杂形式的对立,正是上古汉语中两类形容词对立的沿续和发展。

③ 申小龙《中国句型文化》中说:"从《左传》的情况来看……形容词作定语的能力远不如作述谓的能力活跃。"(东北师范大学出版社,1988年,328页)考察《吕》,形容词直接作定语的频率高达 22.7%,这表明,尽管形容词作定语的能力不如作述谓的能力,但同样很活跃。

3.2 形容词的并列使用 《吕》中,形容词并列使用的现象随处可见。如:

尊贵高大,未必显也。(《异用》)

在于知缓徐迟后而急疾捷先之分也。(《论威》)

德行昭美。(《论人》)

洁白清廉中绳。(《离俗》)

(以上为性质形容词并列使用。)

丈夫女子,振振殷殷。(《慎人》)

故至神逍遥倏忽。(《君守》)

其音若熙熙凄凄锵锵。(《古乐》)

(以上为状态形容词并列使用。)

《吕》中,并列使用的形容词有251个(760例)。① 形容词并列使用以不用虚词为常(699例,约占总数的92%),例见上文;但有时也可以用虚词连接。用虚词连接的主要是单音节性质形容词。如:

其器廉以深。(《孟秋》)

高而危则泽夺。(《辩土》)

黄白杂则坚且牣。(《别类》)

甘水所多好与美人。(《尽数》)

连接词有"以"(23)、"而"(20)、"且"(10)、"与"(5)四个。"以"只连接两个并列的单音形容词,"而""且""与"连接的两个并列成分,无论音节,还是词性,都可以是不对称的。如:

穗阅而青零。(《审时》) 毕沅曰:"'阅',《亢仓子》作'锐'。"按:阅,通"锐"。孙诒让曰:"'青零''苍狼'一声之转。"

---

① "其器廉以深。"《孟秋》)按两个词各出现1次计算。

(1791页)

  辛余靡长且多力。(《音初》)
  此不可疑枯梧树之善与不善也。(《去宥》)

《审时》例,单音性质形容词与复音状态形容词并列,《音初》《去宥》例,单音性质形容词与谓词短语并列。

  《吕》中,用虚词连接的两个不对称的并列成分,位于虚词之前的一般总是单音形容词,极少例外。①

  在考察《吕》单音形容词直接并列使用的时候,我们看到,形容词的词义对并列词语的语法意义、语法功能都产生影响。

  如果并列的形容词词义不是对立的,并列词语的语法意义、语法功能基本上不发生变化,在语法意义上仍表示性状,在语法功能上仍可以充当述谓中心语。如:

  德行昭美。(《论人》)
  主虽巧智,未无不知也。(《知度》)
  器械苦伪。(《贵信》)
  草木庳小不滋。(《明理》)

  如果并列的形容词词义是对立的,那么并列词语将事物化,不再充当述谓中心语。如:

  贤不肖强弱治乱异也。(《慎势》)
  然后能知美恶矣。(《去尤》)
  审棺椁之厚薄,营丘垄之小大、高卑、薄厚之度,贵贱之等级。(《孟冬》)

  《吕》中,词义对立的并列形容词短语有:

---

① 《审时》:"食之不噎而香。"单音形容词在虚词之后,属特例。

治乱(14)、轻重(14)、寒暑(12)、贤不肖(11)、是非(10)、安危(9)、小大(9)、贵贱(8)、同异(7)远近(5)、燥湿(4)、愚智(4)、长少(4)、长短(3)、贫富(3)、方圆(3)、荣辱(3)、先后(3)、大小(2)、少长(2)、长幼(2)、吉凶(2)、怯勇(2)、强弱(2)、美恶(3)、盛衰(2)、清浊(2)、晏阴(2)、虚实(2)、微巨(1)、浅深(1)、寿夭(1)、工拙(1)、薄厚(1)、厚薄(1)、寒温(1)、情伪(1)、巧拙(1)、寒热(1)、肥瘠(1)、多少(1)、少多(1)、坚脆(1)、勇惧(1)、短长(1)、尊卑(1)、高卑(1)、老幼(1)、疾徐(1)、细大(1)、难易(1)、高下(1)、亲疏(1)、疏亲(1)、赢绌(1)等共55个(175例),均未见作述谓中心语。

总之,词义对立的形容词直接并列之后失去了作述谓的能力,而词义非对立的形容词直接并列之后仍然保持着作述谓的能力。

如果需要词义对立的两个形容词并列作述谓中心语,那么一定要用虚词"而"连接。如:

> 士不偏不党,柔而坚,虚而实。(《士容》)

3.3 非定形容词与非谓形容词

3.3.1 非定形容词①。非定形容词指不能直接作定语的形容词,诚如上文所述,《吕》中状态形容词都是非定形容词,复音性质形容词绝大多数也都是非定形容词。② 下面,我们着重考察单音性质形容词。

《吕》中,未见直接作定语的单音性质形容词有236个。这里

---

① 关于"非定形容词"的提法见陈克炯《〈左传〉形容词的考察和非定形容词的建立》一文(载《第一届国际先秦汉语语法研讨会论文集》)。

② 有些复音性质形容词虽然可以作定语,但必须借助虚词"之",因此是不自由的。至于为什么要借助"之",这一方面恐怕是和音节和谐与否有关,另一方面也不排除其自身的语法性质起作用。关于这一问题,还有待于进一步专门研究。

面大部分词不是不具备作定语的能力,而是由于语言材料的限制,作定语的能力未得以实现。不仅出现频率低的词有些是这样,即使出现频率高的词也有不少属于这种情况。下面列举的词在《吕》中出现频率都在10次以上,虽在《吕》中未见作定语,但在先秦他书中有见。如:

危(55):《论语·泰伯》有"危邦"、《荀子·议兵》有"危城"、《庄子·田子方》有"危石";

信(67):《左传·昭公二十年》有"信君"、《孟子·尽心下》有"信人"、《荀子·王霸》有"信士";

勇(39):《左传·襄公二十一年》有"勇士"、又《庄公十年》有"勇气";

甚(37):《庄子·天下》有"甚雨";

幸(33):《管子·君臣下》有"幸心"、《左传·宣公十六年》有"幸民";

和(28):《左传·昭公二十一年》有"和声"、《韩非子·解老》有"和气";

公(27):《庄子·天运》有"公器"、《荀子·正名》有"公心"、又《不苟》有"公士";

博(16):《战国策·赵策三》有"博士";

湿(15):《管子·幼官》有"湿气";

急(13):《韩非子·五蠹》有"急世"、又《外储说右上》有"急传";

柔(12):《管子·四时》有"柔风"、《礼记·乐记》有"柔气";

险(11):《周礼·夏官·大司马》有"险野"、《韩非子·有

度》有"险世",又《三守》有"险言";

香(11):《荀子·大略》有"香酒"。

通过筛选(即筛选掉那些具备作定语的能力、而在《吕》中未得实现者,如上述诸词),我们看到,《吕》中确有部分单音性质形容词不具备直接充当定语的功能。如:①

难(58)、久(38)、非(36)、定(27)、宜(25)、固(25)、是(23)、早(蚤)(22)、然(21)、诚(21)、少(shǎo)(21)、卑(21)、静(19)、速(16)、苟(15)、寡(13)、实(12)、祥(11)、工(11)、方(10)、缓(9)、徐(9)、章(9)、彰(9)、晚(7)、庳(7)、聪(7)、谨(6)、约(6)、专(6)、满(6)、审(6)、调(6)、洁(5)、殆(5)、熟(5)、迟(5)。

以上37个单音性质形容词,我们称之为非定形容词。

非定形容词与可定形容词在语法功能上除了能否直接作定语存在着对立之外,在其他方面也有差异。我们将《吕》中出现频率在5次(含5次)以上的单音性质形容词作了简单的比较:

统计内容 词类名称	述谓中心语	状语
非定形容词 37(558)	36(213) 97.3%(38.2%)	10(92)② 27.2%(16.5%)
可定形容词 141(4079)	123(1287) 87.2%(31.6%)	35(222) 24.8%(5.4%)

---

① 我们只列举了《吕》中出现频率5次以上的单音节非定形容词。出现频率5次以下者,大多由于过低而难以确定其是否具备充当定语的功能,故而从略。

② 37个单音非定形容词中,有10个兼副词,如:非、宜、固、实、诚、方等。对于这10个词来说,究竟是看作形容词状语,还是另立副词义项,其中的界限有时很难划定。在分析这10个词作状语时,我们采用了后者,即把它们都归入到副词之中,因此,表中的数字未反映这10个兼类词的情况。如果采用前者,表中的数字将比目前高出一倍以上。

总的说来，非定形容词的述谓功能、充当状语的功能略强于可定形容词。至于其他细微差别，尚有待于扩大考察范围，作进一步的研究。

3.3.2 非谓形容词。《吕》中，未充当述谓中心语的形容词有 92 个①，经过筛选，以下 7 个词为非谓形容词：

群(46)、诸(6)、孟(14)、仲(13)、季(12)、中(12)、故(10)。

非谓形容词在句中只直接充当定语、修饰名词，极少例外。②

4. 形容词活用与兼类

4.1 形容词的转类 形容词在语法意义上是表示性状的，但在言语中，形容词有时可以指称事物，有时还可以陈述事物性状的变化。我们称之为转类。

4.1.1 形容词转类指称事物范畴的两个层面。请看下面两组例句：

A. 清有馀也。(《有度》)

寒不信，其地不刚。(《贵信》)

幸反为祸。(《遇合》)

力贵突，智贵卒。(《贵卒》)

以见节俭。(《召类》)

B. 贤主忠臣不能导愚教陋。(《乐成》)

---

① 不包括状态形容词和绝大多数复音性质形容词，因为出现频率过低，以至难以逐一确定它们是否具备充当述谓中心语的功能，故而从略。

② 《吕》中"群""故"各有 1 例例外:《安死》:"于是乎聚群多之徒。""群"与"多"并列使用，间接充当定语。《节丧》:"葬器如故。""故"作宾语。

螭食乎清而游乎浊。(《举难》)

故强者劫弱,众者暴寡,勇者凌怯,壮者傲幼,从此生矣。(《侈乐》)

老弱尽杀之矣。(《侈乐》)

A组例句中,形容词"清""寒""幸""突""卒""节俭"指称的"事物"是性状自身,是自指,其特征是无形的、抽象的、非实体的;B组例句中,"清""浊"分别指"清水""浊水",其余"愚""陋""弱""寡""怯""幼""老"等,或指人,或指社会集团,B组形容词指称的"事物"是与性状相关的事物,是转指,其特征是有形的、具体的、实体性的。因此,A组句中形容词指称的"事物"与B组句中形容词指称的"事物"不是一个层面的东西:前者是人们心理上的"事物",后者是名词语法意义上的"事物"。

这两个层面的"事物"反映在语言形式上的差异为:A组句中的形容词不能转换为"形·者"的形式,例如:"清有馀也","清"如果转换成"清者",就不再指称自身,而是转指与"清"相关的他物了;而B组形容词大多可以转换成"形·者"的形式,语义基本不变,例如:"强者劫弱,众者暴寡"中的"弱""寡"可以转换成"弱者""寡者"。

鉴于上述差异,我们认为A组形容词尽管"事物化"了,具有某种指称性,但词性未变;而B组形容词则用作名词。

4.1.2 形容词陈述性状变化的两种意义。请看下面两组例句:

A. 务其人,非贫而富之,寡而众之。(《孝行》)

可以美土疆。(《季夏》)

选其贤良而尊显之。(《怀宠》)

B. 人主自智而愚人。(《知度》)

不知事者,时未至而逆之,时既往而慕之,当时而薄之。(《任地》)

虽死,天下愈高之。(《离俗》)

A、B两组句中的形容词在语义上都表示变化,只不过A组句中的形容词"富""众""美""尊""显"等表示的是被陈述对象(如"土疆")的性状客观上的变化;B组句中的形容词"智""愚""薄""高"等表示被陈述对象(如"人")的性状在施事者心理上的变化。形容词转类陈述变化,在语言形式上大多是以带宾语的形式体现出来的。一般语法著作把A、B两组句中的形容词看作是活用作动词,A组是形容词的使动用法,B组是形容词的意动用法。

少数形容词活用作动词时不带宾语,如：

或湿而干,或燔而淖。(《别类》) 高诱注："漆得湿而干燥,金遇燔而流淖。"

性者,万物之本也,不可长,不可短。(《贵当》)

破臣之国以免君之国,此臣之所难也。(《审己》)

形容词陈述性状变化的两种意义在语言形式上表现为分布的环境有差异。考察《吕》,形容词的使动意义可以出现在"能愿"动词之后。如:①

非不能大也,其大不若小。(《慎势》)

力者欲柔,柔者欲力。(《任地》) 陈奇猷曰："《尔雅·释畜》:'力,强也。'此力谓土性刚强者。"(1737页)

---

① 《顺说》:"天下丈夫女子莫不延颈举踵而愿安利之。"蒋维乔等曰:"疑当从《治要》补'己'字,作'而安利己也'。天下丈夫女子所以企望者,欲其安利己也。"据蒋说,出现在"愿"后的"安"仍是使动意义。

性者,万物之本也,不可长,不可短。(《贵当》)

可以粪田畴,可以美土疆。(《季夏》)

上述语言环境可以用"动能愿+( )"表示。在《吕》中,形容词的意动意义无一例进入这一语言环境。①

4.1.3 少数形容词带宾语后在语义上不表示变化。例如:

帝者同气,王者同义,霸者同力。(《应同》)

子之于父母也,一体而两分,同气而异息。(《精通》)

室大则多阴。(《重己》)

力则多矣,然而寡礼。(《悔过》)

上述例句中,形容词"同""异""多""寡"仍是描述性状;"述(形)·宾"结构可以转换为"主·谓(形)"结构,语义基本不变。如:

帝者同气→帝者气同〔《召类》:"气同则合。"〕

同气而异息→气同而息异〔《察今》:"言异而典殊。"〕

室大则多阴→室大则阴多〔《古乐》:"阴多,滞伏而湛积。"〕

寡礼→礼寡〔《长攻》:"智寡材轻。"〕

这一类词数量极少,《吕》中仅见"同""异""多""寡"四个词。它们是形容词中的一个特殊的小类。它们带宾语的语法功能并不具有普遍性。如果我们把它们带宾语的功能看作是形容词固有的功能,这既不符合《吕》的语言实际,同时也模糊了形容词与动词的界限。

---

① 我们曾考察过《左传》,结论与《吕》同。详见拙文《古汉语句法中的若干歧义现象》(载《语文研究》1984 年第 2 期)。

上文所举《应同》例给我们以启示,兹重引如下:

> 帝者同气,王者同义,霸者同力,勤者同居则薄矣,亡者同名则粗矣。其智弥粗者,其所同弥粗;其智弥精者,其所同弥精。(《应同》)

文中"所同"指称的便是"气""义""力"等,这表明:"所同"的"同"与"同气"的"同"是同一个词,"同气"的"同"可以进入"所"字结构。而能够进入"所"字结构,恰恰是动词的语法特征之一。

基于以上考虑,我们把上述带宾语的"同""异""多""寡"诸词看作动词。

4.2 《吕》形容词活用的考察

4.2.1 形容词活用作名词的考察。《吕》中,活用作名词的状态形容词仅见"靡曼""呴呴"二词(4):

> 目不视靡曼,耳不听钟鼓。(《顺民》) 高诱注:"靡曼,好色。"

> 靡曼皓齿,郑卫之音。(《本生》) 高诱注:"靡曼,细理弱肌,美色也。"

> 中主以之呴呴也止善,贤主以之呴呴也立功。(《乐成》)

活用作名词的性质形容词共 54 个(85 例)。其中单音词 41 个(67 例),例见上文 4.1.1;复音词 13 个(18 例),如:

> 诘诛暴慢。(《孟秋》)

> 巧佞之近。(《情欲》) 高诱注:"巧佞者亲近之。"

> 汤、武欲继禹而不成,既足以王通达矣。(《务大》)

> 发仓窌,赐贫穷。(《季春》)

上述例中,"暴慢""巧佞""贫穷"指称人,"通达"指称处所。

考察《吕》形容词活用作名词,我们得出以下结论:(1)状态形容词很难活用作名词;(2)复音性质形容词比单音性质形容词更易于转类指称事物,活用作名词。这一方面反映在数量上,复音性质形容词活用作名词占复音词总量的15.5%(7.7%),而单音词只为10%(1.2%);另一方面反映在语法功能上,单音形容词活用的名词不单独充当句子的主语①,复音性质形容词活用的名词可以单独充当主语(包括施事主语),如:

  强大行之,危。(《壹行》)

---

① 《吕》中,名词"贤"("贤人"义)与"贤者"在主语、谓语位置上的对立引起了我们的兴趣。统计如下:

	贤(名)(38例)	贤者(78例)
主语	(1)	24
谓语(判)	1	13

"贤"单独充当主语、谓语各仅1例:
  贤奚由尽忠。(《本味》)
  非贤其孰知事化。(《本味》) 陈奇猷案:此文谓非贤者不知事之将然。(743页)
(按:《本味》:"虽有贤者,而无礼以接之,贤奚由尽忠?"充当主语的"贤"亦可看作"贤者"之省。)

这表明,即使那些由形容词活用而转化为形、名兼类的单音词,其名词的功能也是不完备的,即很难单独充当主语,尤其是施事主语。如:

形、名兼类词	弱(12)	远(11)	老(13)	贱(7)	愚(6)	壮(5)	善(30)	长(13)	小(21)	少(9)
单独充当主语	0	0	0	0	0	0	1	1	1	2

(按:上表( )中的数字仅指名词出现频率。)
单独充当主语的5例列举如下:
  不可以直言,则过无道闻,而善无自至矣。(《壅塞》)
  少不悍辟而长不简慢矣。(《处方》)
  小为大。(《圜道》)
  处官不信,则少不畏长。(《贵信》)

仅《贵信》1例为施事主语。当然,形、名兼类的单音词很难单独充当主语,还有音节等因素起作用,关于这一问题,尚有待于进一步研究。

谗慝胜良。(《贵因》)

因则贫贱可以胜强大矣。(《顺说》)

充当施事主语,恰恰是名词的主要语法功能之一。从这个意义上说,复音性质形容词活用的名词显示出更强的名词语法功能。

4.2.2 形容词活用作动词的考察。《吕》中,状态形容词不能活用作动词。活用作动词的性质形容词共 71 个(139 例),其中复音词仅见 1 例:

君之所予位禄者,鹳也;所贵富者,官人也。(《忠廉》)

形容词活用作动词,依语义划分,除上文所述使动、意动外(例见 4.1.2),还有少数既非使动,又非意动。如:

太公之所以老也。(《正名》)

好智则多诈,多诈则巧法令。(《上农》)

《吕》中,形容词活用作动词以使动用法最为常见,其次是意动。具体分布如下:①

活用小类 频率	使动	意动	其他
词　　量 (出现频率)	57 (99)	24 (36)	4(4)
占形容词活用 总量百分比	80% (73%)	32% (24%)	5% (3%)

《吕》中,多数形容词活用作动词只有一种语义(或使动,或意动,或其他);少数形容词活用作动词具有两种意义。如:

---

① 表中词量总和大于形容词活用作动词的总量,这是因为有的形容词活用后有三种语义,分别统计时有重复计算部分。

高：高节厉行,独乐其意。(《离俗》) 〔使动〕
　　虽死,天下愈高之。(《离俗》) 〔意动〕
丑：吾将死之,以丑后世人主之不知其臣者也。(《恃君》)
　　〔使动〕
　　无丑不能,无恶不知。(《用众》) 〔意动〕
卑：卑辞屈服,不足以止攻。(《应同》) 〔使动〕
　　自卑者不听,卑师者不听。(《劝学》) 〔意动〕
薄：薄赋敛,宥罪戾。(《原乱》) 〔使动〕
　　时既往而慕之,当时而薄之。(《任地》) 〔意动〕

活用后具有两种语义的词有 14 个(约占活用作动词总数的 20%),除上述四个词外,尚有:强、远、信、厚、尊、殆、宜、巧、贤、广。

4.2.3 《吕》形容词活用一览表:

活用类型	形容词小类	性质形容词		状态形容词
		单	复	
用作名词		41(67) 10%(1.2%)	13(18) 15.5%(7.7%)	2(4) 2.6%(4.2%)
用作动词		70(138) 17.2%(2.5%)	1(1) 1.2%(0.4%)	0

《吕》中,形容词活用作他类词的共 127 个(228 例)约占形容词总词量的 22.2%,活用频率约占形容词出现总频率的 4.1%,活用词的频度约为 1.80。至于形容词内部活用的差异,大体可以描述为:

活用作名词:

复音性质形容词＞单音性质形容词＞状态形容词①

活用作动词：

单音性质形容词＞复音性质形容词＞状态形容词

4.3 《吕》形容词兼类的考察 《吕》中,状态形容词未见兼类现象。性质形容词兼他类词的共 183 个,约占形容词总量的 32.0%,其中,复音词仅 3 个,绝大部分是单音词。形容词兼他类词,少则兼两类,多则兼三类、四类。详见下表：

形容词小类	兼类情况	形/名	形/动	形/副	形/动/名	形/动/副	形/名/副	形/名/量	形/动/介	形/动/名/副	形/动/副/介
性质形容词	单	62	61	5	32	9	3	1	1	4	1
	复	1	2	0	0	0	0	0	0	0	0
状态形容词		0									

《吕》中,形容词兼类词约 98% 是单音词,这正是由于单音形容词最为活跃,出现频率高(频度约为 12.9)的缘故,因此,一词多义,乃至一词多类比较普遍是必然的；而复音性质形容词正处在形成时期,不稳定,出现频率低(频度约为 2.0),因此,词义单一,极少兼类也是必然的。

《吕》中,形容词兼类词约占形容词总量的 32%,不仅高于名词兼类词占该词类总量的比例(约 10%),也高于动词兼类词的比例(约 26%)。这一现象当如何解释呢？我们认为,无论从历史的来源看,还是从共时的功能看,名词和动词都是两个最基本的词类,犹如两极,而形容词正处在两极之间,既有与名词相通

---

① ＞读作"优于"。

的功能,如直接充当定语,又有与动词相通的功能,如充当述谓中心语。因此,在汉语的历史演变中,在词义的发展中,处于两极的名词、动词,其词义易于向中间地带引申,引申出形容词词义。如:

指称"酒器"的"尊"引申出"尊卑"之义;①

指称"货物"的"贵""贱"引申出"显贵""卑贱"之义;

指称"轻车"的"轻"引申出"轻重"之义;

指称"郊外"的"野"引申出"粗鄙"之义;

指称"精米"的"精"引申出"精良"之义;

指称"天神"的"神"引申出"神奇"之义。

(以上为名词义引申出形容词词义。)

表示"杀害"的"贼"引申出"残忍"之义;

表示"到达"的"通"引申出"显达""渊博"之义;

表示"来至"的"至"引申出"恳至""极至"之义;

表示"谷物开花"的"秀"引申出"优异出众"之义。

(以上为动词引申出形容词词义。)

反之,处于中间地带的形容词,其词义也较易于向两极引申。如:

表示"轻重"的"轻"又引申出"轻视"之义;

表示"尊卑"的"尊"又引申出"尊重"之义;

表示"显贵"的"贵"又引申出"崇尚"之义;

表示"卑贱"的"贱"又引申指称"卑贱的人";

表示"年长"的"长"又引申指称"年长的人"。

---

① 段玉裁云:"凡酒必实于尊,以待酌者。郑注《礼》曰:'置酒曰尊。凡酌酒者必资于尊。'故引申以为尊卑字,犹贵贱本谓货物而引申之也。"(《说文解字注》,上海古籍出版社,752页)。

这种历时的演变反映在周秦之交的汉语层面上，就是形容词一词多义现象，以及由此而导致的一词多类现象较之名词、动词更为普遍，更为突出。这正是周秦之交汉语的特点之一。

5. 小结

形容词在《吕》的词类系统中词量居第三位（约占总词量的10.1%）。

形容词的语法特征表现为：(1)形容词可以受程度副词修饰；(2)形容词不能带宾语，但可以带补语，表示比较。

形容词最主要、最基本的语法功能是在句中充当述谓中心语、定语，其次是充当状语、宾语，形容词很少充当主语，至于充当补语则属个别现象。

形容词按其语法意义分为性质形容词和状态形容词两类。状态形容词不具备形容词的语法特征，语法功能也与性质形容词大有差异，我们之所以把它归入形容词，是因为它与形容词的共同点要比跟动词的共同点多得多。

《吕》中，单音形容词常常两两并列使用，这主要是基于修辞的原因。并列形容词的词义对立与否，对并列词语的语法意义、语法功能产生不同的影响。

《吕》中，形容词可以活用作名词或动词，活用词约占形容词总量的22.2%，活用词出现频率约为形容词出现总频率的4.1%，活用词的频度约为1.80。

《吕》中，状态形容词未见兼类现象。性质形容词兼他类词的共183个，约占形容词总量的32.0%。

〔附〕《吕》状态形容词列举(79)

(1)叠音词(30)：棬棬、泯泯、章章、寥寥、越越、振振、介介、慁慁、昧昧、芒芒、冥冥、纷纷、沌沌、浑浑、殷殷、*莫莫、*济济、*赳赳、就就、空空、漂漂、*荡荡、惑惑、莽莽、*翼翼、*祁祁、仳仳、*凄凄¹、*愬愬。①

(2)联绵词(9)：苍狼、哭厉、逍遥、恣睢、倏忽、青零、扶疏、逃越、靡曼。

(3)附加式形容词(32)：

①带词头(1)：*有晻。

②带词尾(31)：嘆然、适然、欢然、卒然、默然、跊然、俞然、艴然、显然、脧然、粲然、惕然、湫然、憱然、烈然、喟然、抗然、洋洋然、喀喀然、云云然、喟焉、蜗焉、慨焉、姁姁焉、区区焉、巍巍焉、汤汤乎、乾乾乎、淳淳乎、巍巍乎、愉愉其。

(4)拟声词(8)：②英英、喁喁、舆謣、谥隘、锵锵、凄凄²、熙熙、况然。

---

① *表示该词仅见于《诗经》《周易》等引文。
② 《古乐》篇有"吹曰舍少"句。刘复曰："'舍少'是模拟声音。"(296页)依刘说，"舍少"亦为拟声词。因古注纷纭，故列人备考之中。

四 《吕氏春秋》动词研究

1. 动词概说

《吕》中,动词共有 1418 个(23994),其中单音动词 1225 个(23448),复音动词 193 个(546)。

《吕》中,动词的语法特征表现为:(1)动词可以受副词修饰;(2)动词可以带宾语。

需要说明的是:动词是个大类,内部情况比较复杂,语法功能也不一致,仅据《吕》的语言材料,尚无法概括出适合于所有动词、而又只属于动词的语法特征。上面概括出的动词的语法特征只适合于《吕》中的多数动词。我们将着重描写动词内部的差异,并据以对动词进行再分类。

2. 动词的分类

根据能否带宾语,以及所带宾语的差异,可以对动词进行多层分类。

2.1 准宾语和真宾语

2.1.1 准宾语包括关系宾语、非关系宾语(使动宾语、意动宾语、主题宾语等)。分别举例如下:

遭纣之世也。(《谨听》)

荆人畏鬼。(《异宝》)

孟尝君窃以谏静郭君。(《知士》)

齐王走莒。(《权勋》)

至死不止。(《当务》)

受人之养,而不死其难则不义,死其难则死无道也。(《观世》)

(以上为关系宾语。)

客肯为寡人少来静郭君乎?(《知士》)

(吴公子光)大败楚人。(《察微》)

老耽贵柔。(《不二》)

重生则轻利。(《审为》)

力则多矣,然而寡礼。(《悔过》)

春多雨则夏必旱矣。(《情欲》)

(以上为非关系宾语。)

2.1.1.1 准宾语与其他句法成分之间的变换关系。

1. 关系宾语可以变换为介词宾语,即:

述谓·宾(关)→述谓·介·宾(A)

→介·宾·述谓(B)

如:

遭纣之世→遭乎纣之世 〔遭乎治世。(《诚廉》)〕①

畏鬼→畏乎鬼 〔故以众勇无畏乎孟贲矣。(《用众》)〕

谏静郭君→谏于静郭君 〔谏于简公。(《慎世》)〕

---

① →之后是我们仿造的句子,以便比较。〔 〕中的例句为仿造的依据。

走莒→走于莒　〔水出于山而走于海。(《审己》)〕
至死→至于死　〔至于亡而不悟。(《论人》)〕

(以上变换为 A 式。)

死无道→为无道死　〔吾将为北郭子死也。(《士节》)〕
执而泣之(《先识》)→为之泣

〔造父过之而为之泣也。(《韩非子·外储说右上》)〕
毋或如齐庆封，弑其君而弱其孤，以亡其大夫(《慎行》)①
→与大夫亡　〔汤与伊尹盟。(《慎大》)〕

(以上变换为 B 式。)

关于"述谓·宾(关)"的变换有两点需要说明：(1) A、B 二式对介词有不同的选择，《吕》中，A 式中的介词仅见"于""乎"，B 式中的介词仅见"为""与"。(2)"述谓·宾(关)"或变换为 A 式，或变换为 B 式，不是自由的，它取决于充当述谓中心语的动词。《吕》中，只有个别动词充当述谓中心语时，可以同时具备 A、B 二式变换。如"死"：

死无道→死于无道　A
〔不死于其君长，不大义也。(《离谓》)〕

　　→为无道死　B
〔北郭子为国故死。(《士节》)〕

2. 非关系宾语都可以变换为动词陈述的对象，或兼语，或主语，即：

述谓·宾(非关)→(致使)·兼语·述谓②　　a

―――――――――――――――

① 毕沅曰："'以亡'《左传·昭公四年》作'以盟'。"刘师培曰："'亡''盟'音转。"(1490 页)

② (致使)、(意谓)为"述谓·宾(非关)"结构的语法意义。

　　　　　→（意谓）·兼语·述谓　　　b
　　　　　→主·谓　　　　　　　　　c

如：

　　　来静郭君→（致使）静郭君来　〔候雁来。（《季秋》）〕
　　　败楚人→（致使）楚人败　〔荆师败。（《权勋》）〕
　　　　　　　　　　　　　　（以上变换为 a 式。）
　　　贵柔→（意谓）柔贵　〔天子，至贵也。（《为欲》）〕
　　　重生则轻利→（意谓）生重则（意谓）利轻
　　　〔所用重，所要轻也。（《贵生》）〕
　　　　　　　　　　　　　　（以上变换为 b 式。）
　　　寡礼→礼寡　〔智寡材轻。（《长攻》）〕
　　　多雨→雨多　〔军大卒多。（《决胜》）〕
　　　　　　　　　　　　　　（以上变换为 c 式。）

可以变换为 a 式的非关系宾语，我们称之为使动宾语；可以变换为 b 式的，我们称之为意动宾语；可以变换为 c 式的，我们称之为主题宾语。"述谓·宾(非关)"的变换（或 a、或 b、或 c）也不是自由的，归根到底，也要取决于充当述谓中心语的动词的语法性质，取决于"述谓·宾(非关)"结构的语法意义。

2.1.1.2　准宾语的有无对句子主语、述谓中心语之间语义关系的影响。请看下面的例句：

1. 关系宾语：

　　A. 荆人畏鬼　　　　　　　A'. 荆人畏
　　孟尝君窃以谏静郭君　　　　孟尝君窃以谏
　　齐王走莒　　　　　　　　　齐王走

A'组的句子与 A 组相比，句义基本不变。这表明，关系宾语的有无对句中主语、述谓中心语之间的语义关系不产生影响。

2. 非关系宾语。

  B.（吴公子光）大败楚人 B'.（吴公子光）大败

  老耽贵柔   老耽贵

  春多雨   春多

B'组的句子同B组相比，句义发生了明显的变化。B组句中，动词"败"实际陈述的对象是"楚人"，一旦宾语脱落（如B'句），动词"败"陈述的对象变为句子的主语"吴公子光"。"老耽贵柔""春多雨"同。这表明，非关系宾语的有无可以改变句子的主语、述谓中心语之间的语义关系。①

2.1.2 真宾语主要为受事宾语，此外还包括准宾语之外的其他宾语（存现宾语、等同宾语、似类宾语等）。分别举例如下：

  吾欲伐卫十年矣。（《期贤》）

  禽夫差，戮吴相。（《顺民》)

  扪其谷而得其铁。（《去尤》）

  反而诛子胥。（《知化》）

  用管子而为五伯长。（《贵生》）

  爱人而不必见爱。（《必己》）

         （以上为受事宾语。）

  周鼎著饕餮，有首无身。（《先识》）

  吾为汝父也。（《疑似》）

  其高大若山。（《安死》）

---

① 参见杨伯峻、何乐士《古汉语语法及其发展》（语文出版社，1992年）554页。

（以上为非受事真宾语。）

2.1.2.1 真宾语原则上不能变换为介词宾语。《吕》中,真宾语变换为介词宾语仅见 7 例①,均为受事宾语。举例如下:

授几杖。(《仲秋》)→授以几杖

〔带以弓韣,授以弓矢。(《仲春》)〕

示必灭夏。(《慎大》)→示以必灭夏

〔又示以人事多不义。(《先识》)〕

委服告病。(《行论》)→以病告

〔宋公服以病告。(《行论》)〕

需要指出的是:发生上述变换的真宾语大多数为双宾动词的受事宾语。双宾动词在语义上都表示一种"转移",是动词的一个特殊小类。《吕》中,偶见非双宾动词受事宾语变换为介词宾语,试比较以下两例:

静郭君来,衣威王之服,冠其冠,带其剑。(《知士》)

乃礼天子所御,带以弓韣,授以弓矢。(《仲春》)

《知士》例,是施事者("静郭君")自己佩带其剑,"带"只表示"佩带"的动作;《仲春》例,是施事者(按:承上文省)给他人(即"天子所御")佩带弓韣,"带"除表示"佩带"的动作外,还表示"转移"。《知士》例中的"带其剑"不能变换为"带以其剑"。因此,可以说,非双

---

① 《吕》中虽有"赏以书社"(《慎大》)、"以其财赏"(《分职》),但未见"赏书社"这一格式。因此,我们未把"赏以书社"看作是"赏书社"的变换形式。按:参考先秦他书,"赏"是双宾动词,与"授"属同一小类。如:"晋侯赏桓子狄臣千室,士伯以瓜衍之县。"(《左传·宣公十五年》)

又:《疑似》有"杀于真子"句,毕沅改"于真子"为"其真子",曰:"'其真子'旧本作'于真子',今从《选注》改正。"陈奇猷云:"于犹其也。毕改非。"(1503 页)因对此例"于"的解释有争议,故未计在内。

宾动词"带"只是被临时赋予"转移"义时,其受事宾语才变换为介词宾语。

真宾语变换为介词宾语,介词均用"以",唯 1 例用"乎",当属特例:①

乃不知祸之将及已。(《谕大》)→乃不知乎祸之将及已

〔非贤其孰知乎事化?(《本味》)〕

2.1.2.2 大多数真宾语不能变换为主语。《吕》中,少数受事宾语可以直接变换为主语,如上文所举诸例:

用管子→管子用 〔管子死,竖刁、易牙用。(《不广》)〕

扣其谷→其谷扣 〔宋未亡而东冢扣。(《安死》)〕

戮吴相→吴相戮　诛子胥→子胥诛

〔故龙逢诛,比干戮,箕子狂,恶来死。(《必己》)〕

伐卫→卫伐 〔吾欲伐卫十年矣,而卫不伐。(《期贤》)〕

但这种变换受到很大限制,它必须在充当述谓中心语的动词前后没有附加成分(如状语、补语)的条件下才可以实现(《期贤》例,"伐"前有状语"不"属仅见)。

有时受事宾语变换为主语需要某些语法条件,如:

禽夫差→夫差为禽(《长攻》)

万民说其义。(《简选》)→其义见说于万民

---

① 介词用"于",先秦他书亦偶见,如:

训之于民生不易,祸至之无日……训之以若敖、蚡冒筚路蓝缕以启山林。(《左传·宣公十二年》)按:"于""以"相对,作用相同。

考察《尚书》,介词用"于"凡 4 见,如:

予告汝于难。(《盘庚》)

朕教汝于棐民彝。(《洛诰》)

我们推测这类特例是历史现象,是更古时期的汉语遗留下来的痕迹。

〔子胥见说于阖闾。(《不苟》)〕

充当述谓中心语的动词"禽""说"之前增加了表被动的"为""见"等词。

2.1.2.3 真宾语的有无在大多数情况下不会对句中主语、述谓中心语间的语义关系产生影响；但是，对于少数能够直接变换为主语的真宾语来说，其存在与否将会对句义产生影响。如：

贤主得贤者而民得，民得而城得，城得而地得。(《先识》)

如果句中真宾语"贤者"脱落，则句子变成"贤主得而民得"，原来的施事主语"贤主"，由于"贤者"的脱落，而有可能被理解为"得"的受事。"贤主得"是一个有歧义的短语。因此，对于那些能够直接变换为主语的真宾语来说，如果它存在，句子主语、述谓中心语间的语义关系是单一的，即"施事—动作"的关系；如果它不存在，那么句子主语、述谓中心语间的语义关系具有双重性，它包含着"施事—动作""受事—动作"两种可能。

2.1.3 关于处所宾语。《吕》中，没有专门的处所词，表处所的宾语分属于准宾语和真宾语。

凡能变换为介词宾语的处所宾语为准宾语。如：

其一人居东郭。(《当务》)→居于东郭

〔齐湣王居于卫。(《审己》)〕

于是赴江刺蛟。(《知分》)→赴于江

〔或负畚而赴乎城下。(《不屈》)〕

晏子上车。(《士节》)→上于车

〔襄子上于夏屋以望代俗。(《长攻》)〕

若蝉之走明火也。(《期贤》)→走于明火

〔水出于山而走于海。(《审己》)〕

凡不能变换为介词宾语的处所宾语为真宾语。① 如：

丈人度之,绝江。(《异宝》)↛绝于江

公如囿射鸿。(《慎小》)↛如于囿

乃之楚乎？(《首时》)↛之于楚

适越者坐而至。(《贵因》)↛适于越

2.2 及物动词和不及物动词 不能带宾语、或只能带准宾语的动词是不及物动词；能带真宾语的动词是及物动词。

2.2.1 《吕》中，及物动词、不及物动词词量及出现频率见下表：②

频率统计	动词小类 音节	及物动词		不及物动词	
		单音	复音	单音	复音
词量 (出现频率)		688 (16637)	25 (225)	611 (6811)	168 (321)
合计 占动词总数百分比		713(16862) 47.8%(70.3%)		779(7132) 52.2%(29.7%)	

从词量看，及物动词与不及物动词大体相当；从频度看，及物动词要高出不及物动词一倍以上(23.1∶9.3)。单音动词，及物动词占优势；复音动词，不及物动词占优势。

2.2.2 《吕》中，有少量动词兼及物、不及物动词两类(74)，如：

行：师行过周。(《悔过》) [行,行走。]

张仪行,昭文君送而资之。(《报更》) [行,离开。]

---

① 这里所说的能否变换以《吕》的语言材料为依据。
② 兼及物、不及物的动词统计时分别计算。

>乃命虞人入山行木。(《季夏》) 高诱注:"行,察也,视山木,禁民不得斩伐。" [行,巡视。]
>
>行爵出禄。(《孟夏》) [行,犹赐。]

"行走""离开"义项的"行"不能带真宾语,为不及物动词。在此义项之下,"行"后如果出现宾语,只能是准宾语。如:

>孔子行道而息。(《必己》) [行,行走。]
>
>行道→行于道 〔庄子行于山中。(《必己》)〕

"巡视""赐"义项的"行"能带真宾语,是及物动词。

>激:夫激矢则远,激水则旱。(《去宥》) 毕沅曰:"《淮南子·兵略训》、《鹖冠子·世兵篇》俱作'水激则悍,矢激则远。'"(1017页) [激,凡物受阻曰激。]
>
>所以激君人者之行,而厉人主之节也。(《恃君》) [激,激励。]

"受阻"之义的"激"是不及物动词,其后宾语为准宾语(主题宾语);"激励"之义的"激",能带真宾语,是及物动词。

>累:将欲毁之,必重累之。(《行论》) [累,堆叠。]
>
>不如吾者,吾不与处,累我者也。(《观世》) [累,牵累。]

"堆叠"之义的"累"(后音 lěi)能带真宾语,是及物动词;"牵累"之义的"累"(后音 lèi)为不及物动词,"累"后的宾语"我"为准宾语(使动宾语)。

>携:携子以入于海。(《离俗》) [携,带领。]
>
>无携民心。(《音律》) 高诱注:"徭役重则心携离。" [携,离贰。]

"带领"之义的"携"能带真宾语,为及物动词;"离贰"之义的"携"为不及物动词,其后宾语"民心"为准宾语(使动宾语)。

  临:上帝临汝,无贰尔心。(《务本》) [临,监临。]

  临患忘利。(《士节》) [临,面对。]

  缪公闻之,素服庙临。(《悔过》) 高诱注:"哭也。"[临,哭吊。]

"监临""面对"之义的"临"(后音 lín),能带真宾语,为及物动词;"哭吊"之义的临(后音 lìn),不能带真宾语,为不及物动词。

  上述各例表明,动词之所以兼及物、不及物两类语法功能,是由于一词多义造成的。①《吕》中兼及物、不及物两类语法功能的动词未见复音动词,这正是由于复音动词义项单一的缘故。

2.3 不及物动词的再分类

  2.3.1 真自动词和准自动词。根据可否带宾语,不及物动词分为两类:真自动词和准自动词。不可带宾语的动词为真自动词,可带准宾语的动词为准自动词。分别举例如下:

  1. 真自动词。

  婴儿啼。(《察今》)   威王薨。(《知士》)

  天子乃斋。(《孟春》)   苍庚鸣。(《仲春》)

  公慨焉叹。(《知接》)   我饥而不我食。(《不侵》)

"啼""薨""斋""鸣""叹""饥"为真自动词。

  2. 准自动词。

---

① 《吕》中,"辍"一词很特殊。《爱类》:"故荆辍不攻宋。"《求人》:"晋人乃辍攻郑。"高诱注:"辍,止也。"两例中"辍"均为"止"义。上二例表明,"辍不攻宋"与"辍攻宋"可以表达相同的意思。如何解释这一现象呢?我们认为"辍"兼及物(他动)、不物(自动)两类语法功能,《爱类》例中的"辍"为不及物动词(自动),《求人》例中的"辍"是及物动词(他动)。

于是赴江刺蛟。(《知分》)　　入则愧其家室。(《贵当》)
愁心劳耳目。(《当染》)　　伯牙破琴绝弦。(《本味》)
"赴""愧""愁""劳""破""绝"为准自动词。

《吕》中,真自动词、准自动词分布见下表:[①]

频率统计	动词小类 音节	真自动词		准自动词	
		单音	复音	单音	复音
词量 (出现频率)		365 (1156)	163 (315)	257 (5655)	5 (6)
合　计		528(1471)		262(5661)	

统计数字表明:真自动词词量大于准自动词词量(约为 2∶1),而真自动词出现频率却小于准自动词(约为 1∶3.9)。复音不及物动词绝大多数都是真自动词,能带准宾语的只是极少数。

2.3.2　准自动词的再分类。准自动词根据其所带宾语的不同可以分为三类。

1.甲类准自动词,只可带关系宾语,不可带非关系宾语;2.乙类准自动词,只可带非关系宾语,不可带关系宾语;3.甲/乙兼类准自动词,既可带关系宾语,又可带非关系宾语。

2.3.2.1　甲类准自动词再分类。关系宾语根据语义可以分为两类:一类表示处所,一类表示对象。据此,可以进而把甲类准自动词分为三小类:甲$_1$类,只带处所关系宾语;甲$_2$类,只带对象关系宾语;甲$_1$/甲$_2$兼类,既可带处所关系宾语,又可带对象关系宾语。

---

① 兼真自动词/准自动词共11词,统计时分别计入各类。

《吕》中,甲₁类准自动词共14个,如:至、走、居、坐、赴等;甲₂类准自动词共45个,如:观、畏、害、祀、泣、遭等;甲₁/甲₂兼类准自动词只"在""过"2个。

甲₁类动词的宾语只能变换为介词"于""乎"的宾语,变换后的介宾短语的位置只能在动词之后,例见2.1.1;甲₂类动词的宾语少数还可以变换为介词"为""与"的宾语,变换后的介宾短语的位置在动词之前,如:泣之→为之泣;盟之→与之盟。

甲₁类动词的宾语只能是指称无生命事物的名词语;甲₂类动词的宾语既可以是指称无生命事物的名词语,也可以是指称有生命事物的名词语,还可以是动词语。如:

　　孔子欲谕术而见外,于是受养而便说。(《举难》) 毕沅曰:"受其养则不见远外,于以谕道术则便矣。"陈奇猷云:"'便说'犹言便利于行说。"(1314页)

　　观欢愉,问书意。(《尊师》) 高诱注:"视师欢悦以问书意。"

　　临财则贪得。(《务本》)

甲₃类动词实是兼甲₁、甲₂两类,如:

　　在:日在营室。(《孟春》)

　　壅塞之任,不在臣下,在于人主。(《审分》)

　　人主之患,在先事而简人。(《行论》)

《孟春》例,"在"为甲₁类动词,《审分》《行论》例,"在"为甲₂类动词。

　　过:魏文侯过段干木之间而轼之。(《期贤》)

　　王之贤过汤武矣。(《过理》)

> 五帝三王之君民也,下固不过毕力竭智也。(《勿躬》)

《期贤》例,"过"为甲$_1$类动词,《过理》《勿躬》例,"过"为甲$_2$类动词。

《吕》中,甲类动词以甲$_2$为主(约占甲类动词总数的74%)。

2.3.2.2 乙类准自动词再分类。非关系宾语根据其与动词间的语义关系不同,又分为使动宾语、意动宾语、主题宾语三类,例见2.1.1。据此,可以进而把乙类准自动词分为四小类:乙$_1$类,只带使动宾语;乙$_2$类,只带意动宾语;乙$_3$类,只带主题宾语;乙$_1$/乙$_2$兼类,兼带使动、意动两类宾语。

《吕》中,乙$_1$类动词共107个,如:退、败、舞、愁、裂、危、休息等;乙$_2$类动词共14个,如:贱、是、尚、怪等;乙$_3$类动词共11个,如:乏、多、寡、屈等;乙$_1$/乙$_2$兼类动词仅"耻"1个[①]。

乙类内部各小类的差异表现为它们各自具有不同的变换:

述谓$_{(乙1)}$·宾→(致使)·兼语·述谓$_{(乙1)}$

述谓$_{(乙2)}$·宾→(意谓)·兼语·述谓$_{(乙2)}$

述谓$_{(乙3)}$·宾→主·谓$_{(乙3)}$

《吕》中,乙类动词以乙$_1$类为主(约占乙类准自动词总数的78%)。

2.3.2.3 甲/乙兼类准自动词。《吕》中,这类动词共17个,其具体兼类情况如下:

---

① 乙$_2$类中的"轻""重""尊""贵"四词在《吕》中也带使动宾语,因其频率很低(3次以下),还没有形成固定的义项,因此,我们未把"轻""重"等词带使动宾语看作其固有的语法功能,而看作活用。

(1)甲$_1$类/乙$_1$类,共 3 个词:穷、乱、游;
(2)甲$_2$类/乙$_1$类,共 8 个词,如:慢、怒、通等;
(3)甲$_1$类/乙$_2$类,仅"上"1 个词;
(4)甲$_2$类/乙$_2$类,共 4 个词:利、惑、先、后;
(5)甲$_1$、甲$_2$类/乙$_1$类,仅"归"1 个词。

《吕》中,甲/乙兼类准自动词以甲$_2$类/乙$_1$类准自动词词量为最多(约占该类总数的 44%)。兼三小类的准自动词仅"归"一词。

2.3.2.4 有的词兼真自动词、准自动词两类,如"死",请看下面的例句:

> 守狗死。(《听言》)　　民饥必死。(《制乐》)
>
> 受人之养,而不死其难则不义,死其难则死无道也。(《观世》)
>
> 莒敖公有难,柱厉叔辞其友而往死之。(《恃君》)　高诱注:"往死敖公之难也。"

当"死"是非自主的动作时,其后不能出现宾语,它是真自动词,如《听言》《制乐》例;当"死"是自主动作时,其后往往出现"死"所涉及的对象,或以宾语形式出现,如《观世》《恃君》例,或以介词宾语的形式出现。如:

> 不死于其君长,大不义也。(《离谓》)
>
> 吾将为北郭子死也。(《士节》)

但有时表示自主的"死"所涉及的对象不出现,这样,就与表示非自主的"死"在形式上没有分别了。如:

> 今死而不往死,是果知我也。(《恃君》)　高诱注:"今不死其难,是为使敖公果知我为不良臣也。"

高诱之所以要注"不往死",恐怕也是为了告诉人们,其与"今死"之"死"不同吧。

"死"兼真自动词/甲$_2$类准自动词。《吕》中,还有"终""尽""和""平"四词兼真自动词/乙$_1$类准自动词。如:

> 凡文王立国五十一年而终。(《制乐》)
>
> 此以不材得终其天年。(《必己》)

《制乐》例,"终"指人死,是自动词;《必己》例,"终"是"穷尽""终了"之义,是准自动词。

2.4 及物动词的再分类

2.4.1 真他动词和准他动词。根据所带宾语的差异,及物动词分为两类:真他动词和准他动词。只带真宾语的动词为真他动词;在同一义项之下,既可带真宾语,又可带准宾语的动词为准他动词。分别举例如下:

1. 真他动词。

> 凿龙门。(《古乐》)　　武王左释白羽。(《不苟》)
>
> 不忘恭敬。(《过理》)　　禁止伐木。(《孟春》)
>
> 名曰朱鳖。(《本味》)　　天有九野。(《有始》)
>
> 乃之楚乎?(《首时》)

"凿""释""忘""禁止""曰""有""之"为真他动词。

2. 准他动词。

> 子与我衣,我活也。(《长利》)
>
> 示民无私。(《慎大》)
>
> 得庆封,负之斧质,以徇于诸侯军。(《慎行》)

"与""示""负"为准他动词。

《吕》中,真他动词、准他动词分布见下表:①

频率统计 \ 音节 \ 动词小类	真他动词		准他动词	
	单音	复音	单音	复音
词量 (出现频率)	660 (16109)	25 (225)	44 (528)	0
合计	685(16334)		44(528)	

无论从词量上看,还是从出现频率看,及物动词中,真他动词都占绝对优势。

2.4.2 真他动词的再分类。根据真他动词与其宾语之间语义关系的不同,真他动词可以分为四类:

1.子类真他动词,只带受事宾语;2.丑类真他动词,只带非受事宾语(包括存现宾语、似类宾语、等同宾语等);3.寅类真他动词,只带处所宾语;4.兼类真他动词,可以带上述两类宾语。

《吕》中,真他动词绝大多数为子类动词(约占真他动词总数的95%)。

从语义上看,子类真他动词为动作动词、心理动词等,丑类真他动词为关系动词②,寅类真他动词为运动动词,卯类真他动词实为兼类词。

兼类真他动词共 5 个,它们是:为、如、致、率、经。这五个词兼类情况又不完全一样。如:

　　为:犹大匠之为宫室矣。(《知度》) [为,作,建筑。]
　　　天下为秦国。(《悔过》)　马叙伦曰:"《战国策·魏

---

① 兼真他动词/准他动词共 16 词,统计时分别计入各类。
② 详见"关系动词"(2.8.4)。

策》'臣请问文公之为魏',注曰'为,助也'。此'为'字义与之同。"(988页)

"宫室""秦国"均为受事宾语。

　　我为汝父也。(《疑似》) ［为,是。］

"汝父"为非受事宾语。"为"实际上兼子/丑二类。又如：

　　如：公如囿射鸿。(《慎小》) ［如,往。］

　　穗如马尾。(《审时》) ［如·象。］

"囿"为处所宾语,"马尾"为非受事宾语。"如"兼丑/寅两类。又如：

　　率：天子亲率三公九卿诸侯大夫。(《孟春》) ［率,率领。］

　　率土之滨,莫非王臣。(《慎人》) ［率,沿着。］

"三公"等为受事宾语,"土之滨"为处所宾语。"率"兼子/寅两类。"经""致"两词与"率"同。

2.4.3 准他动词的再分类。准他动词既具有及物动词的特点,可以带真宾语,又具有不及物动词的某些特点,可以带准宾语。① 准他动词带两类宾语有两种情况,据此,可以把准他动词分为两小类：

---

① 这里指同一义项之下可以带两类宾语。至于有的动词因多义而带两类宾语,我们把它看作兼及物/不及物两类。如：

　　及：①追赶上。《忠廉》："翟人至,及懿公于荥泽。"按："懿公"为真宾语。

　　②达到。《开春》："雪甚,及牛目。"按：及牛目→及于牛目〔及于水泉。《节丧》〕"牛目"为准宾语。

　　③涉及。《顺民》："余一人有罪,无及万民。"按：及万民→及乎万民〔灾及乎亲。《孝行》〕"万民"为准宾语。

1. 卯类准他动词,可以同时带两类宾语,构成双宾语格式。①

(1)卯₁类准他动词,构成双宾语格式时,准宾语(关系宾语)在前,真宾语(受事宾语)在后。如:

  我将告子其故。(《不侵》)

  子与我衣,我活也。(《长利》)

  示民无私。(《慎大》)

准宾语偶尔置于动词之前,如:

  若受吾币而不吾假道。(《权勋》)

卯₁类准他动词也可以分别带两类宾语。如:

  告:A. 遽告太公。(《贵因》)

    B. 乃告舟备具于天子焉。(《季春》)

  与:A. 不与其子而授舜。(《去私》)

    B. 宣孟与脯一朐。(《报更》)

  示:A. 今以百金与抟黍以示儿子。(《异宝》)

    B. 以示必灭夏。(《慎大》)

    (以上动词分别带准宾语(A)和真宾语(B)。)

真他动词间或也可以同时带两类宾语,构成双宾语格式,它与卯₁类准他动词的区别在于:

①真他动词同时带两类宾语,真宾语在前,准宾语在后。如:

  木尚生,加涂其上,必将挠。(《别类》)

  太史谒之天子。(《孟春》)

  献之其君。(《本味》)

---

① 卯类准他动词详见"双宾动词"(2.8.1)。

委之先生。(《开春》)

客请之王子光。(《首时》)

先令舞者置兵其羽中。(《长攻》)

②卯₁类准他动词带双宾语,真宾语可以是体词,也可以是谓词;可以是词,也可以是短语。而真他动词带双宾语,真宾语未见短语形式,只能是词,而且只能是体词,绝大多数情况下真宾语是代词"之",很少例外。

③卯₁类准他动词带双宾语,准宾语只能是关系宾语中指称对象的一类;而真他动词带宾语,准宾语既可以是关系宾语中指称对象的一类,如《孟春》《本味》《开春》《首时》诸例,也可以是指称处所的一类,如《别类》《长攻》二例。

(2)卯₂类准他动词,构成双宾语格式时,准宾语(使动宾语)在前,真宾语(受事宾语)在后。如:

得庆封,负之斧质,以徇于诸侯军。(《慎行》)

乃命太史次诸侯之列,赋之牺牲。(《季冬》)　高诱注:"诸侯异姓者,太史乃次其列位、国之大小,赋敛其牺牲也。"

郊宛欲饮令尹酒。(《慎行》)

仕之长大夫。(《慎小》)

以绛、汾、安邑令负书与秦。(《应言》)　陈昌齐曰:"言使牛负书耳。"(1218页)

卯₂类准他动词如果只带一个宾语时,只见带真宾语。如:

黄龙负舟。(《知分》)

令尹欲饮酒于子之家。(《慎行》)

仕长大夫。(《慎小》)

2. 辰类准他动词,可以分别带真宾语和准宾语,但在《吕》中未见带双宾语①。如:

予:A. 解其剑以予丈人。(《异宝》)

　　B. 背秦德而不予地。(《原乱》)

让:A. 尧以天下让舜。(《行论》)

　　B. 让国,大实也。(《不屈》)

问:A. 又问祁黄羊曰。(《去私》)

　　B. 问其名居,则不肯告。(《异宝》)

(以上为辰$_1$类动词,分别带关系宾语(A)和真宾语(B)。)

食:A. 其食足以食天下之贤者。(《报更》)

　　B. 若齐王之食鸡也。(《用众》)

尝:A. 尝人,人死;食狗,狗死。(《上德》)

　　B. 天子乃以彘尝麦。(《孟夏》)

衣:A. 我寒而不我衣。(《不侵》)

　　B. 公衣狐裘。(《分职》)

(以上为辰$_2$类动词,分别带使动宾语(A)和真宾语(B)。)

《吕》中,准他动词共 44 个,均为单音动词,其中卯类准他动词 19 个,辰类准他动词 25 个。

《吕》中,准他动词带两类宾语的能力有强有弱,据频率统计,大体上可以描写为:

卯类准他动词(卯$_1$):带准宾语(关)＞带真宾语(受);②

---

① 辰类准他动词存在着带双宾语的可能,有些在先秦其他文献中可带双宾语,如:予、语、食、衣等,但大部分在先秦其他文献中也未见带双宾语。

② 卯$_1$类准他动词中有两个词与之不合:夺(受9)(关2)、给(受3)(关1)。"夺"是个语义特殊的双宾动词,详见 2.8.1。

(卯₂):带准宾语(使)＜带真宾语(受);

辰类准他动词:带准宾语(使/关)＜带真宾语(受)①

2.4.4 真他动词兼准他动词。《吕》中,兼真他动词/准他动词的动词共 16 个,均由一词多义所致,其兼类具体情况如下:

(1)子类真他动词/卯类准他动词,共 5 个词:遗、告、与、戒、假;

(2)子类真他动词/辰类准他动词,共 9 个词,如:语、求、问、让等;

(3)丑类真他动词/卯类准他动词,2 个:谓、若。

下面按类各举一例:

遗:荆人遗之,荆人得之。(《贵公》) [遗,遗失。]

　　无遗父母恶名。(《孝行》) [遗,留给。]

　　天遗之贤人与极言之士。(《先识》) [遗,给予。]

"遗失"之"遗"只带受事宾语,是子类真他动词,"留给""给予"之"遗"可以带双宾语,是卯类准他动词。

让:卑梁人操其伤子以让吴人。(《察微》) [让,责备。]

　　让国,大实也。(《不屈》) [让,转让。]

　　尧以天下让舜。(《行论》)

"责备"之"让"只带受事宾语,是子类真他动词;"转让"之"让"既可以带真宾语"国",又可以带准宾语"舜","让舜"→让于舜[尧以天下让于子州支父。(《贵生》)],但未见带双宾语,因此,是辰类准他

---

① 辰类准他动词中有三个词与之不合:予(受2)(关6)、荐(受4)(关6)、饭(受1)(使4)。考察先秦他书,"予"是个双宾动词,当与卯₁类合。

动词。

谓:何谓九野?(《有始》) [谓,叫作。]

吾独谓先王何。(《知士》) 李宝洤曰:"其何辞以谓先王?"(496页) [谓,告诉。]

"叫作"之"谓"只带真宾语(等同宾语),是丑类真他动词;"告诉"之"谓"可以带双宾语,是卯类准他动词。

2.5 不及物动词兼及物动词 《吕》中,兼不及物动词、及物动词两类的动词共 75 个,具体分布见下表:①

及物动词小类 \ 不及物动词小类	真自动词	准自动词		
		甲类	乙类	甲/乙类
真他动词 子类	29	26	33	○
丑类	○	○	○	○
寅类	○	1	3	○
兼类	○	○	○	○
准他动词	○	○	○	○

上表表明:兼不及物动词、及物动词两类的动词基本上都是子类真他动词。

现将兼不及物动词、及物动词两类的动词按具体兼类情况,分别举例如下:

1. 真他动词/真自动词

鼓:伯牙鼓琴。(《本味》) [鼓,弹奏。子类。]

援桴一鼓。(《执一》) [鼓,击鼓。真自动词。]

2. 真他动词/准自动词

---

① 真他动词有兼两小类以上者,如:子/甲、乙,子/真自、准自,统计时分别计算。

(1)子类/甲类

涉:临患涉难。(《士容》) [涉,经历。子类。]
　楚人有涉江者。(《察今》) [涉,渡。甲$_1$类。]
　涉江→涉于江 〔乃与要离俱涉于江。(《忠廉》)〕
胜:幸则必不胜其任矣。(《遇合》) [胜,经得起。子类。]
　大胜晋。(《至忠》) [胜,战胜。甲$_2$类。]
　胜晋→胜于晋 〔秦胜于戎。(《义赏》)〕

(2)子类/乙类

乐:耳不乐声。(《情欲》) [乐,喜欢。子类。]
　明日不拜乐己者而拜主人。(《分职》) [乐,快乐。乙$_1$类。]
　乐己者→(致使)己乐者　　高诱注:"谓倡优也。"
激:所以激君人者之行。(《恃君》) [激,激励。子类。]
　夫激矢则远,激水则旱。(《去宥》) [激,物受阻曰激。乙$_3$类。]
　激矢—矢激　　激水—水激
　毕沅曰:"《淮南子·兵略训》《鹖冠子·世兵篇》俱作'水激则悍,矢激则远。'"(1017页)

(3)寅类/乙类

绝:丈人度之,绝江。(《异宝》) [绝,横渡。寅类。]
　伯牙破琴绝弦。(《本味》) [绝,断。乙$_1$类。]

(4)子类/甲、乙类

伏:失法伏罪。(《高义》) [伏,遭受。子类。]
　伏尸插矢。(《贵卒》) [伏,趴伏。甲$_1$类。]
　伏尸→伏于尸 〔伏于陛下。(《制乐》)〕

伏士于房中以待之。(《报更》) [伏,埋伏。乙₁类。]
　　伏士→(致使)士伏
　免:行人烛过免胄横戈而进曰。(《贵直》) [免,脱掉。子类。]
　　何为而可以免此苦也。(《博志》) [免,免除。甲₂类。]
　　免此苦→免于此苦 〔免于灾。(《大乐》)〕
　　今免子于患。(《观世》) [免,免除。乙₁类。]
　　免子于患→(致使)子免于患。

(5)子类,寅类/甲类
　从:疑则从义断事。(《召类》) [从,顺从。子类。]
　　因群臣与民从郑所之塞。(《当赏》) [从,往。寅类。]
　　五蛇从之。(《介立》) [从,跟随。甲₂类。]〔民从于贤。(《先识》)〕

3.真他动词/真自动词、准自动词
(1)子类/真自动词、甲类
　行:乃命虞人入山行木。(《季夏》) [行,巡视。子类。]
　　张仪行。(《报更》) [行,离开。真自动词。]
　　孔子行道而息。(《必己》) [行,行走。甲₁类。]
　　行道→行于道 〔庄子行于山中。(《必己》)〕

(2)子类/真自动词、乙类
　立:为先王立清庙。(《报更》) [立,建立。子类。]
　　及战,且远立。(《贵直》) [立,站立。真自动词。]
　　庄公死,更立景公。(《慎行》) [立,指君主即位。乙₁类。]
　　立景公→(致使)景公立

2.6 《吕》动词分类一览表

动词分类细目				例　词
不及物动词 (704)	真自动词(494)			叹、薨、啼、斋
	准自动词 (205)	甲类 (带关系宾语) (59)	甲₁(处所)(14)	至、走、居、赴
			甲₂(对象)(43)	贪、观、畏、害
			甲₁/甲₂兼类(2)	过、在
		乙类 (带非关系宾语) (129)	乙₁(使)(105)	退、舞、败、变
			乙₂(意)(14)	贱、是、尚、怪
			乙₃(主)(9)	乏、多、寡、同
			乙₁/乙₂兼类(1)	耻
		甲/乙兼类(17)		游、归、达、上
	真自动词/准自动词兼类(5)			终、尽、和、死
及物动词 (638)	真他动词 (594)	子类(受)(568)		凿、忘、释、禁止
		丑类(非受)(5)		有、无、似、曰
		寅类(处)(15)		之、往、就、出奔
		兼类(6)		为、如、致、率
	准他动词 (28)	卯类 (带双宾语)	卯₁类(双宾)(8)	授、赐、教、示
			卯₂类(使双)(4)	负、饮、仕、赋
		辰类 (带两类宾语)	辰₁类(真/关)(10)	予、蒙、庤、享
			辰₂类(真/使)(6)	食、尝、衣、说(yuè)
	真他动词/准他动词兼类(16)			与、告、受、问
不及物动词/及物动词兼类 (75)	真自动词/真他动词兼类(23)			鼓、济、逃、临
	准自动词/真他动词兼类(46)			涉、激、绝、伏
	真、准自动词/真他动词兼类(6)			行、合、立、交

动词的分类是相对的。动词可以多角度、多层次地进行分类。上表只是反映了动词从宾语的语法意义的角度由高层次向低层次分类的过程。当然,这个分类过程还可以继续下去。例如:根据对象关系宾语指称的事物是否只能是有生命的,甲$_2$类动词可以再分为两小类;根据受事宾语是单纯受事,还是受事兼施事(或主题),子类动词又可分为两类,等等。

在动词分类的每一层次上都有兼类词的存在。这种兼类绝大多数是由一词多义造成的。

2.7 体宾动词和谓宾动词 动词的分类,除了从宾语的语法意义的角度分类外,还可以从宾语的语法性质的角度分类。只带体词性宾语的动词,我们称之为体宾动词;可以带谓词性宾语的动词,我们称之为谓语动词。

《吕》中,带宾语的动词共出现 923 个,其中体宾动词 786 个,谓宾动词 137 个,体宾动词占绝大多数(约占带宾语动词总数的 85%)。

下面,我们以 2.6 节从宾语的语法意义的角度划分出的动词小类为纲,观察一下《吕》中体宾动词和谓宾动词的具体分布。

上表表明:从宾语的语法意义的角度划分出的动词小类与从宾语的语法性质的角度划分出的动词小类具有某种对应关系。这种对应关系主要反映在甲类准自动词内部(甲$_1$类与甲$_2$类之间)、乙类准自动词内部(乙$_1$类、乙$_2$类、乙$_3$类之间)、真他动词内部(子类、丑类、寅类之间)准他动词内部(卯类、辰类之间)体宾动词、谓宾动词有无(或多少)的对立上。

根据宾语语法意义划分的动词小类			根据宾语语法性质划分的动词小类	体宾动词	谓宾动词
不及物动词[①]	准自动词	甲类	甲$_1$	14	0
			甲$_2$	26	17
			兼甲$_1$/甲$_2$	0	2
		乙类	乙$_1$	102	3
			乙$_2$	1	13
			乙$_3$	9	0
			兼乙$_1$/乙$_2$	0	1
		兼甲/乙		12	5
	兼真自动词/准自动词			5	0
及物动词	真他动词		子类	501	67
			丑类	0	5
			寅类	15	0
			兼类	3	3
	准他动词	卯类	卯$_1$	4	4
			卯$_2$	4	0
		辰类	辰$_1$	10	0
			辰$_2$	6	0
	兼真他动词/准他动词			11	5
兼不及物动词/及物动词				64	11

2.8 关于几个特殊的动词小类的探讨

2.8.1 双宾动词。双宾动词可以同时带两个宾语,这两个宾

[①] 真自动词不带任何宾语,故未列入表内。

语分属准宾语、真宾语两类,其语义内涵、语法功能、构成成分、句中位置都不相同。双宾动词的双宾语在结构上没有组合关系,在语义上不指称同一对象。① 按照 2.6 节动词的分类,双宾动词属卯类准他动词,根据准宾语性质的不同,双宾动词又分为卯$_1$(准宾语为关系宾语)、卯$_2$(准宾语为使动宾语)两类。下面,我们着重探讨双宾动词内部的差异。

2.8.1.1 宾语构成成分的差异。双宾动词,无论是卯$_1$,还是卯$_2$,其准宾语均由体词性成分充当;而真宾语则不同。卯$_1$ 类动词所带真宾语可以由体词性成分充当,也可以由谓词性成分充当。如:

我将告子其故。(《不侵》)

赐之千里之地。(《顺民》)

子与我衣,我活也。(《长利》)

(以上真宾语由体词性成分充当。)

此告民地宝尽死。(《任地》)

示民无私。(《慎大》)

教民尊地产也。(《上农》)

(以上真宾语由谓词性成分充当。)

卯$_2$ 类动词所带真宾语只能由体词性成分充当。如:

负之斧质。(《慎行》)

仕之长大夫。(《慎小》)

郄宛欲饮令尹酒。(《慎行》)

---

① 《听言》:"谓之天子。""之"与"天子"指称同一对象,因此,我们不把它看作双宾语。

考察《吕》的卯₁类动词,并非都可以带由谓词性成分充当的真宾语,据此,卯₁类动词又分为两小类:

(1)"授、与"类。真宾语只能由体词性成分充当。"授、与"类动词共 11 个,它们是:授、与、赐、给、输、假、遗、夺、谓、奈、若。

(2)"告、示"类。真宾语可以由谓词性成分充当。"告、示"类动词共 4 个,它们是:告、示、教、戒。

2.8.1.2 真宾语的转换。双宾动词与一般其他动词相比,特殊之处还在于,双宾动词的真宾语可以转换为介词宾语。如:

秦缪公遗之女乐二八与良宰焉。(《壅塞》)
　→遗之以女乐二八与良宰　〔遗之以璧马。(《韩非子·喻老》)〕
　→缪公以女乐二八与良宰遗之。(《不苟》)
教民尊地产也。(《上农》)
　→教民以尊地产　〔教我以善。(《当赏》)〕
　→以尊地产教民　〔客将何以教寡人。(《顺说》)〕
告我忧也。(《知分》)
　→告我以忧　〔告之以远。(《知接》)〕
　→以忧告我　〔文公以咎犯言告雍季。(《义赏》)〕

真宾语转换为介词宾语一般以准宾语出现在句中为前提,如上述诸例;但有时准宾语不出现,偶尔也会实现这种转换。如:

授以弓矢。(《仲春》)　按:"弓矢"为"授"的受事宾语,试比较"授几杖"(《仲秋》)

又示以人事多不义。(《先识》)

真宾语转换为介词宾语,介词均用"以",①从而与关系宾语的转换(用介词"于""乎"等)在语言形式上有了明显的区别。

《吕》中,只有卯$_1$类双宾动词的真宾语可以进行上述转换,卯$_2$类动词未见上述转换。②

2.8.1.3 双宾动词的语义内涵。关于双宾语的语义内涵,前辈语言学家早有论述。③ 概括地说,双宾动词在语义上都表示一种转移。所谓"转移",可以描述为:(1)存在着转移的双方:甲和乙;(2)存在着甲和乙之间的转移物丙;(3)由于甲发出动作,使丙由甲转移至乙,或由乙转移至甲。

转移物丙由甲转移至乙,我们称之为外向转移;将丙由乙转移至甲称为内向转移。如:

在"子与我衣"例中,转移物"衣"由发生动作者"子"(甲)那里

---

① 《季秋》:"天子乃教于田猎。"我们未把"教于田猎"看作是"教田猎"的变换式。原因在于《吕》中仅见"教·准宾"的形式(17),未见"教·真宾"的形式,即未见"教田猎"的形式。又:考察先秦其他九部文献,"教·真宾"形式只见3例:
　　明耻教战。(《左传·僖公二十二年》)
　　教歌者。(《韩非子·外储说右上》)凡2见。
　　这表明:"教·真宾"形式在先秦尚处在萌牙阶段。
② 如果扩大考察范围,我们看到,先秦其他文献中,卯$_2$类动词的真宾语,也可以有上述转换。如:
　　晋侯饮赵盾酒。(《左传·宣公二年》)
　　→饮赵盾以酒 〔是救病而饮之以堇也。(《劝学》)〕
　　→以酒饮赵盾 〔吾以此饮吾主父。(《战国策·燕一》)〕
　　公衣之偏衣。(《左传·闵公二年》)
　　→衣之以偏衣 〔好衣民以甲。(《顺说》)〕
　　食大夫鼋。(《左传·宣公四年》)
　　→食大夫以鼋 〔食之以委蛇。(《庄子·达生》)〕
③ 详见黎锦熙《新著国语文法》(商务印书馆,1955年)34页、《比较文法》(科学出版社,1957年)19页。

转移至"我"(乙)处,这是外向转移。

在"(故有道之主)不夺之事"(《知度》)例中,转移物"事"由"之"(按:指有司。乙)那里转移至"有道之主"(甲)处,这是内向转移。①

《吕》中,双宾动词共19个,表示外向转移的动词有18个,表示内向转移的动词仅"夺"1个。这表明,《吕》的双宾动词在语义上表示外向转移,表示内向转移仅属特例。

多义词"遗""告"与"戒""假"等,当它们在语义上不表示"转移"时,它们只能带一个宾语(真宾语);只有当它们在语义上表示"转移"时,它们才具有带双宾语的语法功能。② 这正反映了语义同语法形式某种程度的对应。

2.8.1.4 关于"奈"和"若"。这是卯₁类中两个特殊的双宾动词。它们可以带两个性质不同的宾语。如:

将奈社稷何?(《长见》)

徐若夫何哉?(《劝学》)

上述二例中,"社稷""夫"为处置对象,是准宾语;"何"是真宾语。

"奈"和"若"与卯₁类双宾动词相比,特殊之处在于:(1)在语义上,它们不具备明显的"转移"义;(2)它们的真宾语是固定的,只由疑问代词"何"充当;(3)它们的真宾语、准宾语都不能转换为介词宾语;(4)当它们只带一个宾语时,只带真宾语,如"奈何""若

---

① 关于"夺之事",详见拙文《关于"为·之·名"、"夺·之·名"的几点看法》(载《语言学论丛》第12辑)、《先秦汉语的双宾动词》(载《语言论集》(三))。

② 当然,《吕》中并非在语义上表示"转移"的动词都是双宾动词,都可以带双宾语。表示内向转移的动词,如"受""求""买"等,自不必说,它们都不是双宾动词。即使是表示外向转移的动词,如"卖""鬻""馈""让"等,也不是双宾动词。这也反映了语义同语法形式的不一致。

何",不能带准宾语。

2.8.2 兼语动词。兼语动词属真他动词。它区别于一般真他动词的语法特征是能带兼语。

2.8.2.1 兼语和兼语结构。兼语属于动词的后续词语,是真宾语中的一个小类。兼语由名词语(或代词)充当,总是出现在两个动词语之间。因此兼语出现的语言环境可以记作:动$_1$·名·动$_2$。[①] 如:

　　荆王请养由基射之。(《博志》)
　　使乌获疾引牛尾。(《重己》)
　　趣农收聚。(《音律》) [趣,催促。]
　　无忌劝王夺。(《慎行》)
　　于是召庖人杀白骡。(《爱士》)
　　命乐正入学习舞。(《孟春》)
　　令渔师伐蛟取鼍。(《季夏》)
　　谓门者内乞人之歌者。(《精通》)
　　有一妇人逾垣入。(《知接》)

上述例句中,带·的名词语都是兼语。

兼语与一般真宾语不同,它在句中具有双重身份。从语法上分析,兼语与动$_1$构成显性的述宾关系,同时与动$_2$又有一层隐性的主谓关系。从语义上分析,兼语一般都是动$_1$的受事[②],同时又兼动$_2$的施事(尽管大多是非自主的)。这种双重关系可以图示如下:

---

① 动$_2$ 的位置也可以出现形容词语。
② 兼语动词"有"非动作动词,而是表存现的关系动词,"有"的兼语非"有"的受事。

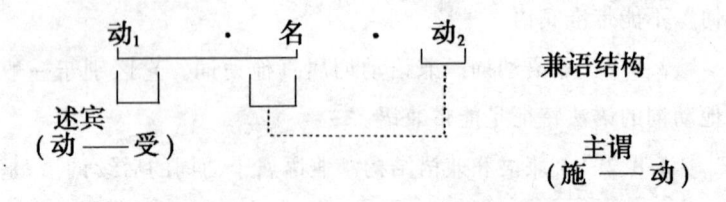

```
          动₁    ·  名  ·  动₂
           └────┘   └────┘         兼语结构
    述宾          └────────┘
   （动——受）
                              （施——动）
                              主谓
```

具有上述结构关系的"动₁·名·动₂",我们称之为兼语结构,其中的动₁是兼语动词。

2.8.2.2 关于"动₁·名·动₂"的辨析。"动₁·名·动₂"包含着多种语法结构,请看下面的例句:

  A. 荆王请养由基射之。(《博志》)
  B. 人皆见曾点曰。(《劝学》)
  C. 愿公备之也。(《精谕》)
  D. (右宰谷臣)告我忧也。(《观表》)

从语义关系看:

  A × 荆王射之　　　　√ 养由基射之
  B √ 人曰　　　　　　× 曾点曰
  C ×〔臣〕备之　　　　√ 公备之
  D √ 右宰谷臣告忧　　× 我忧

B、D 中的"名"与动₂语义上没有"施—动"关系。

从句子的变换看:

  C. 愿公备之也→愿公之备之也
   〔愿君之去一人也。(《慎势》)〕

A、B、D 三句不具备上述变换。

  D. 告我忧→告我以忧　〔告之以远。(《知接》)〕
   →以忧告我　〔文公以咎犯言告雍季。(《义赏》)〕

→告忧于我 〔告备于天子。(《季秋》)〕

A、B、C 三句不具备上述变换。

上述差异表明:虽然 A、B、、C、D 四例都可以记作"动$_1$·名·动$_2$",但它们具有不同的结构关系。对比如下:

```
A  请养由基射之           B  见曾点曰
   └─┘└─┘  (兼语)           └─┘└─┘  (连动)
(述宾)└──┘                      └──┘ (述宾)
         └────┘ (主谓)

C  愿公备之               D  告我忧
   └─┘└─┘  (述宾)           └─┘└─┘  (述宾)
      └──┘ (主谓)              └──┘  (述宾)
```

A 句为兼语结构,B 句为连动结构,C 句为述宾结构,D 句为双宾结构。

2.8.2.3 兼语动词及其内部差异。《吕》中,能够充当兼语结构中动$_1$的兼语动词共 9 个,它们是:请、使、令、趣、劝、召、命、谓、有。例见上文。

兼语动词内部的差异表现在以下四个方面:

1. 大部分兼语动词处于"动$_1$·名·动$_2$"格式中动$_1$的位置时,只能构成兼语结构;它们是:请、使、劝、召、趣、有 6 个词。小部分兼语动词处于"动$_1$·名·动$_2$"格式中动$_1$的位置时,除能构成兼语结构之外,还能构成非兼语结构;它们是:命、令、谓 3 个词。请看下面两组例句:

  A. 命相布德和令。(《孟春》)

   寡人已令吏弗诛矣。(《去私》)

   谓门者内乞人之歌者。(《精通》)

  B. 命司空曰。(《季春》)

> 令士庶人曰。(《介立》)
> 其仆谓吴起曰。(《长见》)
> 人或谓兔丝无根。(《精通》)

A 组为兼语结构；B 组为非兼语结构。

2. 兼语动词对动$_2$的选择范围大小不同。据此，兼语动词可分为三小类：

(1)"请""谓""劝""召""趣"五个词构成兼语结构时，动$_2$只能是表示动作变化的动词(2.6节表中的非丑类动词)。例见上文。

(2)"命"构成兼语结构，动$_2$可以是表示动作变化的动词，也可以是非表动作变化的关系动词。如：

> 命吏诛之。(《至忠》)
> 故命之曰伊尹。(《本味》)

(3)"使""有""令"三个词构成兼语结构时，动$_2$既可以是动词(包括表动作变化的动词和非表动作变化的关系动词)，也可以是形容词。如：

> 使乌获疾引牛尾。(《重己》)
> 有一妇人逾垣入。(《知接》)
> 寡人已令吏弗诛矣。(《去私》)

"引""逾""诛"为表动作的动词。

> 使田有封洫。(《乐成》)
> 蹇叔有子曰申与视。(《悔过》)
> 子为寡人令太子如尧乎？(《壅塞》)

"有""曰""如"为关系动词。

> 使地肥而土缓。(《任地》)
> 有一县后二日。(《开春》)

令荆国广大至于此者。(《直谏》)

"肥""后""广大"为形容词。

3. 兼语动词所带的兼语位置固定在兼语动词之后,唯"请"的兼语偶尔移至"请"之前。如:

魏王惭曰:"固非寡人之志也,客请勿复言。"(《审应》)

高诱注:"言封郑非寡人意也,故令客勿复言也。"

据高注,"客"是兼语,而非主语;是"请"的受事,而非"请"的施事。如果把"客"移至"请"后,句子意思不变。

客请勿复言→请客勿复言 〔请王止兵。(《行论》)〕

"请"的兼语移至"请"前,虽然在《吕》中仅见1例,但这种现象并非仅见于《吕》。如:

司马子反曰:"君请处于此,臣请归尔。"(《公羊传·宣公十五年》)

宣子曰:"二三子请皆赋。"(《左传·昭公十六年》)

王请勿疑。(《孟子·梁惠王上》)

寡人离病于外久矣,子请亦尝之。(《左传·襄公十五年》)

王曰:"释齐秦,他国请相见也。"(《左传·襄公二十七年》)

关于"请"的兼语前移有两点值得注意:(1)这种前移不是任意的,它只发生在对话之中,换句话说,只出现在"曰——"的语言环境中;说话人自身(即"请"的施事)从不在句中出现。(2)前移的兼语指称第二人称,极少例外。① 至于前移的原因,当如黎锦熙先生所说"为崇敬或侧重故"。②

---

① 在我们考察的九部先秦文献中,"请"的兼语前移共得15例,其中14例前移的兼语指称第二人称,仅1例(《左传·襄公二十七年》:"他国请相见也。")例外。

② 见《比较文法》(科学出版社,1957校订本)33页。

4. 兼语动词未构成兼语结构时,可以比较自由地受否定副词的修饰①。如:

非谓其躁也。(《先己》)

无有不当。(《孟春》)

成而弗有。(《贵公》)

王未有以应。(《正名》)

物固莫不有长,莫不有短。(《用众》)

且无不请也。(《知度》)

为人臣弗令而忠矣。(《尊师》)

无使放悖。(《审分》)

一旦兼语动词带上兼语构成兼语结构之后,兼语动词受否定副词修饰的功能则受到极大的限制,这反映在三个方面:(1)出现频率极低。《吕》中,兼语结构共出现 417 例②,兼语动词受否定副词修饰的仅见 7 例,不到总数的 2%。(2)否定副词仅限于"无""毋""不"3 个,表示禁止之义。(3)受否定词修饰的兼语动词仅见"使"(6)、"令"(1)2 个。③ 现将兼语动词进入兼语结构、同时又受否定副词修饰的例句列举如下:

毋令人以害我。(《分职》)

其无使齐之大吕陈之廷,无使太公之社盖之屏,无使齐音充人之游。(《贵直》)

---

① 《吕》中,"命""召""劝""趣"四词未见否定形式,恐怕是由于语言材料有限的缘故。与之同一时期的《韩非子》中,即有"未命"(《八奸》)、"不召"(《内储说上》)、"不劝"(《外储说右上》)、"不趣"(《功名》)诸否定形式。

② 兼语有省略的未计在内。

③ 《吕》的兼语动词从语义角度可以分为"使令"类、"封拜"类、"劝戒"类、"命名"类、"有无"类等,进入兼语结构而又受否定副词修饰的兼语动词仅见"使令"类动词。

故先王之法,立天子不使诸侯疑焉,立诸侯不使大夫疑焉,立适子不使庶孽疑焉。(《慎势》)

2.8.3 助动词。

2.8.3.1 助动词的确定。助动词属其他动词。助动词具有以下特征:(1)后面只出现谓词语;(2)一般不能单说。

确定助动词主要根据特征(1)。(1)中所说的谓词语包括动词,以及除主谓结构之外的动词短语。为什么要把主谓结构排除在外呢?试比较以下两组例句:

A.(我)愿献之丈人。(《异宝》)

(我)愿登夏屋以望。(《长攻》)

(我)愿辞不为臣。(《行论》)

B.(臣)愿太子易日。(《开春》)

(臣)愿王以国听之也。(《长见》)

(臣)愿公备之也。(《精谕》)

A组例句"愿"的后续词语为一般动词短语,B组例句"愿"的后续词语是主谓结构短语。虽同在"愿"后,但二者有很大区别。

1.A组例句,"愿"的后续词语中的动词"献""登""望""辞""为"等在语义上与"愿"的施事相同,如果"愿"脱落,它们都可以直接和句子主语组合,如:(我)愿献之丈人→(我)献之丈人,后者只是缺少了主观意愿,但并不违背原来句子的意思。B组例句,"愿"的后续词语中的动词"易""听""备"等与"愿"的施事不同,它们在结构上、语义上只与句子的小主语,如"太子""王""公",发生联系,而与句子的大主语"臣"不相干。因此,(臣)愿太子易日≠(臣)易日。通过上述比较可以看到,"愿"的有无对A、B两组例句产生不同的影响。A组例句,"愿"的脱落不影响句子主语与"愿"的后续动词间的语义关系;B组例句,"愿"的脱落,则根本改变了句子主语与"愿"的后续动词间的语义关系。相比之下,A组例句中的"愿"是辅助性的,B组例句中的"愿"是非辅助性的。之所以产生这种区别,与"愿"的后续词语的类别(一般动词短语,还是主谓结构短语)有着直接的关系。

2. B组例句,"愿"的后续词语可以变换为体词短语的形式:

愿太子易日→愿太子之易日

〔愿仲父之教寡人也。(《贵公》)

愿公子之毋让也。(《知分》)〕

A组例句的后续词语没有这种变换。

基于上述原因,我们把后续词语为主谓结构短语的B组的"愿"排除在助动词之外。

《吕》中,有的动词后续词语既可以出现谓词语,又可以出现体词语,其是否是助动词不能一概而论。

如果上述情况隶属于同一义项,如:

问:楚王问为国于詹子。(《执一》)

入于泽而问牧童。(《疑似》)

获:身获死也。(《至忠》)

皆获其所甚恶者。(《贵生》)

类:进视梁下,类有人。(《序意》)

无不皆类其所生以示人。(《应同》)

那么,该词不符合助动词的特征(1),不是助动词。如果上述情况隶属于不同义项,如:

欲:吾欲伐卫十年矣。(《期贤》) [欲$_1$,想要。]

处大官者,不欲小察。(《贵公》) [欲$_2$,应该。]

非不欲兔也。(《慎势》) [欲$_3$,想得到。]

得:性恶得不伤?(《本生》) [得$_1$,可能。]

得白骡之肝,病则止。(《爱士》) [得$_2$,得到。]

当:不当为君。(《怀宠》) [当$_1$,应当。]

星一徙当一年。(《制乐》) [当$_2$,相当。]

士之为人,当理不避其难。(《士节》) [当$_3$,面对。]

能:凡能听说者。(《遇合》) [能$_1$,能够。]

唯有道者能之。(《君守》)① [能$_2$,能做。]

那么,当以义项为单位考察其后续词语。多义词"欲",在"想要""应该"两个义项之下,后面只出现谓词语,符合助动词的特征(1),是助动词;在"想得到"的义项之下,后面出现体词语,不是助动词,只是一般及物动词。同样,"得$_1$""当$_1$""能$_1$"是助动词,"得$_2$""当$_2$""当$_3$""能$_2$"不是助动词,是一般及物动词。

《吕》中,还有少数动词,如:肄、冀、惜、擅、厌、辍等,后面只出现谓词语,但这些词出现频率大都很低,仅凭《吕》的语言材料难于确定。为了较为准确地确定这些词的归属,我们适当地扩大了考察范围,发现这些词同一义项之下后面也可以出现体词语。如:

冀人之以己为公也。(《荀子·儒效》)

肄仪为位。(《周礼·春官·小宗伯》) [肄,练习。]

夫惜草茅者耗禾穗。(《韩非子·难二》)

翳宠擅权。(《韩非子·三守》)

---

① 关于"能之",众说纷纭,大体上有两种观点:一是认为"'之'所代,实际包括着动宾结构"(见杨伯峻、何乐士《古汉语语法及其发展》210页);一是认为"实义动词省略"(见易孟醇《先秦语法》231页)。我们未采用以上二说,而是把"能之"的"能"看作一般及物动词。

厌饮食。(《韩非子·解老》)

天不为人之恶寒也辍冬。(《荀子·天论》)

因此,我们把"肄""冀""借""擅""厌""辍"等词也排除在助动词之外。

经过上述筛选,《吕》中符合助动词特征的动词共 14 个(1643例),其中单音词 12 个,它们是:可、敢、当、得、肯、愿、能、欲、足、忍、宜、见;复音词 2 个:可以、足以。

2.8.3.2 助动词的语义类别及其语法特点。《吕》的助动词按其表达意义可分为四小类:

(1)表示可能:可、能、得、足、可以、足以;

(2)表示意愿:愿、欲、肯、敢、忍;

(3)表示应当,值得:当、欲、足、可、宜、可以;

(4)表示被动:见。

其中"欲""足""可""可以"四词在表达意义上兼属两类。

下面以意义为纲,分述各类助动词的语法特点。

1. 表示可能意义的助动词共 6 个(1195),在四类助动词中,出现频率最高(约占总数的 73%),语法功能也最为活跃。

这类助动词可以受副词修饰。如:

牛不可行。(《重己》)　　舜弗能为。(《贵公》)

性恶得不伤?(《具备》)　　长犹不足治之。(《荡兵》)

可以益,不可以损。(《上农》)

犹未足以知之也。(《贵公》)

这类助动词中的"可""能""得"三词,其后可以不出现后续谓词语。如:

平公又问祁黄羊曰:"国无尉,其谁可而为之?"对曰:"午

四 《吕氏春秋》动词研究

可。"(《去私》)

石乞曰:"患至矣,不能分人则焚之,毋令人以害我。"白公又不能。(《分职》)

欲走不得,故至千里。(《适威》)

此外,"可"还可以单说①。如:

"臣请伏于陛下以伺候之,荧惑不徙,臣请死。"公曰:"可。"(《制乐》)

襄王曰:"可行邪?"翟翦曰:"不可。"(《淫辞》)

需要说明的是,"可"单说,均出现在对话之中;其表示的意义已非可能,而是赞同或许可。

这类助动词中,"可""能""得"三词还可以并列使用(《吕》中,"可得"18 例,"可能"3 例)。如:

荆人射之,水不可得近。(《处方》)

非先为天子,不可得而具。(《具备》)

养可能也,敬为难。(《孝行》)

并列使用时,均"可"在前,"得"或"能"在后,无一例外。

助动词与后续谓词语之间不能插入其他成分,如连词,唯"可"偶尔例外(5)。② 如:

其谁可而为之。(《去私》)

2. 表示意愿的助动词共 5 个(379),出现频率仅次于表示可能意义的助动词,居第二位(约占总数的 23%)。

这类助动词不能独用;可以受副词修饰(例从略);后续谓词语

---

① 在先秦他书中,"能"也可单说,如《左传·昭公十二年》:"'若问远焉,其焉能知之?'王曰:'子能乎?'对曰:'能。'"

② "可得"并列使用,其与后续谓词语之间偶尔出现连词"而",见上文《具备》例。

偶尔也可以省略。如：

> 莫敢谏者，非弗欲也。(《骄恣》) 俞樾曰："非不欲谏，乃未得进言之道耳。"(1411 页)
>
> 王赦之而不肯。(《高义》) 陈奇猷曰："王赦之而不肯受。"(1255 页)
>
> 臣为危而罪不敢。(《适威》) 高诱注："不敢登其危者而罪之也。"
>
> 以父行法，不忍。(《高义》) 高诱注："不忍行刑于父，孝也。"

值得注意的是，这类助动词用于表达意愿时存在着明显的对立。分述如下：

欲(208)，以肯定形式出现 197 例，另 11 例举例如下：

> 莫不欲长生久视。(《重己》)
>
> 夫介子推苟不欲见而欲隐。(《介立》)
>
> 此缪公非欲败于殽也。(《悔过》)

《重己》例，"欲"前为双否定形式，其实是表达肯定意愿；《介立》例为假设句，句中"不欲"也好，"欲"也好，都带有虚似的语气；只有《悔过》例，"欲"以"非欲"的形式表达否定意愿。

愿(32)，都用于表达肯定意愿。

肯(34)，以否定形式出现 30 例，另 4 例列举于下：

> 非贤者孰肯犯危？(《直谏》)
>
> 客肯为寡人少来静郭君乎？(《知士》)
>
> 王得若人，肯以为臣乎？(《正名》)
>
> 子之师苟肯至越。(《高义》)

《直谏》例为反问句，实际上表达的是否定意愿；《知士》《正名》为是非疑问句,疑问语气已使"肯"在表达意愿上不那么肯定了;《高义》例为假设句,"肯"所表达的肯定意愿已带上了虚拟的语气。

敢(96),以否定形式出现 83 例,其余 13 例均出现在反问句中,如:

吴人焉敢攻吾邑?(《察微》)

吾安敢骄之?(《期贤》)

回何敢死?(《劝学》)

吾庸敢骜霸王乎?(《下贤》)

人臣且孰敢以非是邪疑哉?(《乐成》)

"焉敢""安敢""何敢"等其实都是"不敢"的意思。又如:

子敢不事父乎?(《行论》)

夫子礼之,敢不敬从?(《观世》)

"敢"也是"不敢"的意思。总之,"敢"都用于表达否定意愿。

忍(11),以否定形式出现 10 例,另 1 例用于反问句:

岂且忍相与战哉?(《无义》)

"忍"也都用于表达否定意愿。

表达意愿的助动词具体分布列表对比如下:

表达意愿	助动词	欲	愿	肯	敢	忍
表达肯定意愿		199	32	0	0	0
不肯定(询问、虚拟)		2	0	3	0	0
表达否定意愿	否定形式	7	0	31	83	10
	反问句	0	0	1	13	1

上表表明:"愿""欲"二词主要用于表达肯定意愿,因而很少出现否定形式;"肯""敢""忍"三词主要用于表达否定意愿,因而在句

中总是以否定形式(或变相的否定形式)出现。

3. 表示应当、值得的助动词共 6 个(50)，出现频率占总数的 3%。这类助动词中，"当""宜""欲"三词表示应当，"足""可以"二词表示值得，"可"兼两类。如：

王之罪当笞。(《直谏》)

夫不宜遇而遇者则必废。(《遇合》)

畮欲广以平。(《辩土》)

铎可赏也。(《似顺》)

(以上"当""宜""欲""可"表示应当。)

子,不肖人也,不足爱也。(《长利》)

世有兴主仁士,深意念此,亦可以痛心矣,亦可以悲哀矣。(《禁塞》)

竖刁自宫以近寡人,犹尚可疑邪?(《知接》)

(以上"足""可以""可"表示值得。)

这类助动词可以受副词修饰,例见上文,但不能独用,其后续谓词语也不能不出现。

4. 表示被动的助动词仅"见"一词(19)[①],语法功能最为单一,不能独用,不能没有后续词语,不能受副词修饰。如：

晏子见疑于齐君。(《士节》)

见敬爱者,人也。(《必己》)

下面,我们列表小结一下助动词内部表达语义的不同及其语法差异:[②]

---

① 表被动的"见",有的语法著作称之为副词。见易孟醇《先秦语法》101 页。
② 表中(+)表示部分可以。"其他"指助动词并列使用,助动词与后续谓词语之间插入连词等。

语义类别＼语法功能	后续词语只出现谓词语	受副词修饰	后续谓词语偶尔不出现	单说	其他
表示可能	＋	＋	（＋）	（＋）	（＋）
表示意愿	＋	＋	（＋）	－	－
表示应当、值得	＋	＋	－	－	－
表示被动	＋	－	－	－	－

总的说来,表示可能意义的助动词显示出多种语法功能,最为活跃,表示意愿意义的助动词次之,表示应当、值得意义的助动词又次之,表示被动的助动词最差。上述结论大体可以描写为:

表示可能的助动词＞表示意愿＞表示应当、值得＞表示被动（＞读作优于）。

2.8.3.3 关于"可"和"可以"。王力先生在《汉语语法史》中说,"可以"和"可"字不同有两点:

"1.'可'字后面的动词是被动意义的,'可以'后面的动词是主动意义的。

2.'可'字后面的动词不能带宾语,而'可以'后面的动词经常带宾语。"①

考察《吕》,"可以"和"可"的区别大体如此,但并非完全如此。分述如下:

(1)"可"字后面的动词可以是主动意义的(17)。例如:

故孝子忠臣亲父交友不可不察于此也。(《安死》)

吾岂可以先王之庙予楚乎？(《知士》)

---

① 载《王力文集》（第十一卷）339 页。

故审知今则可知古,知古则可知后。(《长见》)

今可得其国,恐亏其义而辞之。(《高义》)

有妻之子,而不可置妾之子。(《当务》)

(2)"可以"后面的动词偶尔也可以是被动意义的(6)。例如:

黔首之苦不可以加矣。(《振乱》)

信立则虚言可以赏矣。(《贵信》) 陈奇猷曰:"赏读为偿"。(1304 页)

名固不可以相分,必由其理。(《功名》) 高诱注:"分犹与也。"

(3)"可"字后面的动词也可以带宾语(92),见上文《知士》《长见》《高义》《当务》诸例。当"可"字后面的动词的受事在句中充当主语时,动词后宾语的位置上仍可出现"之"复指前移的受事。例如:

衣器之物可外藏之。(《遇合》)

草木鸡狗牛马,不可谯诟遇之。(《诬徒》)

邻者若此其险也,岂可为之邻哉?(《去宥》)

青荓豫让可谓之友也。(《序意》)

这表明,"可"字后面的动词仍具有带宾语的语法功能。

2.8.4 关系动词。关系动词属真他动词,即 2.6 节中的丑类动词及兼丑类动词。《吕》中,关系动词共 10 个,它们是:有、无、似、类、犹(以上为丑类动词),曰、为、如、若、谓(以上为兼丑类动词)。

关系动词的词汇意义都比较抽象,或表示存在,如"有""无",或表示主语与宾语间的类同关系,如"曰""为""如"等。关系动词都是谓宾动词。对于大多数关系动词来说,宾语是不可缺少的。

2.8.4.1 存在动词"有"和"无"。"有"表示"存在","无"表示对"存在"的否定。如:

野有寝耒。(《上农》)

有首无身。(《先识》)

无唱有和,无先有随。(《知分》)

南阳无令。(《去私》)

明年无鱼。(《义赏》)

"有"除表示"存在"之外,还可以表示"领有""占有""具有";"无"则表示对"领有""占有""具有"的否定。如:

我有子弟。(《乐成》)

二十四世而田成子有齐国。(《长见》)

众庶泯泯,皆有远志。(《慎大》)

公子小白无母。(《不广》)

此二士者,无爵位以显人。(《当染》)

夫民无常勇。(《决胜》)

一般地说,"有""无"表示"存在"时,句首主语多由表示处所、时间的名词语充当,如上文《上农》《去私》《义赏》诸例;"有""无"表示"领有""占有""具有"时,句首主语多由有生名词语充当,如《乐成》以下诸例。

"有""无"均以带体词性宾语为主:《吕》中,"有"带体词性宾语765例(约占带宾语总数的83%);"无"带体词性宾语438例(约占总数的90%)。

《吕》中,对"有"的否定除用"无"外,还用"无有"(34)[①]、"不有"

[①] "无有"中的"无"是副词。

(4)、"莫有"(1)。如：

  轻迁徙则国家有患，皆有远志，无有居心。(《上农》)

  故古之贤王有义兵而无有偃兵。(《荡兵》)

  子之公不有恙乎？(《异用》)

  明日晏矣，莫有偾表者。(《慎小》)　高诱注："莫，无也。"

那么，什么情况下用"无"，什么情况下用"无有"，这里面有没有什么分别呢？考察《吕》，大体可以看出以下两点差异：(1)"无"充当谓语，其后总有后续词语出现；一旦"无"的后续词语转换为话题前移之后，谓语则用"无有"，不再用"无"。如：

  且夫饥，代事也，犹渊之与阪，谁国无有？(《至忠》)

  不通此五者而能成大盗者，天下无有。(《当务》)

  若是而能用其民者，古今无有。(《用民》)

换句话说，当存在事物以话题的身份出现时，"有"的否定形式是"无有"，而不是"无"。(2)"无有"对语言环境的音节数目表现出较强的选择性。"无有"大多出现在四音节的言语片断之中。如：

  天下大乱，无有安国。(《谕大》)

  心无有虑，目无有视。(《论威》)

  谁国无有？(《至忠》)

"无有"出现的语言环境大体可以记作：

  ∅·无有·宾(双音节)①

  主(单音节)·无有·宾语(单音节)

  主(双音节)·无有·∅

"无有"之后只是偶见三音节词语。如：

---

① ∅代表该成分无，或不出现。

所谓死者,无有所以知。(《贵生》)①

相比之下,"无"对语言环境音节数目的选择要自由得多。"无"之后不乏三音节、四音节词语,最多可达十个音节。如:

黔首无所告诉。(《振乱》)

天下无粹白之狐。(《用众》)

无亲戚兄弟夫妻男女之别,无上下长幼之道。(《恃君》)

"有"与"无"在意义上是对立的,但在语法功能上并不完全对应。最显著的差异是:"有"是兼语动词,"无"不是兼语动词。

"有"可以带兼语,构成兼语结构(25)。如:

有一妇人逾墙入。(《知接》)

蹇叔有子曰申与视。(《悔过》)

当"有"前无主语时,其兼语指称的对象是无定的,如《知接》例;当"有"前有主语时,其兼语指称的对象是有定的,如《悔过》例。

下面,我们着重探讨《吕》中常见的一种格式"有……者"(170)。

"有……者"是一个多义格式,"者"或为语气助词("者$_1$"),或为结构助词("者$_2$"),由此而分化出以下二式:

A. 有……者$_1$(12)

B. 有……者$_2$(158)

《吕》中,A 式不能独立成句,B 式偶尔可以独立成句,如:

郑之富人有溺者。(《离谓》)

A 式中,"有"后只能出现名词语。当"有"前出现主语时,"有"

---

① 陶鸿庆曰:"'以知'二字误倒,'无有所知'为句,'以'字属下为句。"(83 页)据陶说,"无有"之后亦为双音节词语。

后的名词语实为兼语,"有"的作用是引进下文行为(或判断)的主体。如:

  齐人有淳于髡者,以从说魏王。(《离谓》)
  周有申喜者,亡其母。(《精通》)
  期思之鄙人有孙叔敖者,圣人也。(《赞能》)

  当"有"前无主语时,"有"后的名词语为宾语,由"有"构成的述宾结构作句子的主语。如:

  有处者乃无处也。(《圜道》)

由此,A式又分化出A_1、A_2二式。

  B式中,"有"后既可出现名词语,又可出现动词语。当"有"后出现名词语时,"有……者"为"者"字结构,充当句子成分。如:

  有天下者,天下之主也。(《异用》)
  有力者贤。(《恃君》)

在这一格式中,"有"表示"领有""具有"的意思。当"有"后出现动词语时,"有……者"为述宾结构,一般充当分句。如:

  有以乘舟死者,欲禁天下之船,悖。(《荡兵》)
  有能以家听者,禄之以家。(《怀宠》)
  士有当年而不耕者,则天下或受其饥矣。(《爱类》)

在这一格式中,"有"表示"存在"。由此,B式又分化出B_1、B_2式。上文所说的偶尔独立成句的"有……者"即属B_2式。

  B_2式中,"有"后的"者"字结构或为一般宾语,例见上文,或为兼语。如:

  有过于江上者,见人方引婴儿而欲投之江中。(《察今》)
  人有亡铁者,意其邻之子。(《去尤》)
  后世有知音者,将知钟之不调也。(《长见》)

有闻而传之者曰。(《察传》)

上述例句中,"有"的作用也是引进下文的行为主体。由此,B_2式又分化为B_{2a}式、B_{2b}式。

现将"有……者"各式的结构关系图示对比如下:

A_1 有 · 名词语 · 者$_1$, (动词语/名词语)
述宾　　　　　　　　　　　　　　　　　　　　兼语
　　　　　　　　　　　　　　　　　　　　　　主谓

A_2 有 · 名词语 · 者$_1$, (动词语)
　　　　　　　　　　　　　　　　主谓

B_1 有 · 名词语 · 者$_2$, (名词语/动词语)
　　　　　　　　　　　　　　　　　　　　　主谓
"者"字结构　　　　　　　述宾

B_{2a} 有 · 动词语 · 者$_2$, (动词语)
述宾　　　　　　　　　　　　　"者"字结构

B_{2b} 有 · 动词语 · 者$_2$, (动词语)
　　　　　　　　　　　　　　　　　　　兼语
述宾　　　　　　　　"者"字结构
　　　　　　　　　　　　　　　主谓

2.8.4.2 类同动词。《吕》中,类同动词共 8 个(792),按其意义可分为三类:(1)判断动词,仅"为"一词;(2)称谓动词,包括"谓""曰"二词;(3)似类动词,包括"若""犹""如""类""似"五个词。

类同动词既可带体词性宾语,又可带谓词性宾语。如:

吾为汝父也。(《疑似》)

养可能也,敬为难。(《孝行》)

(以上为判断动词。)

何谓九野?(《有始》)

是谓发天地之房。(《仲冬》)

醴水之鱼,名曰朱鳖。(《本味》)

无为之道曰胜天。(《先己》)

(以上为称谓动词。)

其高大若山。(《安死》)

其音若熙熙凄凄锵锵。(《古乐》)

盖闻君子犹鸟也,骇则举。(《审应》)

是犹取之内府而藏之外府也。(《权勋》)

穗如马尾。(《审时》)

汤立为天子,夏民大说,如得慈亲。(《慎大》)

无不皆类其所生以示人。(《应同》)

进视梁下,类有人。(《序意》)

患石之似玉者。(《疑似》)

圣人之于事,似缓而急,似迟而速。(《首时》)

(以上为似类动词。)

类同动词后必须有后续词语。《吕》中,类同动词后续词语未出现的仅限于"若""似"二词,共12例(约占总数的1.5%),如:

臣弗若也。(《赞能》)

茎相若。(《审时》)

使人大迷惑者,必物之相似也。(《疑似》)

动词前必须有副词(《吕》中仅见"弗""不""相"三词)修饰。

3. 动词的语法功能

3.1 充当句法结构成分

3.1.1 动词作主语。《吕》中,动词作主语是不自由的,这主要表现为:

(1)动词作主语的频率极低。考察《吕》,作主语的动词共有87个,217例,约占动词总量的6%,其出现频率仅为动词出现总频率的0.9%。《吕》中,准他动词中的甲$_1$类动词,真他动词中的丑类、寅类动词,以及子类中的双宾动词、兼语动词、助动词等均未见充当主语。

(2)动词不能充当施事主语,充当受事主语亦属偶见(3例,仅为动词主语总数的2%),动词主语绝大多数只能是既非施事、又非受事的当事主语。如:

　　故染不可不慎也。(《当染》)

　　辩议不可不为。(《用众》)

　　诛伐不可偃于天下。(《荡兵》)

(以上为受事主语,仅见于"主语(动)・不可・宾语(动)"句式中。)

　　生,性也;死,命也。(《知分》)

　　凡遇,合也。(《遇合》)

　　谈虽辩。(《荡兵》)

　　王犹少。(《下贤》)　高诱注:"犹,尚也。"［王,称王。］

　　莽有日矣。(《开春》)

　　谋无不当,举必有功。(《慎人》)

　　养可能也,敬为难。(《孝行》)

夫唯而听,唯止。(《圜道》)

（以上为当事主语,包括判断句主语,如《知分》《遇合》例,描写句主语,如《荡兵》《下贤》例等。）

（3）动词作主语,与之相应的谓语动词受到极大限制,只能是非自主动词,不能是自主动词。

处于主语位置的动词已不再表示具有时空特征的动作变化,而是指称动作自身。这是一种抽象的、静态的动作。这种变化,我们称之为事物化。在言语中,处于主语位置上的动词总是作为话题被评论、被描写、被陈述的。

鉴于动词作主语是不自由的,又鉴于动词作主语之后,语义范畴发生的某种变化,我们认为,动词虽然可以充当主语,但充当主语不是动词的基本语法功能。[①]

3.1.2 动词作宾语。《吕》中,动词作宾语要比作主语自由一些。除助动词外,各类动词都可以充当宾语。考察《吕》,作宾语的动词共有 338 个,1196 例,约占动词总量的 23.8%,其出现频率约为动词出现总频率的 5.0%。

动词作宾语有指称性宾语与陈述性宾语之分。动词充当一般谓宾动词宾语,是指称性宾语。如：

临财则贪得。(《务本》)

夫以汤止沸,沸愈不止。(《尽数》)

歌谣好悲。(《先识》)

尹儒学御。(《博志》)

[①] 吴辛丑《论古汉语动词、形容词作主语、宾语》一文说:"作主语、宾语是动词、形容词的基本句法功能……这是古代汉语语法的一个显著特点和重要规律。"（载《青年汉语史学》1986,109 页)我们未采吴说,因为它与《吕》的语言事实不合。

告我忧也。(《知分》)

贤者出走,命曰崩。(《贵因》)

男女切倚,固无休息。(《先识》)

上述例句中,处于宾语位置的"得""沸""悲""御""忧""崩""休息"诸词均已事物化,即不再表示具有时空特征的动作变化,而是指称动作自身。动词充当助动词宾语是陈述性宾语。如:

不可与也。(《长攻》)

为其能浮而不能沈也。(《壹行》)

丈人不肯受。(《异宝》)

不得休息。(《观世》)

亡戟得矛,可以归乎?(《离俗》)

《吕》中,动词充当指称性宾语 644 例,充当陈述性宾语 552 例,二者大体相当。

动词充当宾语同样受到限制。动词不能充当动作动词的受事宾语。如果动词出现在动作动词宾语的位置上,则临时转指具有该动作的事物,活用作名词。如:

救溺者濡,追逃者趋。(《举难》) 按:《精谕》云:"求鱼者濡,争兽者趋。"与此例同旨。

扶伤舆死。(《期贤》) 毕沅曰:"死与尸同。"(1452 页)

义兵不攻服。(《长攻》)

视折审断。(《孟秋》) 陈奇猷云:"视审其被折断之肢节。"(381 页)

知谓则不以言言矣。(《精谕》) 陶鸿庆曰:"谓犹意也。"(1173 页)

3.1.3 动词作述谓中心语。参见 2.0 节"动词的分类"。

3.1.4 动词作定语。《吕》中,动词极少充当定语。由动词充当的定语从语法意义上说属于描写性定语,或描写状态、性质、特点,或描写用途、范围等。分别举例如下:

亡国相望,囚主相及。(《观世》)

卑梁人操其伤子以让吴人。(《察微》)

臣闻古人有辞天下而无恨色者。(《过理》)

秀草不实。(《孟夏》)

其上有涌泉焉。(《本味》)

若决积水于千仞之溪。(《适威》)

天子无戏言。(《重言》)

弹鸣琴。(《察贤》)

得死人之骸。(《异用》)

教卒万人。(《简选》)

衣补衣。(《顺说》)

（以上描写状态、性质、特点等。）

陈祭器。(《孟冬》)

守者弥急而葬器如故。(《节丧》)

此之谓耕道。(《审时》)

及飨日。(《慎行》)

（以上描写用途、范围等。）

《吕》中,动词作定语有两种形式:一是直接作定语,例见上文;一是借助"之",间接作定语。如:

弦为中之具也。(《具备》)

正名审分,是治之辔矣。(《审分》)

得教之情矣。(《诬徒》)

有笞之名一也。(《直谏》)

凡耕之道。(《辩土》)

田猎之获常过人矣。(《贵当》)

有掩蔽之道。(《自知》)

动词充当间接定语主要用以描写用途、范围等。

《吕》中,动词作定语的具体分布见下表:

充当定语的形式 \ 动词类别 音节	不及物动词		及物动词		兼及物/不及物	
	单音	复音	单音	复音	单音	复音
直接作定语	51 (114)	0	26 (45)	1 (1)	8 (35)	0
间接作定语①	8 (10)	13 (15)	10 (16)	1 (1)	1 (3)	0

统计数字表明:(1)动词充当定语的形式与音节有极大的关系。单音动词以直接充当定语为基本形式,而复音动词则以间接充当定语为基本形式。(2)不及物动词充当定语的频率高出及物动词一倍以上,这显示出及物动词具有更典型的动词特征。

3.1.5 动词作状语。《吕》中,动词作状语属个别现象,仅涉及 14 个词,共 19 例。由动词充当的状语在语法意义上属描写性状语,或描写方式、情态、程度,或描写时间。分别举例如下:

四时代兴。(《大乐》)

兼爱天下之心也。(《审应》)

---

① 表中数字不包括动词并列短语、偏正短语间接作定语的 79 例。

大溢逆流。(《爱类》)

共射一招。(《本生》)

干泽涸渔。(《应同》)

裸入衣出。(《贵因》)

适越者坐而至,有舟也。(《贵因》)

讴歌而引。(《顺说》)

(以上描写方式。)

傲言,兵也。(《荡兵》)

一蛇羞之,桥死于中野。(《介立》) 高亨曰:"桥借为槁。槁,枯也。"

(以上描写情态。)

主虽过与,臣不徒取。(《务本》)

("过"描写程度。)

始而相与,久而相信,卒而相亲。(《慎行》)

("始"描写时间。)

《吕》中,动词作状语在语法意义上以描写方式为主,在形式上以直接充当状语为常。

3.1.6 动词作补语。《吕》中,动词充当补语尚处于萌芽阶段,仅涉及6个词,共7例。列举如下:

立倦而不敢息。(《下贤》)

比旦而大拱。(《制乐》)

溺死者千有馀人。(《察今》)

欲遇而刺杀之。(《疑似》)

太子围逃归也。(《原乱》)凡2见。

虫流出于户。(《知接》)

从语法意义上看,由动词充当的补语可分为以下三类:(1)补充说明动作的情态,如《下贤》例中的"倦";(2)补充说明动作的结果,如《制乐》《察今》《疑似》例中的"拱""死""杀"诸词;(3)补充说明动作的趋向,如《原乱》《知接》例中的"归""出"二词。

3.1.7 《吕》动词充当句法结构成分一览表。

频率统计 \ 句子成分	主语	宾语	述谓中心语	定语①	状语	补语
词量 (出现频率)	87 (217)	338 (1196)	1229 (20271)	88 (197)	10 (15)	6 (7)
占总数的 百分比	6% (0.9%)	23.8% (5.0%)	86.7% (84.5%)	6.2% (0.8%)	0.7% (0.06%)	0.5% (0.03%)

统计数字表明:动词充当述谓中心语是动词最基本、最主要的语法功能;其次是充当宾语;动词极少充当主语、定语;至于充当状语、补语,则是个别现象。

3.2 构成"者"字、"所"字结构②

3.2.1 构成"者"字结构。《吕》中,及物动词、不及物动词都可以和助词"者"直接组合,构成"者"字结构。如:

子路拯溺者。(《察微》)[溺,真自动词。]

遁者无罪。(《高义》)[遁,真自动词。]

行者无粮,居者无食。(《先识》)[行,兼及物/不及物动词。居,甲₁类准自动词。]

其友谓观者曰。(《士节》)[观,甲₂类准自动词。]

---

① 表中数字只反映直接充当定语、状语的情况。
② "者"字结构与"所"字结构的差异参见"助词研究"3.4.3节。

先令舞者置兵其羽中。(《长攻》) [舞,乙₁类准自动词。]
惑者多以性养物。(《本生》) [惑,乙₂类准自动词。]
且死者弥久,生者弥疏。(《节丧》) [死,兼真自动/甲₂类动词。]

(以上为不及物动词构成"者"字结构。)

攻乱则服,服则攻者利。(《召类》) [攻,子类真他动词。]
故言无遗者。(《重言》) [遗,兼子类/卯类动词。]
教者术犹不能行,又况乎所教。(《有度》) [教,卯类准他动词。]
诏多则请者愈多矣。(《知度》) [请,子类真他动词。]
使者去,子列子入。(《观世》) [使,子类真他动词。]

(以上为及物动词构成"者"字结构。)

考察《吕》,不同小类的动词直接构成的"者"字结构,在语法上,不存在类别的差异,即不存在及物、不及物之别,真自动、准自动之别,乙₁类、乙₂类之别等等,都是体词性结构;在语义上,绝大多数指称动作变化者自身,见上述诸例(《重言》例除外),极少数转指动作变化涉及的客体,见《重言》例,后者只发生在及物动词(被动用法)构成的"者"字结构中。

《吕》中,及物动词、不及物动词构成"者"字结构的数量大体相当:及物动词为28个词,共77例;不及物动词为28个词,共83例;兼及物/不及物动词为8个词,共20例。需要指出的是,《吕》中复音动词直接构成的"者"字结构仅见1例:

其有侵夺者,罪之不赦。(《仲冬》)

《吕》中,不及物动词中的乙₃类、及物动词中的丑类、寅类,以及子类中的兼语动词、助动词都不能直接构成"者"字结构。①

3.2.2 构成"所"字结构。《吕》中,及物动词、不及物动词都可以和助词"所"直接组合,构成"所"字结构。如:

世之听者,多有所尤。(《去尤》) 许维遹曰:"疑尤借作囿,谓有所拘蔽也。"(690页) [尤,真自动词。]

神合乎太一,生无所屈。(《勿躬》) [屈,真自动词。]

民之所走,不可不察。(《功名》) [走,甲$_1$类准自动词。]

人之窍九,一有所居则八虚。(《圜道》) [居,甲$_1$类准自动词。]

凡盐之用,有所托也。(《用民》) [托,甲$_2$类准自动词。]

所嗜不同,故其祸福亦不同。(《诬徒》) [嗜,甲$_2$类准自动词。]

明日朝,所进者五人,所退者十人。(《重言》) [进、退,乙$_1$类准自动词。]

子头,所重也;石,所轻也。(《爱类》) [重、轻,乙$_2$类准自动词。]

(以上为不及物动词构成"所"字结构。)

不得所赏。(《慎大》) [赏,子类真他动词。]

独诛所诛而已矣。(《怀宠》) [诛,子类真他动词。]

寡人所有者,齐国也。(《执一》) [有,丑类真他动词。]

---

① 上文《知度》例中的"请"是"请示"之义,《观世》例中的"使"是"出使"之义,二词在句中均非兼语动词。

行不知所之,走不知所往。(《论威》)〔之,寅类真他动词。〕

教者术犹不能行,又况乎所教。(《有度》)〔教,卯类准他动词。〕

(以上为及物动词构成"所"字结构。)

由不同小类动词直接构成的"所"字结构,在语法上,不存在类别的差异,都是体词性结构;在语义上,则呈现出多样化;或转指动作的受事,如上述例中的"所赏""所诛"等;或转指动作行为关涉的对象,如"所教""所嗜""所进""所重"等;或转指与动作行为相关的处所,如"所走""所居""所之"等;或转指与动作行为相关的其他,如"所尤""所屈""所有"等。

由动词构成的"所"字结构语义所指与动词的小类,大体说来,存在着如下的对应关系:

(1)只有及物动词构成的"所"字结构才能转指动作的受事;(2)甲$_2$、乙$_1$、乙$_2$类准自动词和卯$_1$类准他动词构成的"所"字结构转指动作行为关涉的对象;(3)甲$_1$类准自动词和寅类准他动词构成的"所"字结构转指与动作行为相关的处所;真自动词和丑类真他动词构成的"所"字结构转指与动作行为相关的其他。

《吕》中,动词各小类构成"所"字结构的具体分布见下表:

结构类型 \ 动词类别	不及物动词					及物动词			准他动词
	真自动词	准自动词				真他动词			
		甲$_1$	甲$_2$	乙$_1$	乙$_2$	子	丑	寅	卯$_1$
"所"字结构	10 (16)	7 (13)	18 (32)	4 (4)	7 (29)	72 (233)	1 (2)	3 (6)	1 (1)

关于上表的几点说明:

1.《吕》中,直接构成"所"字结构的动词共 123 个,336 例。其中,及物动词构成的"所"字结构约占总数的 59.2%(72%)。

2.各层次的兼类词,按其构成"所"字结构时的类别而分别计入各类。如:

归,兼甲$_2$/乙$_1$ 类,构成"所"字结构:

所归善,虽恶之,赏。(《当赏》)

在此例中,"归"属甲$_2$类动词,则此例计入上表中的甲$_2$。又如:

终,兼真自动词/乙$_1$类,构成"所"字结构:

修别丧纪,审民所终。(《音律》) 高诱注:"终,卒。"

在此例中,"终"属真自动词,则此例计入上表中的真自动词。

在考察各层次的兼类词构成的"所"字结构时,我们发现,兼甲/乙类动词构成的"所"字结构(共 7 个词,10 例),均由其中的甲类词构成;兼真他动词/准他动词构成的"所"字结构(共 4 个词,9 例),均由其中的真他动词构成;兼及物/不及物动词构成的"所"字结构(共 21 词,38 例),凡属及物动词均为子类真他动词,凡属不及物动词均为甲类准自动词。这说明,子类真他动词、甲类准自动词更易于直接构成"所"字结构。《吕》中,这两类动词是直接构成"所"字结构的主体,约占总数的 79%(83%)。

3.构成"所"字结构的动词绝大多数是单音动词(约占总数的 94%)。构成"所"字结构的复音动词共 7 个(其中及物动词 1 个,不及物动词 6 个),举例如下:

意气宣通,无所束缚。(《论人》)

(以上为及物动词。)

圜周复杂,无所稽留。(《圜道》)

而犹得所匹偶。(《壹行》)

寡人所杀戮者众矣。(《淫辞》)①

(以上为不及物动词。)

3.3 动词的并列使用 《吕》中,动词并列使用共涉及349个词,频率达680次,约占动词总词量的24.6%、动词出现总频率的2.8%。动词并列使用,以不用虚词连接为常(624次,约占并列使用总频率的92%)。举例如下:

今世上卜筮祷祠。(《尽数》)

征敛无期,求索无厌。(《怀宠》)

夫死殃残亡,非自至也。(《重己》)

窑子贱从旁时掣摇其肘。(《具备》)

夫子弦歌鼓舞。(《慎人》)

务种树。(《尊师》)

(以上动词直接并列使用。)

其不可漫以污也。(《诚廉》)

剑折且镵。(《别类》)

难而县之,妬而恶之。(《诬徒》)

君呿而不唫。(《重言》)

民气郁阏而滞著。(《古乐》)

入与不入之时,不可不熟论也。(《应言》)

产与落或使之,非自然也。(《义赏》)

乐之弗乐,心也。(《适音》) 范耕研曰:"'乐之弗乐',犹言乐与弗乐。之犹与也。"(274页)

(以上并列使用的动词用虚词连接。)

---

① "杀戮"一词在《韩非子》中带真宾语,如:"杀戮奸臣。"(《存韩》)是及物动词。

《吕》中,连接并列使用的动词的虚词有5个,它们是:以(6)、而(21)、且(4)、与(11)、之(1)。值得注意的是:用"以""而""且"连接的动词并列短语,仍保持着动词的述谓功能,在句中仍以充当谓语为常(29)[①];而用"与""之"连接的动词并列短语,则基本丧失了述谓功能,在句中主要充当主语、宾语和定语(11)[②]。

他类词活用作动词、并列使用时,也具有上述两种形式。例如:

  是耳目人终无已也。(《知度》)

  吾举登也,已耳而目之矣。(《知度》)

直接并列使用的动词词义有对立与非对立之分。上述例中,"卜筮祷词""征敛""求索""死殃残亡""掣摇""鼓舞""种树""耳目"等,词义均属非对立的。兹将《吕》中词义对立、直接并列使用的动词短语列举于下:

赏罚(26)、死生(15)、存亡(13)、好恶(4)、进退(7)、取舍(6)、喜怒(5)、得失(5)、穷达(3)、往来(3)、胜败(3)、劳逸(2)、诽誉(2)、毁誉(1)、饥饱(1)、哀乐(1)、守攻(1)、损益(1)、始卒(1)、登降(1)、去就(2)、兴废(1)、有无(1)、动静(1)、取与(1)、纵舍(1)、援推(1)。

《吕》中,词义对立、直接并列使用的动词短语仅见上述27个(109次)[③];这表明,动词直接并列使用以词义非对立为常。

《吕》中,词义对立、直接并列使用的动词仅见单音词;复音动词并列连用,其词义均属非对立的。例如:收藏积聚(《仲冬》)、耕

---

 ① 余2例,一为助动词宾语(《诚廉》:"其不可漫以污也。"),一构成"所"字结构(《大乐》:"所欢欣而悦业。"),仍显示出谓词的语法功能。

 ② 余1例为谓语,以判断句的形式解释原因(《用民》:"勇者以工,惧者以拙,能与不能也。")。

 ③ 括号中的数字为短语出现的频率,如以单个动词计算,当加倍,为218次。

耘种殖(《孝行》)、颠倒惊惧(《情欲》)等。

《吕》中,动词直接并列使用是有序的。并列成分受言语习惯的制约,一般不能自由地变换位置。从上文列举的词义对立、直接并列使用的动词短语中,即可窥见一斑。

词义非对立的动词并列连用,该短语仍具备动词的述谓功能,可以比较自由地充当述谓中心语。例如:

深意念此。(《禁塞》)

更易其法。(《召类》)

是耳目人终无已也。(《知度》)

今窒闭户牖。(《制乐》)

禹未之遇而巡省南土。(《音初》)

蕃息于百倍。(《适威》)

上述例中,动词并列短语"意念""更易""耳目""窒闭""巡省"后仍可带宾语,"蕃息"后仍可带补语。

词义对立的动词并列连用,该短语基本丧失了述谓功能。《吕》中,词义对立、并列连用的动词短语充当述谓中心语仅属偶见(共 4 例[①],仅占该类短语出现总频率的 3.7%):

虽人弗损益。(《察见》)

而时往来乎王公之朝。(《爱类》)

倏忽往来。(《决胜》)

递兴废,胜者用事。(《荡兵》)

未见带宾语者。

---

① 词义对立、并列连用的动词短语充当判断句谓语的情况未计在内,如:"所乐非穷达也。"(《慎人》)

4. 动词活用与兼类

4.1 《吕》动词活用的考察　动词的活用指动词在言语中临时指称与动作行为相关的人或事物,活用作名词。

动词活用作名词,在语义上有自指与转指之别。所谓自指是指称发生动作行为的主体,所谓转指是指称与动作行为相关的客体。分别举例如下:

义兵不攻服,仁者食饥饿。(《长攻》)〔服,指归服之国。饥饿,指遭受饥饿之人。〕

救溺者濡,追逃者趋。(《举难》)〔溺,指溺水之人。逃,指逃亡之人。〕

此所谓存亡继绝之义。(《审应》)〔亡,指灭亡之国。绝,指绝灭之国。〕

何谓四隐。(《论人》)〔隐,指可以为自己隐过之人。〕

（以上均为自指。）

简选精良,兵械铦利。(《简选》)〔简选,指经过选拔的将士。〕

吹曰舍少。(《古乐》)　刘复曰:"此当作'吹曰舍少',即谓'吹出来的声音是舍少'。'舍少'是模拟声音。"(296 页)

乃合累牛、腾马、游牝于牧。(《季春》)　高诱注:"皆将群游从牝于牧之野,风合之。"王引之曰:"皆在牧,不在厩也。"(132 页)

言者,谓之属也。(《精谕》)　范耕研曰:"言必有所谓,所谓者言之主也,故言者谓之属也。"(1174 页)

郑平于秦王,臣也;其于应侯,交也;欺交反主,为利故也。(《无义》)[交,指所交之友。]

(以上均为转指。)

动词活用后,在语义上是自指还是转指,与动词内部的类别大体上存在着以下的对应关系:不及物动词活用作名词,语义所指以自指为常,及物动词活用作名词,语义所指以转指为常。

《吕》中,动词很少活用。活用作名词的动词共涉及 72 个词,共 107 例,活用词的频度为 1.49。活用作名词的动词,相对来说,不及物动词要多一些,共 42 个词(63),约占总数的 58%(59%)。

《吕》中,活用作名词的动词在句中以充当宾语为主,见上文《长攻》《举难》《审应》《季春》诸例;少数充当主语,见《简选》《古乐》例,充当判断句谓语,见《无义》例,充当定语,见《精谕》例;还可以受定语修饰,见《论人》例。

4.2 《吕》动词兼类的考察

4.2.1 《吕》中,动词兼他类词的共 375 个,约占动词总词量的 26.4%。其中,复音动词仅 6 个,绝大部分(约 98.4%)为单音词。动词兼他类词,少则两类,多则三类、四类。详见下表:

兼类情况统计	动/形	动/名	动/副	动/介	动/数	动/量	动/形/名	动/形/副	动/名/介	动/形/介	动/名/数	动/名/量	动/名/形/副	动/形/副/介
词量	61	223	18	16	1	1	32	9	3	1	1	1	3	4	1

《吕》中,各小类动词都有兼他类词存在,动词的兼类与动词内部的类别没有什么必然联系。

4.2.2 动词兼他类词主要是由一词多义造成的,而一词多义是词义的历时发展在共时平面上的反映。下面仅以动/名兼类为例,约略地描述一下兼类动词词义间的联系。

(1)工具—动作

筑:[名]捣土的杵、夯。 今之城者,或者操大筑乎城上。(《不屈》)

[动]建造。 是月也,可以筑城郭,建都邑。(《仲秋》)

《说文·木部》:"筑,所以捣也。"段玉裁注:"其器名筑,因人用之亦曰筑。"(《说文解字注》253页)

耰:[名]古农具。 锄耰白梃,可以胜人之长铫利兵。(《简选》)

[动]覆土保护种子。 协而耰,遂不顾。(《长利》)

《说文·木部》:"櫌,摩田器也。"段玉裁注:"经典及《释文》皆作'耰'。郑曰:耰,覆种也。与许合。许以物言,郑以人用物言。"(《说文解字注》259页)

轼:[名]车前供扶手的横木。 上车则不能登轼。(《忠廉》)

[动]凭轼表示礼敬。 段干木盖贤者也,吾安敢不轼?(《期贤》)

《说文·车部》:"轼,车前也。"段玉裁注:"亦因之伏以式敬。"(《说文解字注》722页)

名词指称的事物是工具,引申出人使用该工具的动作。有时名词义与动词义之间是一种间接的引申,但其间的语义联系是"工具—动作"的关系。如:

被:[名]寝衣。 舆马衣被戈剑,不可胜其数。(《节

丧》)

　　　　[动]覆盖。　万物皆被其泽。(《贵公》)

　　《说文·衣部》:"被,寝衣。长一身有半。"段玉裁注:"引申为横被四表之被。"(《说文解字注》395 页)

　　有的词本义为动词,表示动作,引申为人做该动作时所使用的工具。如:

　　　刈(艾²):[动]割。　令民无刈蓝以染。(《仲夏》)

　　　　　[名]镰刀一类的农具。　不举铚艾。(《上农》)

　　夏纬英曰:"'艾'当是'刈'之借字。"(1730 页)

　　《说文·丿部》:"乂,芟草也。乂或从刀。"段玉裁注:"乂者,必用刉镰之属也。"(《说文解字注》627 页)

《吕》中,兼他类动词词义之间具有"工具—动作"关系的词还有:弋、扑、觔、耨、粪、量、冲、指、枕、翼、辅等。

(2)动作—对象

　　饭:[动]吃。　弃食不祥,回攫而饭之。(《任数》)

　　　　[名]饭食。　襄子方食抟饭。(《慎大》)

　　《说文·食部》:"饭,食也。"段玉裁注:"云食也者,谓食之也。此饭之本义也。引申之所食为饭。"(《说文解字注》220 页)

　　饮:[动]喝。给喝。　天子饮酎。(《孟夏》)

　　　　　　　　　　　是救病而饮之以堇也。(《劝学》)

　　　　[名]水,饮料。司马子反渴而求饮。(《权勋》)

　　《说文·欠部》:"歙(按:"饮"的古字),歠也。"段玉裁注:"《易·蒙卦》虞注曰:水流入口为饮,引申之,可饮之物谓之饮……与人饮之谓之饮。"(《说文解字注》414 页)

《吕》中,兼他类动词词义间具有"动作—对象"关系的词还有:杖、雨、食、衣、城、勹、陶、鼓、巢、歌、法、泣、友、军、臣、师、王、霸、组、质、囚、言、畜积、积聚等。

(3)处所—动作

市:[名]市场。 积兔满市。(《慎势》)

[动]做买卖。 郑贾人弦高、奚施将西市于周。(《悔过》)

《说文·冂部》:"市,买卖所之也。"段玉裁注:"因之凡买凡卖皆曰市。"(《说文解字注》281页"贾"字条)

《吕》中,属于此类的还有:朝[2]、宅、祠、狱、学等。

(4)动作—动作者

御:[动]驾驭车马。 宋华元率师应之大棘,羊斟御。(《察微》)

[名]御者,驾驭车马的人。 舜为御,尧在左,禹为右。(《疑似》)

《说文·彳部》:"卸,使马也。"徐锴系传:"卸,解车马也,彳,行也,或行或卸,皆御者之职也。"

《吕》中,属于此类的还有:贾、祝、帅、盗、寇等。

(5)其他。

布:[名]麻布。 无烧炭,无暴布。(《仲夏》)

[动]公布,布施。 王布农事。(《孟春》)

天子布德行惠。(《季春》)

《说文·巾部》:"布,枲织也。"段玉裁注:"其草曰枲……织而成之曰布。引申之,凡散之曰布,取义于卷舒也。"(《说文解字注》362页)据段注,"布"的动词义是根据名词指称的事物具有的"可卷舒"性而引申出来的。

《吕》中,属于此类的还有:陷、雪等。

此外,还有由动词引申出的抽象名词,如"仁""忠"之类,兹不一一赘述。

4.2.3 动词活用作名词(或名词活用作动词)与动/名兼类,其间并无严格的界限。一般地说,从词类活用到兼类是一个历史的、连续的过程,词类活用的经常化、固定化即形成兼类。例如:

寇,依甲骨文字形,像一个人拿着棍棒跑进他人的屋内击打主人的头。其本义是动词。《诗经》中,"寇"出现7次,6次用作动词,义为抢劫、掠夺;1次用作名词,义为盗匪。《吕》中,"寇"出现27次,26次用作名词,指入侵之敌;1次用作动词,义为劫掠。根据出现频率,在《诗经》时期,"寇"指称事物尚属偶然,当是活用;至《吕》时期,"寇"指称事物已经经常化了,已经固定为"寇"的义项之一,当是本用。至于"寇"作动词,虽仅1次,仍是该词本义的沿用,也当看作本用。于是,"寇"由《诗经》时期的动词至《吕》而演化为动/名兼类词。

王,本是名词,指称天子、帝王。《诗经》中,"王"出现120次,118次用作名词,指帝王;2次用作动词,义为称王,统治天下。《吕》中,"王"作动词已达67次之多。根据出现频率,在《诗经》时期,"王"作动词亦属偶然,当是活用;至《吕》,"王"作动词已是经常化了,"王"已从"帝王"的意义派生出"为王,统治天下"的意义。于是,"王"由《诗经》时期的名词至《吕》已演化为动/名兼类词。

5. 小结

动词在《吕》词类系统中词量居第二位(约占词量的25.0%),仅次于名词。

动词的语法特征表现为:(1)动词可以受副词修饰;(2)动词可以带宾语。

动词最主要、最基本的语法功能是在句中充当述谓中心语;其次是充当宾语;动词极少充当主语、定语;至于充当状语、补语则属个别现象。

根据能否带宾语,以及所带宾语的差异,可以对动词进行多层分类。

《吕》中,动词可以活用作名词。活用作名词的动词,在语义上有自指与转指之别。不及物动词活用作名词,语义所指以自指为常;及物动词活用作名词,语义所指以转指为常。

《吕》中,活用作名词的动词共72个(107例),约占动词总量的5.1%(0.4%),活用词的频度为1.49。

《吕》中,兼他类动词共375个,约占动词总量的26.4%。

五 《吕氏春秋》数词研究

1. 数词概说

《吕》中数词共有 24 个(1646),包括:

(1)系数词:一(224)、二(122)、三(285)、四(86)、五(183)、六(83)、七(45)、八(40)、九(63)、十(33);

[附:壹(5)、两(32)、再(载²)(22)、参(1)]

(2)位数词:十(89)、百(104)、千(61)、万(88)、亿(2)、兆(4);

(3)概数词:数(48)、馀(8);

(4)倍数词:倍(6);

(5)分数词:半(4);

(6)疑问数词:几何(8)。

几点说明:(一)系数词能放在位数词前组成复合数词;系数词、位数词独用或组成复合数词,是《吕》称数的基本形式。(二)"十"兼系数词、位数词两类。(三)"壹""两""再""参"诸词,虽数值分别与相应的系数词"一""二""三"相等,但因不与位数词组合,所以列入附类。(四)位数词以十进位,唯"亿"有"古数""今数"之别。《诗经·魏风·伐檀》毛传曰:"万万曰亿。"郑玄笺云:"十万曰亿。"段玉裁《说文解字注·心部·意》云:"万万为亿,今数也……十万为亿,古数也。"《吕》兼用二说,如:"东西五亿有九万七千里"(《有始》),"亿"为十万,采古数之说;而"将卒十二万"(《精谕》)、"四百万"(《介立》)则又是以"万万为亿",采今数之说。(五)《吕》中,未见"兆"与系数词组合,兆仅用于"兆民","兆"虚指,极言多。(六)疑问数词"几何"在《吕》中以虚指时间为主,详见 1.3。

1.1 复合数词 复合数词由系数词和位数词两部分组成。如:

名川六百,陆注三千。(《有始》)

后荆国兼国三十九。(《直谏》)

东西二万八千里。(《有始》)

三百六十节皆通利矣。(《本生》)

《吕》中的复合数词未见中间缺位现象①;也未见以系代位的省位现象②。当复合数词首位系数为"一"时,"一"皆不出现。如:

良人请问十二纪。(《序意》)

弟子死之者百八十。(《上德》)

所活者千八百国。(《爱类》)

万人操弓。(《本生》)

位数词独用,如《本生》例,只是复合数词的一种省略形式。

复合数词的高位数和低位数(或尾数)之间可以嵌入连词"有"。如:

十有九日而白公死。(《分职》)

---

① 复合数词中缺位现象《吕》前早已出现,如"俘人万三千八十一人"(小盂鼎)。按,缺百位。

② 以系代位的省位现象指以"一千三"代"一千三百"之类,如"江陵去扬州,三千三百里。已行一千三,所有二千在。"(《乐府诗集·懊侬歌》)

东西五亿有九万七千里。(《有始》)

《吕》中带有尾数的复合数词共出现 55 次,其中带"有"的形式只出现 6 次(约占总数的 11%)。这 6 次记录的语言现象究竟是"萌芽"?还是"残余"?只有把它放在汉语历史发展的背景下去考察,才能得出结论。

复合数词中,高位数与低位数(或尾数)之间的"有"(甲骨文作"㞢",晚期作"又",金文作"又",载籍作"有")起源甚早,甲骨文、金文中多处可见。如:

获毕鹿五十㞢六。(《殷虚书契前编四》)

允毕三百又卌八。(《卜辞通纂》)〔卌:四十的合文。〕

有时一个复合数词中可以连用两个"有"(或"又"),如:

六百又五十又九夫。(大盂鼎)

朞三百有六旬有六日。(《尚书·尧典》)

复合数词中不用连词的形式也于同期出现,如:

允戈伐二千六百五十六人。(《卜辞通纂》)

万三千八十一人。(小盂鼎)

两种形式并存的局面究竟在什么时期发生了根本的变化?《春秋》《左传》这两部相关的书中,复合数词两种形式鲜明的对比给我们以启示。《春秋》是春秋时期鲁国的史书,记载了鲁国始自隐公、终至哀公二百四十二年的大事,出自春秋时期鲁国若干代史官的手笔。《左传》是解释《春秋》的,成书于战国中期[①]。《春秋》中复合数词用以记年或记月,如"十有一年"

---

① 杨伯峻先生认为:"《左传》成书在公元前 403 年魏斯为侯之后,周安王十三年(386 年)以前。"(见《春秋左传注》,中华书局,43 页)

"二十有三年""十有二月"等,高位数与尾数之间均用"有"连接。而在《左传》中,上述复合数词中的"有"基本消失了,这在下面的表中看得很清楚:

书名 \ 复合数词	带"有"的形式	不带"有"的形式
春秋	219	0
左传	4	275

由此我们推测:春秋时期,复合数词中带"有"的形式是占统治地位的官方雅言,是表示复合数目的主要形式;春秋、战国之交,不带"有"的复合数词取代了带"有"的复合数词,成为表示复合数目的主要形式,复合数词带"有"的形式逐渐被淘汰。《吕》中 6 例带"有"的复合数词只是历史语言现象的残余。与《吕》大致同一时期的湖北云梦睡虎地秦墓竹简中,复合数词无"业""又"之类的连词,与我们的推测相符。至于秦以后,古书中还可见到带"有"的复合数词,而且绵延不绝,恐怕是书面语中的一种仿古现象。

1.2 基数和序数 《吕》中没有独立的序数词,数词兼表基数和序数。如:

三人操牛尾,投足以歌八阕:一曰载民,二曰玄鸟,三曰遂草木,四曰奋五谷……八曰总万物之极。(《古乐》)

"三人"之"三"表基数,"三曰"之"三"表序数;"八阕"之"八"表基数,"八曰"之八表序数。

并非所有的数词都能兼表基数和序数。兼表基数和序数的数词只有系数词。现将《吕》中数词表基数、序数的情况统计如下:

	一	二	三	四	五	六	七	八	九	十	[再]	合计	占总数百分比
基数	201	92	256	59	156	67	35	31	61	31	21	1010	97.7%
序数	5	4	3	1	1	2	2	2	1	2	1	24①	2.3%

序数在《吕》中出现频率极低，只占数词出现总频率的2.3%。这一方面是由于日常生活中基数使用的频率本来就大大超过序数使用的频率（这一点古今相同）；另一方面是由于"次序"这一语义范畴常常不用数词表示。如：

> 辅我以义、导我以礼者，吾以为上赏；教我以善、强我以贤者，吾以为次赏；拂吾所欲、数举吾过者，吾以为末赏。（《当赏》）

> 全生为上，亏生次之，死次之，迫生为下。（《贵生》）

> 凡举人之本，太上以志，其次以事，其次以功。（《遇合》）

> 孟春生太蔟，仲春生夹钟，季春生姑洗。（《音律》）

> 明日战，怒谓华元曰："昨日之事，子为制；今日之事，我为制。"（《察微》）

> 今甲子不至，是令胶鬲不信也。（《贵因》）

《当赏》例中的"上""次""末"，《贵生》例中的"上""次之""次之""下"，《遇合》例中的"太上""其次""其次"都用以表示价值的次序；《音律》例中的"孟""仲""季"表示时令的次序；《察微》例中的"昨""今""明"，《贵因》例中的"甲子"都用以表示时日的次序。②

---

① 表中数字只是《吕》正文中序数出现的频率。《吕》各篇篇首表示篇次的"一曰""二曰""三曰"（共159例）未计在内。下文各表皆与此同。

② 王力先生说："中国语的纯粹序数其实就是干支。"（《汉语语法论》338页）

序数有普通序数和时间序数之分。普通序数计次序总是一组相连的数目依次出现,自"一"始,"二""三"……依次排列。上文《古乐》例,即自"一曰"始,至"八曰"。又如:

战而不胜,其罪一;与人出而不与人入,其罪二;与之尸而弗取,其罪三。(《不广》)

舜一徙成邑,再徙成都,三徙成国。(《贵因》)

时间序数独用,冠于"年""月""日"之上。如:

维秦八年,岁在涒滩。(《序意》)

七日,石乞曰……九日,叶公入。(《分职》)

数词表基数或表序数,其语法功能存在很大差异,在语言中的分布也大不相同。这在第 2 节中将作专门的讨论。

1.3 概数和虚数 基数有确数(数值确定)与非确数(数值不确定)之别。概数和虚数都是不确定的数。概数和虚数又有别,区别在于两者的实际取值不同。概数的取值范围是有定的,虚数的取值是无定的。①

1.3.1 概数。《吕》中,概数有两种表达方式:(1)用概数词,(2)确数词并列概指。

1.《吕》中,概数词有"数""馀"2 个,分述如下:

(1)数(48)。

"数"为概数词,其取值范围在 2 至 9 之间,"数"或独用计数,或与位数词构成复合数词。独用时,既可计物量(9),也可计动量(24)。如:

泣数行而下。(《长见》)

---

① 参见周生亚《说概数》(北京市语言学会第二届年会论文打印稿,1984.10)。

瘳而数月不出。《孝行》

棺椁数袭。《节丧》

(以上"数"计物量。)

疾风暴雨数至。《孟春》

王数封我矣。《异宝》

因数击鼓。《疑似》

(以上"数"计动量。)①

"数"构成的复合数词只计物量(15)。复合数词的形式一般是"数·位"(13)。如：

郑子阳令官遗之粟数十秉。《观世》

数百人。《长攻》

多者数万,少者数千。《论威》

偶而也有"位·数"形式(2)。如：

小水万数。《有始》

蜻之至者百数而不止。《精谕》

值得探讨的是,"位·数"的数值大约是多少？"小水万数"是"小水万馀",还是"小水数万"？考察春秋战国时期诸书②,共得"位·数"7例(包括《吕》2例),列举如下：

其可以为舟者旁十数。《庄子·人间世》 成玄英疏："堪为船者旁有数十木之大。"

十数而未止也。《庄子·德充符》 按：宋赵谏议本"十

---

① 《吕》时代,"数"读"屋部山母",只有一音。汉以后,"数"的语音发生了分化,计物量的"数"读"色句切"(今音 shù),计动量的"数"读"所角切"(今音 shuò)。

② 我们共考察了《左传》《公羊传》《榖梁传》《墨子》《论语》《孟子》《庄子》《荀子》《韩非子》等九部文献。

数"作"数十"。

　　古有万国,今有十数焉。(《荀子·富国》)

　　故文王说纣而纣囚之;翼侯炙;鬼侯腊;比干剖心……此十数人者,皆世之仁贤忠良有道术之士也。(《韩非子·难言》)

　　孝子爱亲,百数之一也。(《韩非子·难二》)

成疏《庄子》以"数十"释"十数";《荀子·君道》中有"古有万国,今有数十焉"句,与上述《荀子·富国》例句句义、句式完全相同,只是以"数十"更换了"十数";考《韩非子·难言》例中的"十数人",实指文王、翼侯、鬼侯、比干等,共二十三人,"十数人"当作"数十人"解。上述诸例验证了周法高先生的观点,即"古代'十数''百数'可解作'数十''数百'"①。"位·数"实际是"数·位"的变体。

　　"位·数"产生于战国时期,延用于汉代,《史记》《汉书》中偶见。如:

　　死伤者不可胜计,而费以钜万百数。(《汉书·汲黯传》)
颜师古注:"即数百钜万也。"

　　至迟在唐代,作为"数·位"变体的"位·数"已经不用了,成玄英疏、颜师古注就是明证。

　　至于唐代又产生了一种新的"位·数"形式以称概数,如:

　　老僧三四人,梵字十数卷。(皮日休诗)

　　暂押千数两银子。(《红楼梦》72回)

　　这种"位·数"相当于"位·馀","十数卷"即"十馀卷","千数

---

① 见《中国古代语法》(称代编)295页。

两"即"千馀两",与《吕》中的"位·数"已不是一回事了。

(2)馀(8)。

"馀"为概数词表尾数不定。"馀"的取值范围取决于"馀"前的位数词。"馀"前的位数词为"十",则"馀"的取值范围在1至9之间;位数词为"百",则"馀"的取值范围在1至99之间;位数词为"千""万",以此类推。"馀"不独用,只附在复合数词"系·位"之后。一般是直接附在后面(6),如:

  所见八十馀君。(《遇合》)

  服国八百馀。(《用民》)

  至于汤而三千馀国。(《用民》)

  死者千馀矣。(《用民》) 按:系数词为"一",省。

也可用"有"连接(2),如:

  溺死者千有馀人。(《察今》)

  野人之尝食马肉于岐山之阳者三百有馀人。(《爱士》)

《吕》中,所计之物,如上述例句中的"君""国""人"等,只出现在复合数词"系·位·(有)馀"的前后,不出现在"系·位"与不定尾数"(有)馀"之间。①

2.确数词并列表示概数(2)。

---

① 考先秦诸书,《论语》《左传》《公羊传》《穀梁传》未见概数词"馀";《庄子》《孟子》《荀子》与《吕》同;《墨子》《韩非子》《战国策》中,所计之物(或所计之量)可以出现在"系·位"与不定尾数"馀"之间。如:

  今以并国之故,万国有馀皆灭。(《墨子·非攻》)

  必千人有馀。(《墨子·贵义》)

也可出现在数词与不定尾数"馀"之间。如:

  居一年馀。(《韩非子·十过》)

  邹忌修八尺有馀。(《战国策·齐策》)

《吕》中,确数词并列表示概数只见于系数词①;只概计动量②;并列的数词数值相邻,小数在前③。如:

一时而五六死。(《辩土》)

再三言。(《骄恣》)

复合数词也有并列表概数的现象(2)。如:

年得至七十、九十犹尚幸。(《遇合》)

其为三万、五万尚多。(《用民》)

同样小数在前,不过两数不相邻。

1.3.2 虚数。古人称数往往虚指。清人汪中说:"生人之措辞,凡一二之所不能尽者,则约之三,以见其多;三之所不能尽者,则约之九,以见其极多。此言语之虚数也。实数可稽也,虚数不可执也……推之十、百、千、万,固亦如是。"④

《吕》中常用于虚指的数词有系数词"一""三""九""十"及位数词"百""千""万""兆"。如:

与太子期,而将往不当者三。(《至忠》)

公输般九攻之,墨子九却之。(《爱类》)

贤虽十全,不能成功。(《慎势》)

饮食居处适,则九窍百节千脉皆通利矣。(《开春》)

病万变,药亦万变。(《察今》)

无或敢侵削众庶兆民。(《孟冬》)

---

① 位数词并列虚指,西周金文中即已出现,如:"祈无疆,至于万亿年。"(嗣子壶)
② 数词并列概计物量,西周金文中也已出现,如:"若玟王令二三正。"(大盂鼎)
③ 考先秦诸书,偶有大数在前者。如:"或七八年,或五六年,或四三年。"(《尚书·无逸》)又如:"人民之众兆亿。"(《墨子·明鬼下》)
④ 见《述学·释三九》。

上述例句中的"三""九"(不包括"九窍"之"九")"十""百""千""万""兆"均非确数,或以见其多,或以概其全。

虚指数词常与"一"配合使用。① 如:

昔者禹一沐而三捉发,一食而三起,以礼有道之士。(《谨听》)②

得十良马,不若得一伯乐;得十良剑,不若得一欧冶;得地千里,不若得一圣人。(《赞能》)

虚指数词唯有"一"以见其少。如:

突洩一燎,而焚官烧积。(《慎小》)

奚宜二箧哉,一寸而亡矣。(《乐成》)

乌获举千钧,又况一斤?(《务大》)

《务大》例"千钧"极言其重,"一斤"极言其轻,形成鲜明对比。

此外,疑问数词"几何"也用于虚指。在《吕》中,"几何"构成"无几何"短语,虚指时间,义为"没多久"。如:

无几何,疾乃止。(《制乐》)

1.4 倍数 《吕》中,倍数表达有两种形式:

1. 用倍数词(7)。如:

又为王百倍之臣。(《至忠》)

数倍之地。(《异用》)

凡增加一倍,则"一"不出现,如:

今吾倍所以为偏枯之药。(《别类》)

---

① 今成语中随处可见,如:"一波三折""一言九鼎""一暴十寒""一呼百应""一落千丈""一本万利"等。

② 《淮南子·氾论》有相似的一句云:"(禹之时)一馈而十起,一沐而三捉发,以劳天下之民。""一馈而十起"与"一食而三起"语义相同,"十""三"皆虚指,以见其多。

利虽倍于今。(《长利》)

"倍"偶而可省(1)：

此功之所以相万也。(《贵当》) 高诱注："万倍也。"

2. 数词连用(6)。① 如：

其荚二七以为族。(《审时》) 高诱注："二七，十四实也。"

三七二十一。(《制乐》)

秦缪公遗之女乐二八与良宰焉。(《壅塞》)

《吕》中，连用表倍数的数词只见于系数词，连用时，表倍数的数词(小数)在前。

1.5 分数

1.5.1 《吕》中未见完整的分数。② 与分数相关的句子有以下三例：

三分所生，益之一分以上生；三分所生，去其一分以下生。(《音律》)

五分之以地。(《辩土》)

一体而两分。(《精通》)

《音律》之句，关于"上生""下生"，古人注云："下生者，三分去一；上生者，三分益一。"(《周礼·春官·太师》郑玄注)又云："下生者倍，以三除之；上生者四，以三除之。"(《淮南子·天文》)可见"三分所生"中的"三分"，即"以三除之"，"三"可

---

① 例句中连用数词，如"二七""三七""二八"从句法结构分析，当属偏正结构。

② 分数始见于西周金文，如："公庙其参，女则庙其贰；公庙其贰，女则庙其一。"(召伯虎簋)孙诒让云："贰参等，即其土田之分率也。"至战国时期，分数由数词短语表达，形式已呈多样化。《吕》中未见完整的分数形式，当是材料有限未提及的缘故。

看作是分母；"益之一分"中的"一分"即三分之一，可看作是分子，分母承上文省。《辩土》《精通》例同，不过未提及分子罢了。

1.5.2 数词"半"我们称之为分数词，是由于它自身的数值相当于"二分之一"；但在《吕》中，"半"不表示精确的数值，只是个概数①。如：

今窍满矣，而任力者半耳。（《去尤》）

伍子胥说之半。（《首时》）

2. 数词的语法功能

《吕》的数词或直接充当句法结构成分，或构成数词短语。分述如下。

2.1 充当句法结构成分

2.1.1 数词作定语(882)。数词作定语兼表基数和序数，分别举例如下：

1. 表基数(874)：

五味三材，火为之纪。（《本味》）

万民之主，不阿一人。（《贵公》）

此十圣人、六贤者未有不尊师者也。（《尊师》）

其博八寸。（《任地》）

其英二七以为族。（《审时》）　高诱注："二七，十四实

---

① 与《吕》同时代的《韩非子》中，"半"即确数，如："不能使人以半寸砥石弹之。"《外储说右上》）

也。"

是故百仞之松,本伤于下而末槁于上。(《先己》)

与吾得革车千乘也。(《贵直》)

2. 表序数(8):

维秦八年,岁在涒滩。(《序意》)

岁六月,文王寝疾五日而地动。(《制乐》)

七日,石乞曰。(《分职》)

作定语是数词最主要的语法功能(约占数词出现总频率的54%)。

并非所有的数词都可以作定语。《吕》中,未见作定语的数词有:亿、壹、再、参、馀、半、倍、几何等8个。①

并非所有作定语的数词都兼表基数、序数。《吕》中,只有系数词作定语才兼表基数、序数。

数词作定语绝大多数情况下表基数(约占作定语总数的99%)。

数词作定语,其中心语可以是名词,如上文《本味》《贵公》《尊师》诸例,也可以是量词,如上文《任地》《先己》《贵直》诸例,偶尔还可以是数词,见《审时》例;但以名词为主(约占中心语总数的88%)。

数词作定语表基数时,其量词中心语位置一律在后,名词中心

---

① "亿"在先秦他书中可作定语,如《国语·郑语》:"出千品,具万方,计亿事,材兆物。""半"在先秦他书中也可作定语,见1.5.2节注。

语位置偶而在前(4)。① 例如：

> 乃复赐之脯二束与钱百。(《报更》)
> 君有至德之言三。(《制乐》)

《报更》例中"钱百"即"百钱"，《制乐》例中"至德之言三"即"三至德之言"②。

数词作定语表序数时，其时间名词中心语位置在后(5)，见上文《序意》诸例；普通名词中心语位置在前(3)。③ 如：

> 战而不胜，其罪一；与人出而不与人入，其罪二；与之尸而弗取，其罪三。(《不广》)

"罪一"即"一罪"，犹"第一条罪状"。

中心语为量词，数词为"一"时(9)，"一"多省略(6)。如：

> 大不出钩，重不过石。(《适音》)
> 穴深寻。(《悔过》)
> 尺之木必有节目，寸之玉必有瑕瓋。(《举难》)

但也有时不省(3)。如：

> 乌获举千钧，又况一斤？(《务大》)

---

① 甲骨文中，数词作定语即有两种形式：A. 数·名　B. 名·数。如：
　　A. 十犬又五犬。(《殷契佚存》194)
　　B. 获白鹿一、犴二。(罗振玉《殷虚书契前编》二)
上古汉语中 A、B 二式并用。《吕》中，如果是简单记数(数目在十位以下)则用 A 式；如果是复合计数，则 A、B 二式并用，以 A 式为常(约 73%)。如：
　　A(43). 三百六十节皆通利矣。(《本生》)
　　B(16). 后荆国兼国三十九。(《直谏》)
② 《制乐》例下文即有"有三善言，必有三赏"。"三善言"即上文的"至德之言三"。
③ 考先秦他书，数词作定语表序数，其普通名词中心语的位置也可在后。如《孟子·尽心上》："君子有三乐，而王天下不与存焉。父母俱存，兄弟无故，一乐也；仰不愧天，俯不怍于人，二乐也；得天下英才而教育之，三乐也。"

昊宜二筐哉？一寸而亡矣。(《乐成》)

触子因以一乘去。(《权勋》)

"一"不省,常为虚用,有强调其少的作用。

由于系数词作定语兼表基数、序数,所以,当中心语为时间名词时,"数·名_时"短语可以表达两种语义,是个有歧义的短语。如：

七日石乞曰。(《分职》) ［七日：第七天。］

七日不尝食。(《慎人》) ［七日：七天。］

《分职》例中"七日"表时点,《慎人》例中"七日"表时段。"七日"兼表时点、时段。

区分表时点的"数·名_时"与表时段的"数·名_时",要靠语境,要把它们放在上一层句法结构中去考察。《吕》中,表时点的"数·名_时"短语只作状语,例见上文《分职》;而表时段的"数·名_时"短语在句中既可作状语,例见上文《慎人》,还可作定语、补语、宾语等。如：

三月婴儿,轩冕在前,弗知欲也。(《具备》)

三日之内。(《慎大》)

畋三月不反。(《直谏》)

江河之大,不过三日。(《慎大》)

以上四例,数词均表基数,"数·名_时"均表时段。

同是作状语,表时点的"数·名_时"与中心语之间不能插入连词"而",表时段的则可。如：

三年而不见生牛。(《精通》)

由此可见,"数·名_时"短语只有在句中直接作状语时才有歧义,才有表时点或时段两种可能。这种歧义一般情况下靠语境即

可区分,但也有时语境模糊。例如:

秦获惠公以归,囚之于灵台十月乃与晋成,归惠公而质太子圉。(《原乱》)

文中"十月"断句时属前,还是属后?究竟是同年十月秦"与晋成",还是秦囚惠公十个月之后"乃与晋成"?由于语境模糊,无法判断,只能借助旁证。《原乱》记载的秦晋韩原之战见于《左传·僖公十五年》。据《左传》载:九月,秦与晋战于韩原,"获晋侯以归","舍诸灵台";同年十月,晋与秦"盟于王城";十一月,"晋侯归"。可见,《原乱》例中的"十月"表时点。"十"表序数。《原乱》例断句,"十月"当属后。

2.1.2 数词作状语(127)。数词作状语兼表基数和序数,分别举例如下:

1. 表基数(124):

天子三推,三公五推,卿、诸侯、大夫九推。(《孟春》)

病万变,药亦万变。(《察今》)

数传而白为黑,黑为白。(《察传》)

2. 表序数(3):

舜一徙成邑,再徙成都,三徙成国。(《贵因》)

数词作状语表序数,语义单一,只计动作行为的次序。《贵因》例中"一徙""再徙""三徙"即"第一次迁徙""第二次迁徙""第三次迁徙"。

数词作状语表基数,语义复杂,以计动量(即动作行为的次数)为主(91例,约占总数127例的72%)。计动量,或实指,如《孟春》例中的"三推","三"计推的次数,即"推三次","五推""九推"同;或虚指,如《察今》中的"万变",即"变万次","万"虚指,极言变化之多。

数词作状语表基数,除计动量之外,还表示如下语义:

(1)计动作行为的结果(8例,约占6%)。如:

> 三分所生,益之一分以上生。(《音律》)
> 五分之以地。(《辩土》)
> 子之于父母也,一体而两分。(《精通》)
> 齐桓公即位,三年三言,而天下称贤,群臣皆说。去肉食之兽,去食粟之鸟,去丝罝之网。(《慎小》)

《音律》例中所谓"三分",不是"分三次",而是"分为三等分","三"计"分"的结果。《辩土》《精通》例同。《慎小》例"去丝罝之网"下高诱注云:"是三言也。"据高注,"三言"即文中的"去肉食之兽,去食粟之鸟,去丝罝之网","三言"理解为"说了三句话"为宜。"三"计说出话的数量。

(2)总括范围、方位(13例,约占10%)。如:

> 冬与夏不能两刑,草与稼不能两成。(《博志》)
> 有术之主者,非一自行之也。(《知度》) 范耕研曰:"一,皆也。或是衍文。"(1094页)按:范前说是。
> 天下之兵四至……土地四削,魏国从此衰矣。(《不屈》)

《博志》例中的"两刑"的意思是"(冬夏)两种事物同时形成"("刑"通"形"),"两成"的意思是"(草稼)两种事物同时长成","两"实指"(同时具有某一行为的)相关的双方"。《知度》中的"一"虚指,总括范围,犹"皆""一概"之意。《不屈》中的"四"也不是计动量,而是总括方位,概指"四面八方"。

(3)表示方式(1)。

> 专诸是也,独手举剑至而已矣,吴王壹成。(《论威》) 高

诱注:"专诸一举而成阖庐为王,故曰吴王一成。成,谓专诸能成吴王也。"

《论威》例中的"壹成",据高注,并非"成功一次"的意思,而是"一举成功","壹"表示"成"的方式。

(4)数词虚化,不再计数(12例,占10%)。如:

孔子周流海内,再干世主,如齐至卫,所见八十馀君。(《遇合》)

壹引其纪,万目皆起。(《用民》)

一上一下,以禾为量。(《必己》)

呜呼!士之速弊一若此乎?(《贵直》) 吴汝纶曰:"一犹乃也"。(1541页)

"再"在先秦作为数词是"两次"或"第二次"的意思,但如果用"两次"或"第二次"来解释《遇合》例中的"再干世主"的"再",显然与下文"所见八十馀君"不符。这表明,《遇合》例中的"再"已不再计动量或次序,而只是表示动作行为的重复,是后代副词"再"的萌芽。《用民》例中的"壹"犹云"一旦",意在强调一种动作或情况发生后,紧接着发生另一动作。《必己》例中"一"犹"或","一上一下"犹"或上或下"(或"时而上时而下")。《贵直》例中的"一"表情态,犹"乃""竟"。

《吕》中作状语的数词共12个(约占数词总数的46%),它们是:系数词6个:一、三、四、五、九、十;附3个:壹、两、再;位数词1个:万;其他2个:数、半。数词作状语,有些语义单一,如"数""万""九"只计动量,"十""四"只总括范围、方位;而另一些则兼有多种语义,须靠语境辨析。

《吕》中,数词作状语表序数均为实指;表基数则或为实指(仅系数词),或为虚指(包括作状语的系数词、位数词和概数词)。

2.1.3 数词作谓语(28)。数词作谓语只表基数。如:

其数八。(《季春》)

人之窍九。(《圜道》)

薛之地小大几何?(《不侵》)

今窍满矣,而任力者半耳。(《去尤》)

与太子朝,而将往不当者三。(《至忠》)

《吕》中,数词很少作谓语(约占数词出现总频率的2%)。

《吕》中,数词作谓语从语义上看分为三种:1.说明数字数值(10),例见《季春》;2.计主语指称事物的数量(12),例见《圜道》《不侵》《去尤》;3.计动量(6),例见《至忠》。

同是计动量,数词作状语计动量与数词作谓语计动量有什么区别呢?一般的说法是后者强调了行为的数量①,这种说法固然不错,除此之外,还有没有别的原因呢?

考察《吕》,数词作状语计动量只计一个动作行为的量,无一例外。仅以"三"为例,列举如下:

天子三推。(《孟春》)　　三分所生。(《音律》)

是月甘雨三至。(《季夏》)　天必三赏君。(《制乐》)

荧惑必三徙舍。(《制乐》)　昔者禹一沐而三捉发。(《谨听》)

一食而三起。(《谨听》)　　一日三至。(《下贤》)

楚三围宋矣。(《慎势》)　　爵禄三出。(《当赏》)

---

① 见《古代汉语》(王力主编):"假如说话人要强调某一行为的数量,可以改变句法。""表示动量的数词从动词前面的状语位置上升到全句的谓语的位置,自然就显得突出而重要了。"(第一分册231页)

三年三言。(《慎小》)

数词之后如果出现两个动作行为(中间有"而"连接),则只计前者。如:

孙叔敖三为令尹而不喜,三去令尹而不忧。(《知分》)

三举而归。(《观表》)

《知分》中,"三"只计"为令尹""去令尹"的次数,《观表》中,"三"只计"举"的次数。如果两个动作行为都需要计量,则数词也需要两个,不避重复。如:

三入三出。(《忠廉》)

这种情况下的动词只能是独用的简单形式。又如:

五覆五反。(《季春》)　九沸九变。(《本味》)

因此,如果需要计量的是两个以上的连续动作(或动作虽只两个,但动词以复杂形式出现),数词作状语这种形式就无能为力了,就得用其他形式,即数词作谓语的形式表达。如上文所举的《至忠》例:

与太子期,而将往不当者三。

需要计量的是"与太子期""将往""不当"三个动作行为,数词"三"既不能放在"与太子期"之前(那样的话,只能计"期"的数量),又不能多次重出,所以只能以谓语的形式出现。

如果一连串动作行为铺排为若干小句,仅在最后用一"者"字很难收住,则采用"如此者"复指。如:

王子庆忌捽之,投之于江,浮则又取而投之,如此者三。(《忠廉》)

宋人有取道者,其马不进,倒而投之鸿水;又复取道,其马不进,又倒而投之鸿水;如此者三。(《用民》)

《忠廉》例中,"三"计"捽""投""浮""取"诸动作之量。《用民》例同。

采用复指,"者"就不那么至关重要了,有时可省。如:

> 有司请事于齐桓公,桓公曰:"以告仲父。"有司又请,公曰:"告仲父。"若是三。(《任数》)

还有一例很值得玩味:

> 葆申束细荆五十,跪而加之于背,如此者再。(《直谏》)

此例形式与上文《忠廉》《用民》例同,但细玩文意,差异很大。《忠廉》中的"三",可以理解为"三捽""三投""三浮""三取"等,而《直谏》例中的"再"只计"加"的数量,意思是葆申把那一束细荆加在王背上两次,而非"再束""再跪""再加"。换句话说,《忠廉》例中作谓语的"三"计上文一连串动作的量,而《直谏》例中作谓语的"再"只计上文一连串动作中最后一个动作的量。

综上所述,数词作状语计动量只计一个动作的量,而数词作谓语却可以计多个动词的量;当句中有两个或两个以上的动作时,作状语的数词只计其后第一个动作的量,例见上文《知分》《观表》,而作谓语的数词则或计前面几个动作的量,例见《忠廉》《用民》,或计最后一个动作的量,如《直谏》,视上下文而别。

2.1.4 数词作补语(3)。数词作补语只表基数。如:

> 使之钩百而少及焉。(《适威》) 金其源曰:"司马云:'稷自矜其能,圆而驱之,如钩复迹,百反而不知止。'然而'钩者'循环百次也。"(1287页)按:《庄子·达生》作"使之钩百而反。"宋林希逸云:"'钩百而反',言百转也。"①

> 今有良医于此,治十人而起九人,所以求之万也。(《察

---

① 见《南华真经口义》。

贤》） 高诱注："以术之良,故人多求之也。"

  伍子胥说之半,王子光举帷。(《首时》)

《吕》中,数词偶而作补语(仅占总频率0.2%)。

数词作补语,语义有二:1.计动量(2)。《适威》例中,"钩百"言"绕圈百次","百"计动作"钩"的数量;《首时》例中,"说之半"言"游说王子光,才说了一半","半"计"说"的数量。2.计动作施事的数量(1)。《察贤》例中,高诱以"人多"释"万","万"计求者的数量。

2.1.5 数词作主语(14)。数词作主语兼表基数和序数,分别举例如下:

1. 表基数(6):

  人之窍九,一有所居则八虚。(《圜道》)

  清庙之瑟,朱弦而疏越,一唱而三叹。(《适音》)

2. 表序数(8):①

  投足以歌八阕:一曰载民,二曰玄鸟,三曰遂草木,四曰奋五谷……八曰总万物之极。(《古乐》)

《吕》中,数词极少作主语(约占总频率0.9%);作主语的数词仅见系数词。

作主语的数词在语义上不单纯计数,而是称代具有一定数量的事物,如:《圜道》例中"一""八"分别称代"一窍""八窍",《适音》例中的"一""三"分别称代"一人""三人"②,《古乐》例中的"一"称代"一阕"。所称代的名物多在语境中出现,如《圜道》中的"人之窍",《古乐》中的"八阕";有的语境中虽未出现,但属不言而喻,如

---

 ① 篇首记篇次的"一曰""二曰"(共159例)未计在内。下同。
 ② 《礼记·乐记》:"清庙之瑟,朱弦而疏越,壹倡而三叹。"郑玄注云:"三叹,三人从叹之耳。"

《适音》例,"唱""叹"的语义已决定了其施事主语指称的事物只能是人,而不能是别的什么。由此可见,数词称代事物,实际上只是一种习惯上的省略,名词中心语省略后,作修饰语的数词临时替代了整个偏正结构。

顺便提及,既然是不言而喻,为什么郑玄注《礼记·乐记》"壹倡而三叹"时,特意说明"三叹,三人从叹之耳"呢? 我们推测,"一唱而三叹"在先秦意思是很明确的,所以《吕》《荀子》《礼记》《史记》等都如是说。① 但后来(至迟到了东汉后期),这句话的语义模糊了,因为"数·动"短语是个有歧义的短语,它包含了"主—谓"、"状—中"两种结构,因此,"一唱而三叹"究竟是"先一人领唱,而后三人附和"呢? 还是"先领唱一遍,而后叹咏三遍"呢? 在"久旷大仪"的东汉时代②,对于从未聆听过"清庙之歌"的人们来说,恐怕是难以琢磨明白的。郑玄注"三叹"为"三人从叹之",结构自明,歧义自然也就消除了。郑玄之旨,恐怕是在于剔除歧义,而不是告诉人们"三叹"之"三"是"三人"而非"三物"。

2.1.6 数词作宾语(35)。数词作宾语兼表基数和序数。分别举例如下:

1. 表基数(33):

  周乃分为二。(《先识》)

  野禁有五。(《上农》)

---

① 《荀子·礼论》:"清庙之歌,一唱而三叹也。"杨倞注云:"一人倡三人叹,言和者之寡也。"

  《史记·礼书》:"清庙之歌,一倡而三叹。"又《乐书》作"清庙之歌,朱弦而疏越,一倡而三叹"。

② 见《汉书·礼乐志》(中华书局标点本,1075 页)。

人之寿,久之不过百。(《安死》)

贤臣以千数而莫敢谏。(《骄恣》)

无几何,疾乃止。(《制乐》)

为三书同辞,血之以牲,埋一于四内,皆以一归。(《诚廉》)

譬之若鼎之有足,去一焉则不成。(《不广》)

2.表序数(2):

……此为一也。……又不肯听辨,此为二也。(《知士》)

《吕》中,数词很少作宾语(约占数词总频率的2.2%)。

作宾语表序数的数词均用以计次第之数。作宾语表基数的数词或用以计数(25),或用以称代(6);前者如《先识》例,"二"计"周"之数,又如《上农》例,"五"计"野禁"之数,后者如《诚廉》例,"一"称代"一书",又如《不广》例,"一"称代"一足"。是计数,还是称代?取决于语境,取决于作述语的动词的语义。如果作述语的是动作动词,如上述例中的"埋""去""以"(犹"持"),处于受事地位的数词宾语称代事物;如果作述语的是非动作动词(包括介词),如"为""有""无"等①,则数词宾语只计数量。

数词作宾语可以计主语指称事物的数量,作谓语也可以计主语指称事物的数量,二者语义基本相同,因此,可以互相转换。如:

其雄鸣为六,雌鸣亦六。(《古乐》)

→其雄鸣为六,雌鸣亦为六。

→其雄鸣六,雌鸣亦六。

野禁有五。(《上农》)→野禁五。

---

① 《吕》中"为"兼动作动词、非动作动词两类。

人之窍九。(《圜道》)→人之窍有九。

《古乐》《上农》《圜道》诸例之所以那么说,而没有换个说法,恐怕主要是为了音节整齐的缘故。

《吕》中,如果数词所计主语指称的是相类的几种事物,则只见数词作谓语的形式,未见作宾语的形式。如:

大乱五,小乱三,讪乱三。(《原乱》)

通谷六,名川六百,陆注三千,小水万数。(《有始》)

2.2 构成数词短语

2.2.1 构成复合数词(325)。数词构成复合数词以计复合数目,是数词的基本功能之一(约占数词出现总频率的 20%)。复合数词的构成,见 1.1 节。

有人把复合数词看作是词[①],我们未采此说。这是由于:1. 复合数词内部可以嵌入"有",而数值不变,这表明复合数词自身可以扩展,其内部结合得尚不紧密。2. 构成复合数词的成分,除不定尾数"馀"之外,都可以单独计数,充当句法结构成分。除了以上两点之外,我们考虑更多的是人们的心理因素。在人们的心目中,"词是言语里分布和再造言语的最小的语言单位"[②]。既然是"最小",除了结构上不能再拆开外,音节数目也得有相应的限制。单音节词自然没的说,双音节词也司空见惯,但遇到三个音节以上的语言单位时,总得琢磨一番:是词?还是短语?因为它不像"最小的语言单位"。复合数词的音节可以多至十几个(甚至更多),如:

见日中法一亿三千四百八万二千二百九十七。(《汉书·

[①] 马忠《古代汉语语法》中说:"'十六'、'四'、'十七'、'五'都是基本数词。"(山东教育出版社,303 页)

[②] 见徐思益《描写语法学初探》(新疆人民出版社,1981 年)208 页。

律历志下》)

把上述十五个音节的一个语言单位看作是词,对于多数人来说,心理上恐怕是难以接受的。基于以上考虑,我们把复合数词看作短语。

2.2.2 构成并列短语(5)。数词并列使用有两种形式:

1. 直接并列(4)。如:

　　一时而五六死。(《辩土》)

　　再三言。(《骄恣》)

2. 借助连词"与"(1)。如:

　　以百与六十为无穷者之虑。(《安死》)

《吕》中,数词偶尔并列使用(约占数词出现总频率的0.3%)。数词构成并列短语仅表基数。数词直接并列只概计动量。参见1.3节。

2.2.3 构成"者"字短语(45)。数词构成"者"字短语以总括列举的事物。如:

　　大甘、大酸、大苦、大辛、大咸,五者充形则生害矣。(《尽数》)

　　君臣父子夫妇六者当位。(《处方》)

　　寒温劳逸饥饱,此六者非适也。(《侈乐》)

《吕》中,构成"者"字短语的数词仅见系数词"二"至"八"。构成"者"字短语的数词均表基数。

数词构成的"者"字短语所总括的事物一般直接列举于前,如上述三例,但也有的隐于文中。如:

　　故曰以身为家,以家为国,以国为天下。此四者,异位同本。(《执一》)

天曰顺,顺维生;地曰固,固维宁;人曰信,信维听。三者咸当,无为而行。(《序意》)

《执一》例中,"四者"总括"身""家""国""天下"四种事物;《序意》例中,"三者"总括"天""地""人"三种事物。有时作者自己点明隐于文中的总括之物。如:

故用则衰,动则暗,作则倦。衰、暗、倦,三者非君道也。(《勿躬》)

所谓"总括"事物,实质上也是"称代"。数词构成的"者"字短语称代事物,数词自身在主、宾语的位置上也可以称代事物①二者有什么区别呢?"者"字短语称代的是不同种类的事物,至少是两种,所以"一"不能构成"者"字短语。而处在主、宾位置上的数词只称代一种事物②,更多的是一个事物,所以称代事物的数词以"一"为常。

2.3 数词活用与兼类

2.3.1 数词活用。《吕》中,数词偶尔用作动词(9),列举如下:

每斯者以吾参夫二子乎!(《贵直》) 高诱注:"斯狐援者,比比干、子胥而三之也,故曰以参夫二子者。"

今吾倍所以为偏枯之药,则可以起死人矣。(《别类》)

利虽倍于今,而不便于后,弗为也。(《长利》)

宝行良道,一而弗复。(《博志》) 孙锵鸣曰:"'一而弗复',为而辄止,不精熟也。"(1624页)

---

① 称代事物的数词可看作是作修饰语的数词代替整个偏正结构的一种省略形式。

② 《圜道》中"人之窍九,一有所居则八虚"句,"八"称代"八窍"。尽管"八窍"指人的不同器官,但作者是把它们作为同种事物"窍"来看待的。

故王者不四,霸者不六。(《观世》)

(以上诸例数词作述谓中心语。)

利不可两,忠不可兼。(《权勋》)

天地不能两。(《情欲》)

(以上诸例数词作助动词的宾语。)

其功可使倍。(《任地》)

(数词构成连谓短语。)

《吕》中,用作动词的数词涉及6个(仅见系数词及其附类,以及倍数词),共出现9例(约占数词总频率的0.6%),数词用作动词的频度为1.5。统计数字表明,数词用作动词并非数词的常功能,它只是言语中偶然的、临时的活用现象。

《吕》中,数词只有表基数时才可能活用作动词。

数词活用后,其语义、语法功能都发生了变化。在语义上,由单纯计数表示数值变为表示与该数量有关的动作或变化。如《贵直》例中的"参",依高注是"与……比并为三"的意思;《别类》诸例中的"倍"是"增加一倍";《观世》例中的"四"是"出现四人","六"是"出现六人";《博志》中的"一",依孙注是"一为",即"做一次"的意思;《权勋》、《情欲》中的"两"是"两得""两全"之意。在语法功能上,或作述谓中心语,带宾语、补语;或作助动词宾语;或构成连谓短语,这些都不是数词自身固有的语法功能。

2.3.2 数词兼类。《吕》中,数词兼他类词者仅见"一""壹"二词(约占数词词量的8.3%)。

《吕》中,"一"除计数之外,还是"道"的别称。如:

一也者至贵,莫知其原,莫知其端。(《圜道》) 高诱注:"道无匹敌,故曰至贵也。"

此外,"一"还有"统一"的意思。如:

　　有金鼓所以一耳也,同法令所以一心也。(《不二》)

所以,"一"兼数词、名词、动词三类。

"壹"除计数外,还有"专一"的意思,与动词"贰"相对。如:

　　皆壹于为。(《乐成》)

"壹"兼数词、动词两类。

2.4 数词语法功能一览表

语法功能 数词类别		充当句法结构成分						构成数词短语			活用作动词
		定	状	谓	宾	主	补	复合数词	并列短语	"者"字短语	
系数词(附)	基/序	10 (700)	9 (100)	11 (28)	5 (23)	8 (14)		9 (146)	4 (4)	7 (46)	5 (6)
位数词	基	5 (173)	1 (3)		3 (4)		2 (2)	5 (153)	1 (1)		
其他	数 基	1 (9)	1 (24)					1 (15)			
	馀 基							1 (8)			
	倍 基							1 (3)			1 (3)
	半 基		1 (1)	1 (1)	1 (1)		1 (1)				
	几何 基			1 (1)	1 (7)						
合计		16 (882)	12 (127)	13 (30)	10 (35)	8 (14)	3 (3)	17 (325)	5 (5)	7 (46)	6 (9)
占总数的百分比		67% (53.6%)	50% (7.7%)	54% (1.8%)	42% (2.1%)	33% (0.9%)	13% (0.2%)	71% (19.7%)	21% (0.3%)	29% (2.8%)	25% (0.5%)

2.5 壹、两、再(载[2])、参

2.5.1 "壹"(5)。

"壹"数值同"一",在《吕》中,只表基数,不计物量。不与位数词组合,只在句中充当状语。列举如下:

> 吴王壹成。(《论威》)高诱注:"专诸一举而成阖庐为王,故曰吴王一成。"
>
> 壹匡之而听。(《贵信》)
>
> 壹引其纪,万目皆起;壹引其纲,万目皆张。(《用民》)
>
> 壹称而令武侯益知君人之道。(《骄恣》)

"壹"作状语,已不单纯计数,计动量,语义上或多或少已经虚化。如《论威》例,据高注,"壹"犹"一举",主要表示"成"的方式;又如《贵信》例,"壹"犹"一切",表示总括;又如《用民》例,"壹"犹"一旦",表示时间修饰,等等。

"一""壹"都可以计量动作行为,就《吕》来看,对于行为的称数以"一"为常。[①] 这一方面反映在频率上,"一"与"壹"相比为25∶5,"一"占绝对优势;另一方面反映在语义上,如上所述,"壹"作状语已不单纯给行为计数,语义或多或少已经虚化。凡单纯给行为计数,用"一"不用"壹"。如:

> 星一徙当七年。(《制乐》)
>
> 昔者禹一沐而三捉发。(《谨听》)
>
> 舜一徙成邑,再徙成都,三徙成国。(《贵因》)

《吕》中,凡用"壹"处,皆可用"一"替代。如:"壹匡"又可作"一匡",见《勿躬》篇"一匡天下";又如:"壹称"又可作"一称",见《离

---

① 王力《中国语法理论》中说:"古代对于行为的称数往往用'壹'。朱骏声《说文通训定声》:'《仪礼》凡壹拜、壹揖、壹让,《聘礼》壹食再飨,古文本皆作一。'其实所谓'古文本',恐怕反是后人改过的。"(中华书局,1954年版,127页)按:就《吕》来看,情况不是这样。

谓》篇"一称而令成王益重言"。因此可以说,《吕》中的"壹"只是"一"作状语时的一个变体。

2.5.2 "两"(32)与"再(载^2)"(22)。

1. 两。"两"的数值与"二"相当,但语义和用法都有很大差别。(1)"二"兼表基数、序数,"两"只表基数。(2)"二"计数,被计名物是任意的,而"两"则多计成双成对的事物,或相关的两方。如:

> 两手据地而吐之。(《介立》)
> 两精相得,岂待言哉!(《精通》)
> 夫吴越之势不两立。(《知化》)
> 冬与夏不能两刑,草与稼不能两成。(《博志》)
> 天地不能两。(《情欲》)

《介立》例中"两手",手成双自不待言;《精通》例中"两精"指文中"一体而两分"的子与父母;《知化》例中的"两"指对立的"吴越";《情欲》中的"两"活用作动词,"两全"之意,"两"指"天地",仍是对立统一的双方。(3)"二"只计名量,不计动量,在句中不能作状语;"两"除计名物之外,还可计动作的范围、结果,在句中可以作状语,如上述《知化》《博志》二例。(4)"二"可以构成复合数词以计复合数目,可以构成"者"字短语,以计不同种类的事物;"两"则不可。

《吕》中,"两"有时也计一般名物(7),这时的"两"与"二"在语义上就没有什么分别了。如:

> 赵简子有两白骡而甚爱之。(《爱士》)
> 一朝而两城下。(《慎大》)

2. 再(载^2)。"再(载^2)"的数值与"二"相当,与"二"不同的是:(1)"二"只计物量,不计动量;而"再"则不计物量,只计动量。如:

> 天不再与,时不久留。(《首时》)

武王避席再拜之。(《慎大》)

一父而载取名焉。(《当务》) [载:通"再"。]

《首时》例中"再与"是"给予两次",《慎大》《当务》例同。(2)"再(载²)"在句中主要作状语(20),而"二"不作状语。(3)"再(载²)"不能构成复合数词。

此外,"再"偶尔也作谓语(1)、构成并列短语(1)。如:

葆申束细荆五十,跪而加之于背,如此者再。(《直谏》)

再三言。(《骄恣》)

以上二例,"再"仍计动量。

《吕》中,"二"与"再(载²)"无论在语义上,还是在语法功能上都是互补的。

"再"除表示基数外,偶尔也表序数,计动作之序(1):

舜一徙成邑,再徙成都,三徙成国。(《贵因》)

"再徙"是"第二次迁徙"。

《吕》中,"二""两""再(载²)"的语法功能列表对比如下:

数词\语法功能	定	状	谓	主	宾	复合数词	并列短语	"者"字结构	活用作动词
二 (基/序)	50		1	2①	3	36		4	
两 (基)	22	8							2
再(载²) (基/序)		20	1				1		

2.5.3 "参"(1)。

"参"与"三"的数值相同,《吕》中,"参"仅出现 1 例,活用作动

---

① 篇首计篇次的"二曰"(26例)未计在内。

词,作述谓中心语,意思是"与……比并为三"。

每斳者以吾参夫二子者乎。(《贵直》)

3. 小结

数词按其词量在《吕》词类系统中居第七位(约占总词量的0.4%)。

《吕》中,数词都表达"数量"语义范畴,这是我们把数词同其他词类划分出来的重要依据。

《吕》中,数词以表基数为主(约占总频率的98.5%),系数词兼表序数;非数词表次序是序数出现频率极低的重要原因。

直接修饰量词、自身一般不受其他词类修饰,是数词的语法特征。

在句法结构中充当定语,构成复合数词,是数词最常见、最基本的语法功能(约占总频率的73.3%);充当状语是数词次要的语法功能(约占总频率7.7%);数词很少充当其他句法结构成分(约占总频率的5.0%)。

数词表序数时语法功能受到很大限制,如不能直接修饰量词,不能作谓语,不能构成"者"字结构等。

数词内部,系数词最为活跃。

《吕》中,数词偶尔表达"事物"范畴(约占总频率的1.1%)、"变化"范畴(约0.7%)。这是数词在言语中语义范畴临时转移的现象。前者我们称之为"替代",后者我们称之为"活用"。语义范畴的转移决定了语法功能的变化。

2.4节表中所列各项语法功能,没有一条能够涵盖《吕》所有的数词,即使是最常见、最基本的语法功能。这一方面固然是由于语言材料有限,一些数词潜在的语法功能未能全部实现,比如:《吕》中未见"四"修饰量词①,未见"半"作定语等②;但另一方面更重要的是数词内部语法功能存在着差异,比如:"壹""再""参"不作定语,不构成复合数词,概数词"馀"只构成复合数词,不能独用,等等。

《吕》是有限的语言材料,因此未能全面反映出先秦晚期数词的面貌。比如分数,先秦时期已十分普遍,表达形式也多种多样③;又如:缺位复合数词④,数词并列使用计物量⑤,位数词并列使用表概数⑥,等等,这些在《吕》中都未得到反映。再如,先秦晚期数词重叠使用表示逐指的萌芽已经出现⑦,《吕》中也未得到反映。

---

① 《尚书·文侯之命》即有"马四匹"。
② 《韩非子·外储说右上》即有"半寸砥石"之句。
③ 先秦时期分数表达形式概括起来约有6种:
   Ⅰ 母数·分·之·子数:使以三分之一行。(《左传·哀公九年》)
   Ⅱ 母数·分·名·子数:三分步之一。(《九章算术·少广》)
   Ⅲ 母数·名·之·子数:大都不过参国之一。(《左传·隐公元年》)
   Ⅳ 母数·之·子数:中五之一,小九之一。(《左传·隐公元年》)
   Ⅴ 母数·子数:什一,去关市之征,(《孟子·滕文公下》)
   Ⅵ 母数·有·子数:生之徒十有三。(《老子·五十章》)
④ 如金文"俘人万三千八十一人"(小盂鼎)。按:缺百位。
⑤ 如《论语·先进》:"冠者五六人,童子六七人。"
⑥ 如《左传·昭公二年》:"纣有亿兆夷人。"
⑦ 与《吕》同一时代的《韩非子》即多次出现"一一"叠用形式。如:
   潘王立,好一一听之。(《内储说上七术》)
   摇木者一一摄其叶。(《外储说右下》)

六 《吕氏春秋》量词研究

1. 量词概说

根据计量对象(事物或动作)的不同,量词分为名量词和动量词。《吕》中只有名量词,未见动量词。

1.1 关于"觞数行"的"行" 《汉语大词典》《汉语大字典》等书"行 xíng"字条下都有"量词"一项,均举《晏子春秋·外篇上十二》"觞三行,晏子起舞"作为书证。《大词典》云:"表示斟酒的遍数。"(第 3 册,886 页)《大字典》云:"酌酒劝饮一遍。"(第 2 册,812 页)显然,二书均把"觞三行"中的"行"看作动量词。《吕氏春秋·当务》"觞数行"句与《晏子》例同。我们未把"行"看作量词,而是看作动词,其理由如次:《当务》句下,高诱注云:"觞,爵也。"《召类》篇"士尹池为荆使于宋,司城子罕觞之"句下,高诱注云:"觞,爵饮尹池酒也。"细玩高注之意,"觞数行"中的"觞"是名词。如果"觞"是名词,"行"就是动词,即"行觞"(《礼记·投壶》)、"行爵"(《史记·卫康叔世家》)、"行酒"(《史记·魏其武安侯列传》)之"行","斟酒"之义。"觞数行"是"行觞数遍"的意思,所谓"遍数"是由作状语的概数词"数"表达的。《晏子》句也当如是解。

1.2 名量词的意义分类 《吕》的名量词共 21 个(105),分类如下:

(1)度量单位(19)。包括①长度单位,如:尺,仞,里;②容量单位,如:秉,石¹①;③重量单位,如:斤,钧,石²;④面积单位,如:亩。

(2)合体量词(1):束。

(3)个体量词(1):乘。

1.3 名量词小类内部的差异 由于语言材料有限,近半数量词在《吕》中仅出现 1 次,为了弥补语言材料的不足,在对量词小类内部作进一步探讨时,我们参考了先秦其他九部文献②。

1.3.1 长度单位。 长度(两点间的距离)按其空间方向可细分为长度、宽(厚)度、高(深)度。长度单位量词对长、宽、高的适用范围存在差异。

尺、寸,适用范围最广,它可以计量任何方向的距离。如:

耨柄尺。(《任地》)

其长三寸九分。(《古乐》)

(以上计量长度。)

---

① 《吕》中,量词"石"代表两种度量单位,我们冠以"1""2"以示区别。

石¹,容量单位,十斗为一石。如:"赐守塞者人米二十石。"(《当赏》)

石²,重量单位,一百二十斤为一石。如:"重不过石。"(《适音》)高诱注:"百二十斤为石。"

又如:"此不下九石,非王,其孰能用是?"(《壅塞》)高诱注:"言九石之弓,独王用之耳。"按:"九石"言弓的强度,因与重量同属力的范畴,故归入重量单位。

② 这九部文献是:《论语》《左传》《墨子》《庄子》《孟子》《荀子》《韩非子》《公羊传》《穀梁传》。

其博八寸。(《任地》)

乃为之桐棺三寸。(《高义》)

轮厚尺二寸。(《墨子·备高临》)

(以上计量宽(厚)度。)

蚁壮一寸而仞有水。(《韩非子·说林上》)

高二尺五寸。(《墨子·备城门》)

箭下于水五寸。(《墨子·杂守》)

(以上计量高(深)度。)

里,"古者三百步为里"(《穀梁传·宣公十五年》)。"里"以计量长度为主,也可计量宽度,偶尔还可计量高度。如:

东西二万八千里,南北二万六千里。(《有始》)

抟扶摇而上者九万里。(《庄子·逍遥游》)

寻,"度人之两臂为寻,八尺也"(《说文·寸部》)。① 朱骏声云:"程氏瑶田云:'度广曰寻,度深曰仞。'"(《说文通训定声·临部》)考先秦诸书,程说不确。"寻"既可计量长度、宽度,也可计量深度。如:

公孙挥命其徒曰:"人寻约,吴发短。"(《左传·哀公十一年》) 按:人寻约,言每人各持八尺长的绳子。

夫寻常之沟,巨鱼无所还其体。(《庄子·庚桑楚》)
[还,旋。]

穴深寻。(《悔过》)

步,"古者以周尺八尺为步,今以周尺六尺四寸为步"(《礼记·

---

① 一说"七尺曰寻"(《史记·张仪列传》司马贞索隐);一说"六尺曰寻"(《广韵·侵韵》)。

王制》)。"步"可计量长度、宽度。如：

> 君子无行咫步而忘之。(《孝行》)
>
> 门广五步。(《墨子·备蛾傅》)

考先秦他书，未见"步"计量高(深)度例，联系到量词"步"源于"跬，一举足也，倍跬谓之步"(《小尔雅·广度》)，这就不足为怪了。

咫，"中妇人手长八寸谓之咫，周尺也"(《说文·尺部》)。在先秦古籍中，"咫"作为长度单位独用仅见1例：

> 楛矢贯之，石砮，其长尺有咫。(《国语·鲁语下》) 韦昭注："八寸曰咫。"

"咫尺""咫步"并列使用为常。如：

> 君子无行咫步而忘之。(《孝行》)
>
> 用咫尺之木。(《韩非子·外储说左上》)

分，作为长度单位，其产生晚于"尺""寸"。当"尺""寸"作为标准长度单位在先秦普遍使用的时候，"分"只是萌芽①。在我们考察的范围内，"分"仅见1例，计量长度：

> 其长三寸九分。(《古乐》)

舍，"军行三十里为一舍"(《吕氏春秋·不广》高诱注)。舍只计量长度。如：

> 步之迟也，而百舍。(《博志》)
>
> 却舍延尸。(《不广》)

但并非任何事物的长度都可以用"舍"计量。考先秦他书，"舍"只

---

① 考察先秦其他九部文献，"尺"共出现250例，"寸"共出现76例，"分"未见1例。《墨子·备穴》"置艾亓上七分"孙诒让云："'七分'义不可解，疑当作'七八员'三字。"据孙说，此例未计在内。

计量行军距离,就计量对象单一这个意义上说,"舍"是个特殊量词。

仞(古又作"轫"),"伸臂一寻,八尺"(《说文·人部》)。① "仞"只计量高(深)度。② 如:

> 善钓者,出鱼乎十仞之下,饵香也;善弋者,下鸟乎百仞之上,弓良也。(《功名》)

根据长度单位对长、宽、高的适用范围不同,长度单位又可细分如下:

长、宽(厚)、高(深)度单位:尺、寸、寻、里。

长、宽度单位:步。

长度单位:分、咫、*舍。③

高(深)度单位:仞。

1.3.2 容量单位。

石¹,是一般量词,适用范围最广。如:

> 赐守塞者人米二十石。(《当赏》)
>
> 欲为官者为百石之官。(《韩非子·定法》)
>
> 今子有五石之瓠。(《庄子·逍遥游》)
>
> 水瓵容三石以上。(《墨子·备城门》)

《吕》《韩》二例,"石"用以计量米粟(包括以米粟计量的俸禄),《庄》《墨》二例,"石"用以计量容器的容量。此外,"石"还用以计量酒量

---

① 一说"七尺曰仞"(《吕氏春秋·功名》高诱注);一说"仞,五尺六寸也"(《汉书·食货志上》应劭注)。

② 《仪礼·乡射礼》"杠长三仞"郑玄注:"杠,橦也。"橦即旗竿。"杠长"指旗竿的高度。

③ "*舍"为特殊量词,其余为一般量词。

等。①

秉、檐，是特殊量词，在我们考察的先秦文献中，只用以计量米粟（包括俸禄）。② 如：

> 郑子阳令官遗之粟数十秉。（《观世》） 许维遹曰："《聘礼》云：'十斗曰斛，十六斗曰籔，十籔曰秉'，郑注云：'秉，十六斛，今江、淮之间量名'。"(967页)

> 冉子与之粟五秉。（《论语·雍也》）

> 禄万檐。（《异宝》） 高诱注："万檐，万石也。"

1.3.3 重量单位

斤、钧、石²，"二十四铢为两，十六两为斤，三十斤为钧，四钧为石"（《汉书·律历志上》）。"斤""钧""石²"是一般量词，其计量的对象可以是泛指。如：

> 乌获举千钧，又况一斤？（《务大》）

> 重不过石。（《适音》） 高诱注："百二十斤为石。"

也可以是各种具体事物。如：

> 赐黄金二十斤。（《墨子·号令》）

> 赐酒日二升，肉二斤。（《墨子·号令》）

> 石重千钧以上者五百枚。（《墨子·备城门》）

> 颜高之弓六钧。（《左传·定公二年》）

> 赐金一钧。（非余鼎）

锱、锤，"六两曰锱，倍锱曰锤"（《淮南子·诠言》高诱注）。③

---

① 见《管子·轻重乙》："其有亲戚者，必遗之酒四石。"
② 《左传·昭公二十七年》："或取一编菅焉，或取一秉秆焉。""秉"为合体量词，与《吕》中的容量量词同名异实。
③ 一说"六铢曰锱，八铢曰锤"（《淮南子·说山》高诱注）。

如：

> 今割国之锱锤矣,而因得大官。(《应言》) 高诱注:"锱锤,铢两也。"

"锱""锤"在句中已经虚化,只是极言少。

镒(古又假借为"溢"),是个特殊量词,只用以计量货币黄金(或"金")的重量。如：

> 禄万檐,金千镒。(《异宝》) 高诱注:"二十两为一镒。"
> 又赏之黄金,人二镒。(《墨子·号令》)

正因为"镒"的计量对象单一,因此,计量对象"金"也可以不出现。如：

> 今有璞玉于此。虽万镒,必使玉人琢之。(《孟子·梁惠王下》) 赵岐注:"二十两为镒。……虽有万镒在此,言众多也。"

赵注不确。"万镒"言璞玉贵重,价值金万镒,非言璞玉之重、之多。古书中"千镒之裘"(《墨子·亲士》)、"千镒之宝"(《荀子·儒效》)均当如是解。赵氏之误在于错把只计黄金重量的特殊量词"镒"当成了一般重量量词。

1.3.4 面积单位。

亩,"径一步,长百步为亩"(《礼记·儒行》孔颖达疏)。"亩"只用以计量土地面积,是个特殊量词。如：

> 三亩之宫。(《任数》)
> 魏氏之行田也以百亩。(《乐成》)

《吕》中,计量土地面积除用"亩"之外,还有"方·数·里"的形式。如：

> 今孟尝君之地方百里。(《不侵》)

>　　方千里以为国。(《慎势》)

　　古人云:"广三百步、长三百步为一里,其田九百亩。"(《韩诗外传》卷四)"一里"即"方一里"。又如:

>　　得地百里则喜。(《不侵》)
>　　赐之千里之地。(《顺民》)

"百里""千里"即"方百里""方千里"。我们不说"一里"为"方一里"之省,这是由于计量土地面积"一里"比"方一里"更为常见。仅以战国末期的《荀》《韩》《吕》三部文献为例,计量土地面积,"数·里"共出现42例,"方·数·里"仅11例。数字表明,以长度单位计量土地面积当是古人的习惯。

　　那么,什么情况下用"数·里",什么情况下用"方·数·里",有没有规律可寻呢?考察上述53例,我们发现,用"数·里",还是"方·数·里",与其在句中的语法位置有关。"方·数·里"在句中以作谓语为常(9),见上文《不侵》例;偶尔作前置宾语(1),见上文《慎势》例;偶尔作状语(1),如:

>　　虽厮舆白徒,方数百里,皆来会战。(《决胜》)

"数·里"在句中以作定语为常(37),见上文《不侵》《顺民》例;少数作谓语(3),如:

>　　封内千里。(《荀子·强国》)
>　　昭王曰:"薛之地小大几何?"公孙弘对曰:"百里。"(《不侵》)按:主语"薛之地"承上文省。

"数·里"偶尔作宾语(1),如:

>　　地不能满千里。(《韩非子·存韩》)

偶尔作状语(1),如:

>　　千里而有一士,比肩也。(《观世》)

"数·里""方·数·里"两种形式有时交替使用,语义相同,而语法位置有别。如:

> 昭王笑曰:"寡人之国,地数千里,犹未敢以有难也。今孟尝君之地方百里,而因欲以难寡人,犹可乎?"(《不侵》)

除了"里"之外,长度单位"尺""寸"也可以计量面积。① 如:

> 一寸而亡矣。(《乐成》) 高诱注:"一方寸之书则亡矣。"
> 尺地莫非其有也。(《孟子·公孙丑上》)
> 五年而秦不益尺土之地。(《韩非子·定法》)
> 无尺寸之肤不爱焉。(《孟子·告子上》)

以上各例,"尺""寸"都是"方尺""方寸"的意思。②

1.3.5 合体量词。

束,是一般量词,计量对象是各种可束之物。如:

> 乃复赐之脯二束。(《报更》)
> 则受三钟与十束薪。(《庄子·人间世》)

"束"之量可多可少,并无固定的标准,我们称之为非标准量词。

1.3.6 个体量词。

乘,是特殊量词③,只用以计量车辆。"乘"也是非标准量词。如:

> 以车十乘之秦。(《不侵》)
> 与吾得革车千乘也。(《贵直》)

---

① 长度单位"步"也可用以计量土地面积。《说文·田部》:"六尺为步,步百为晦。秦田二百四十步为晦。"当然我们也可理解为古人以"步"计亩时,因宽度为固定的一步,故"径一步"习惯上不说。

② 在我们考察的范围内未见"方尺"。

③ 《吕·本味》:"马之美者,青龙之匹,遗风之乘。"高诱注:"匹、乘皆马名。"按:"青龙""遗风"为骏马名,"匹""乘"为名词,犹言"青龙之马、遗风之马"。

《吕》中,量词"乘"共出现 27 例,其中 19 例计量对象不出现。如:

  触子因以一乘去。(《权勋》)

  而今犹为万乘之大国。(《高义》)

因此可以说,"乘"的计量对象以不出现为常。

1.3.7 综上所述,量词小类内部的差异主要表现为:(一)度量单位,其适用范围有大有小(长度单位尤为明显);(二)量词计量的对象有的单一,有的多样;(三)量词表示的"量"的标准有固定、非固定之分。

1.4 临时量词 临时量词是借用名词作量词用。如:

  尝一脔肉,而知一镬之味,一鼎之调。(《察今》)

  奚宜二筐哉?一寸而亡矣。(《乐成》) 高诱注:"一方寸之书则亡矣,何乃二筐也?"蒋维乔等曰:"《意林》作'一寸之书亦亡,何须两筐'?"李宝洤曰:"又何须谤书二筐哉?"(998 页)

上述例中,指称容器的名词"镬""鼎""筐"借用作容量单位,以计"肉""书"之量,计量对象"肉""书"承上文而省。既然是临时借用,自然无固定的标准量。又如:

  宣孟与脯一朐。(《报更》)

  尧有子十人。(《去私》)

  方车二轨以遗之。(《权勋》)

上述例中,"朐""人""轨"借用作个体量词。又如:

  为之九成之台。(《音初》) 高诱注:"成犹重。"

  泣数行而下。(《长见》)

  棺椁数袭。(《节丧》) 高诱注:"袭,重。"

上述例中,"成""行""袭"借用作合体量词。

2. 量词的语法功能

2.1 构成数量短语 这是量词最基本、最主要的语法功能。《吕》中,量词共出现 134 例(包括临时量词 29 例),构成数量短语 131 例(约占总数的 98%)。

2.1.1 数量短语中,数词为"一"时(12),专用量词前(9)的"一"多省略(6)。如:

重不过石。(《适音》)

穴深寻。(《悔过》)

尺之木必有节目,寸之玉必有瑕瓋。(《举难》)

不省 3 例,有强调少的意思。如:

乌获举千钧,又况一斤?(《务大》)

奚宜二筐哉?一寸而亡矣。(《乐成》)

触子因以一乘去。(《权勋》)

借用量词前(3)的"一"不能省略。如:

尝一脟肉,而知一镬之味,一鼎之调。(《察今》)

2.1.2 量词与数词的结合并非是完全自由的,量词对数词也有选择。比如:

仞。"仞"在我们考察的先秦文献中共出现 30 例(包括"韧"1 例),其中"十仞"7 例,"百仞"8 例,"千仞"6 例,"数仞"5 例。"仞"前数词以"十""百""千""数"为常(约占总数的 90%),或虚指,或为概数。

寸。"寸"共出现 81 例,"寸"前数词均为系数词,均为确指。

现将"仞""寸"对数词的选择对比如下:

数词\量词	系数词 "一"至"九"	位数词 "十""百""千""万"	概数词 "数"	复合数词
仞(30)	3①	21	5	1
寸(81)	81	0	0	0

"仞"与"寸"对数词的选择如此截然不同,究竟是什么因素在起作用?下面我们具体分析一下:

"仞"是先秦计量高度普遍使用的最大单位②,不与其他量词配套使用(我们称之为非系统标准量词)。大而独用,往往不够精确。因此,古人常用"仞"以计量那些难以精确测量的物体,如山、溪、渊、松、飞鸟之类,用"仞"与虚指(或概指)的数词结合计其大略。或言其高,如"千仞之雀""百仞之松",或言其深,如"千仞之溪""百仞之渊"。

"寸"是先秦普遍使用的最小的长度单位。③ 古人用以计量可精确测量的物体。量物至寸,已属精确之至,故"寸"前数词以确指为常。又因"寸""尺"在先秦已普遍配套使用(我们称之为系统标准单词),凡满十寸,皆进位为"尺",所以"寸"只与系数词结合,数词最大为"九"。

通过以上分析,可以看到,量词对数词的选择与量词单位的大小有关,与量词是否是系统量词有关。为了进一步证实这个问题,我们将考察范围内的量词逐一作了统计④,结果如下:

---

① 与"仞"结合的系数词仅限于"一""九"。如:"步仞之丘。"(《庄子·庚桑楚》)"蚁垤一寸而仞有水。"(《韩非子·说林上》)"掘井九轫而不及泉。"(《孟子·尽心上》)均非确指。

② "里"比"仞"大,但很少用以计量高度。在我们考察的范围内仅见4例,均出自《庄子·逍遥游》。

③ "分"虽是比"寸"更小的长度单位,但在先秦只是萌芽,尚未普遍使用。

④ 《吕》中未出现的常用量词,我们也作了统计,列入表中,用 * 标记。

六 《吕氏春秋》量词研究

量词\数词			系数词	位数词	概数词	复合数词
长度单位	系统量词	分(1)	1	0	0	0
		寸(81)	81	0	0	0
		尺(256)	241	0	1	14
		*丈(66)	62	4①	0	0
	非系统量词	咫(3)	3△②	0	0	0
		寻(6)	6△	0	0	0
		仞(30)	3	21	5	1
		步(125)	34	41	0	44
		里(133)	14	81	1	37
		舍(7)	5	2	0	0
容量单位	系统量词	*升(19)	18	1	0	0
		*斗(14)	12	0	0	2
		石¹(27)	8	3	0	16
	非系统量词	檐(1)	0	1	0	0
		秉(2)	1	0	0	1
		*锺(10)	3	5③	0	2
重量单位	系统量词	斤(6)	3	0	0	3
		石²(12)	9	0	0	3
	非系统量词	锱(6)	6△	0	0	0
		*铢(4)	4△	0	0	0
		锤(1)	1△	0	0	0
		镒(12)	1	9④	0	2
		钧(10)	1	9⑤	0	0
面积单位	非系统量词	亩(24)	6	14	0	4
		*顷(1)	0	1	0	0
		[方]里(109)	1	65	1	43

---

① 千丈(4),确指(2),虚指(2)。
② △表示数词仅见于"一"。
③ 均为虚指。
④ 虚指(7),确指(2)。
⑤ 均为虚指。

根据以上统计,我们大体上可以得出这样的结论:系统量词与系数词结合、确指为常;非系统量词中,量度单位较小的,如"咫""寻""锱""铢""锤"等①,与系数结合,虚指为常;量度单位较大的,如"鍾""镒""钧""里"等,与位数词结合,虚指为常。这个结论同我们对"仞""寸"的分析是相一致的。

在我们考察的范围内,与数词结合比较自由的是非系统量词"里""步""亩"。②

2.1.3 复合数量短语。只有度量单位中的系统量词才可以构成复合数量短语,表示一种连续量。《吕》中仅见 1 例:

> 其长三寸九分。(《古乐》)

在我们考察的先秦文献中,共得复合数量短语 40 例(包括《吕》),举例如下:

> 轮厚尺二寸。(《墨子·备高临》)
>
> 三丈六尺。(《荀子·大略》)
>
> 堑中深丈五。(《墨子·备城门》)
>
> 五食终岁十四石四斗。(《墨子·杂守》)
>
> 一石三十钧。(《墨子·备高临》)　孙怡让注:"《说苑·辨物篇》云'三十斤为钧,四钧为石',然则弩机用铜凡五钧,为斤百五十也。"按:据孙说,"钧"当作"斤",一石三十斤,正合

---

① 量度单位的大小只是相对而言,如"仞"与"寻"。《说文·人部》:"仞,伸臂一寻,八尺。"据《说文》,"仞""寻"是大小相等的度量单位。可是古人常用"仞"计量事物之高("千仞之雀"),之深("百仞之渊");常用"寻"计量事物之短("布帛寻常"),之小("寻常之沟")。据古人的习惯用法,我们把"仞"看作较大的量度单位,而把"寻"看作较小的量度单位。

② 说"里""步"是非系统量词,仅就我们考察的范围而言,其实"里""步"也可配套使用。如《礼记·王制》:"古者百里,当今百二十一里六十步四尺二寸二分。"

"斤百五十"之数。

通过上述考察,关于先秦复合数量短语我们得出以下几点看法:

其一:构成复合数量短语以长度单位为常(38例,占总数95%),容量单位、重量单位只是偶见(各1例)。这表明长度单位系统量词在先秦已成系统,并普遍使用;而容量单位、重量单位系统量词尚在萌芽之中。

其二:复合数量短语可以写作:

数·量$_1$+数·量$_2$+数·量$_3$

其特点是:(1)量$_1$、量$_2$、量$_3$具有固定的进位关系,如"十分为寸,十寸为尺,十尺为丈";(2)复合数量短语总的数量相当于各数量短语之和;(3)复合数量短语中数量短语的数目在我们考察的范围内最多为3[①];(4)处于最末位置的量词有时可以省略,如上述《墨子·备城门》例。

2.2 量词的并列使用 《吕》中,量词并列使用仅见2例:

君子无行咫步而忘之。(《孝行》)

今割国之锱锤矣。(《应言》) 高诱注:"锱锤,铢两也。"

是不是所有的量词都可以并列使用?量词并列使用后对计量产生什么影响?为了说明这些问题,我们将考察范围内出现的量词并列使用的全部例句列举如下:

[①] 《礼记·王制》有"古者百里,当今百二十一里六十步四尺二寸二分"。《九章算术》卷二有"买丝一石二钧二十八斤三两五铢"。例中复合数量短语中数量短语的数目均为五。按:《礼记》《九章算术》例与我们考察的十部先秦文献不合。十部文献中,"里"共242例,"步"共125例,均独用;又"两",未见作重量单位用的,更不用说与"斤""铢"配套使用了。众所周知,《礼》《九》二书均杂有汉人著述,我们推测,上二例或许正是汉代量词系统日臻精密的反映。

用咫尺之木。(《韩非子·外储说左上》)

天威不违言咫尺。(《左传·僖公九年》)

无尺寸之肤不爱焉。(《孟子·告子上》) 按:《孟子》"尺寸"三见。

夫寻常之沟,巨鱼无所还其体。(《庄子·庚桑楚》)

故上失扶寸,下得寻常。(《韩非子·扬权》) 旧注:四指为扶。

布帛寻常,庸人不释。(《韩非子·五蠹》) 按:《五蠹》"寻常"凡二见。

争寻常以尽其民。(《左传·成公十二年》) 杜预注:"言争尺丈之地,以相攻伐。"杨伯峻注:"寻常意谓尺寸之地。"(《春秋左传注》858页)

步仞之丘,巨兽无所隐其躯。(《庄子·庚桑楚》) 陆德明《释文》云:"广一步高一仞也。"

故不积跬步,无以至千里。(《荀子·劝学》) 杨倞注曰:"半步曰跬。"按:《荀子》"跬步"凡四见。

君岂有斗升之水而活我哉?(《庄子·外物》) 按:《庄子》"斗升"凡二见。

千钧得船则浮,锱铢失船则沉。(《韩非子·功名》) 按:《韩非子》"锱铢"凡二见。

则失者锱铢。(《庄子·达生》)

割国之锱铢以赂之。(《荀子·富国》)

根据上述例句,我们得出以下几点看法:

其一:并非所有的量词都可以并列使用,只有度量单位才有可能并列使用(在我们考察的九部先秦文献中,量词并列使用共22

例,均为度量单位)。并列使用的量词以长度单位为常(16 例,约占总数 73%)。并列使用的量词在语义上属于同一义类(长度单位、容量单位、重量单位)。

其二:量词并列使用,或小量在前,或大量在前,全依古人习惯而定。如:"咫尺""咫步""寻常""步仞""颐步""锱锤"等,属小量在前;"尺寸""扶寸""斗升""锱铢"等,属大量在前。

其三:陆德明释"步仞"为"广一步高一仞"。依陆说,"步仞"可看作"一步一仞"之省。以省略说释其他各例,于上下文均无扦格之处。因此,量词的并列使用可以看作是数词为"一"的"数·量"短语并列使用的省略形式。

其四:量词并列使用,附加了修辞(夸张)色彩,量词单位虚化。上述《左传》"争寻常"句,杜预以"尺丈之地"释"寻常",杨伯峻注释说"寻常意谓尺寸之地"。为什么句中的"寻常"与"尺丈""尺寸"相当呢?这是因为"寻常""尺丈""尺寸"并列使用后,量词已失去了各自的量度标准。"寻常"极言土地面积之小,而"尺丈""尺寸"也都是极言土地面积之小,于是,在极言土地面积之小的意义上,"寻常"与"尺丈""尺寸"相通起来。这样,对于高诱以"铢两"释"锱锤"(见上述《应言》例),也就不难理解了。① 量词并列使用通常都是极言小。如:"咫尺之木"极言木之短小,"步仞之丘",极言丘之矮小,"斗升之水"极言水量之少,"锱铢"极言重量之轻,等等。但也偶有例外,如:

故上失扶寸,下得寻常。(《韩非子·杨权》) 梁启雄按:

---

① 高诱注《淮南子》云:"六两曰锱,倍锱曰锤。"(见《诠言》)又云:"六铢曰锱。"(见《说山》)

"如果君上纵失掉象四个手指那样宽或一寸长的权利,臣下们就获得寻或常那样多的私利。"①

"扶寸"极言上失之小,而"寻常"极言下得之大。

在我们考察的范围内,量词并列而言大者仅此 1 例,而且出现在对比的情况下,量度单位相对小的(如"扶寸")仍极言小,量度单位相对大的(如"寻常")极言大。②

2.3 量词活用与兼类

2.3.1　量词活用。《吕》中,量词偶尔活用为名词(1)。如:

夫得圣人,岂有里数哉?(《赞能》)

"里"临时指称事物,在句中作定语。考先秦诸书,量词活用作名词仅得 2 例:

计丈数。(《左传·昭公三十二年》)

家五种石升数。(《墨子·号令》)

活用作名词的量词仅限于度量单位。

2.3.2　量词兼类。《吕》中,量词兼他类词的共 8 个,列举如下:

名/量(3):亩、石、里;

动/量(1):束;

动/名/量(3):步、舍、乘;

名/量/形(1):钧。

量词中,兼类词的比例较大(约占量词总数的 38%),这是由于量词大多为名词、动词演化而来。在《吕》时代,这种演化过程还

---

①　见《韩子浅解》57 页。

②　后世仍遵循此例,如《抱朴子·广譬》:"毫厘蹉于机,则寻常违于的。"(机:指弩机;的:箭靶)"毫厘"极言小,"寻常"极言大。

在继续,因此,量词在语义上与其相应的名词或动词有着明显的渊源关系。比如:动词"步""束"与量词"步""束",名词"石""钧"与量词"石""钧"等。

2.4 数量短语与指称计量对象的名词的位置及结构关系

2.4.1 指称计量对象的名词处于主语位置(15),数量短语以作谓语为常(12)。如:

耨柄尺。(《任地》)

其长三寸九分。(《古乐》)

其博八寸。(《任地》)

水道八千里。(《有始》)

右之超乘者五百乘。(《悔过》)

偶尔作状语(1)。如:

泣数行而下。(《长见》)

有时谓语本身又是个主谓短语,数量短语作主谓短语中的小谓语(1)。如:

穴深寻。(《悔过》)①

2.4.2 指称计量对象的名词处于中心语的位置,数量短语作修饰语。修饰语的位置可前可后。其形式可写作:

A 式: 名_中+(数·量)_定

B 式: (数·量)_定+名_中

---

① 数量短语作小谓语的格式《吕》仅出现 1 例,为了说明问题,附先秦他书数例如下:

钩距臂博尺四寸,厚七寸,长六尺。(《墨子·备高临》)
堂高数仞。(《孟子·尽心下》)
门广五步。(《墨子·备蛾傅》)
充任小主语的都是指称长度(广义)的词,如"长""博""高""厚""广""深"等。

分别举例如下:
A 式(36)

  乃为之桐棺三寸。(《高义》)
  得地百里则喜。(《不侵》)
  遗之粟数十秉。(《观世》)
  赐守塞者人米二十石。(《当赏》)
  得五员者,爵执圭,禄万檐,金千镒。(《异宝》)
  乃复赐之脯二束。(《极更》)
  与吾得革车千乘也。(《贵直》)
  宣孟与脯一朐。(《报更》)
  尧有子十人。(《去私》)

B 式(2)

  使五尺竖子引其棬。(《重己》)
  尝一脬肉。(《察今》)

《吕》中,A 式得 36 例,B 式仅得 2 例,这表明了 B 式在《吕》时期仍处于萌芽状态。

《吕》中,B 式 2 例量词小类不同,作用也有区别。《重己》例中,量词是度量单位,其作用在于计量;《察今》例中,量词是个体量词(临时),其作用在于计数。在先秦时期,B 式在计量与计数方面是否完全相同呢? 为了探讨这一问题,我们考察了先秦其他九部文献,共得 B 式 35 例(包括《吕》),举例如下:

  一箪食,一瓢饮。(《论语·雍也》)
  犹以一杯水救一车薪之火也。(《孟子·告子上》)
  金重于羽者,岂谓一钩金与一舆羽之谓哉! (《孟子·告子下》)

卫人使屠伯馈叔向羹与一篋锦。(《左传·昭公十三年》)

遂赋晋国一鼓铁以铸刑鼎。(《左传·昭公二十九年》)

杀一牛,取一豆肉。(《韩非子·外储说右上》) 按:"肉"计量,用 B 式;"牛"计数,不用 B 式。

国子执壶浆。(《公羊传·昭公二十五年》)

不能人得一升粟。(《墨子·鲁问》)

或取一编菅焉,或取一秉秆焉。(《左传·昭公二十七年》)

受二锺与十束薪。(《庄子·人间世》)

署百户邑。(《墨子·旗帜》)

不用一领甲。(《韩非子·初见秦》)

亦不使一介行李告于寡君。(《左传·襄公八年》) 按:杨伯峻《春秋左传注》"介"改作"个"。(959 页)

匹马只轮无反者。(《公羊传·僖公三十二年》)

力不能胜一匹雏。(《孟子·告子下》)

高子执箪食与四脡脯。(《公羊传·昭公二十五年》)

下面是 B 式 35 例按量词小类分别作的统计:

计量(29)

 长度单位(1):尺(1);

 容量单位(22):升(2);

   (临时):箪(6)、壶(1)、豆(4)、杯(3)、车(1)、舆(2)、瓢(1)、篋(1)、鼓(1);

 合体量词(6):束(2)、领(1);

   (临时):编(1)、秉(1)、户(1);

计数(6)

个体量词(6)：匹(2)、只(1)、介(1)；
(临时)：脡(1)、胙(1)。

统计数字表明,在先秦时期,B式主要用以计量(约占总数83%)。严格地说,真正处于萌芽状态的是用B式计数。

在考察中我们还发现：(1)B式中的数词大多为"一"(31例,约占总数89%),以虚指为常。极言少,如"一箪食""一瓢饮""一杯水""一编菅""一秉秆""匹马只轮"等；偶尔言多,如"一车薪""一舆羽"等,但言多只发生在对比的情况下。(2)B式中的量词以临时量词(尤其是借用的容量词)为多(约占总数70%)。① 据此,我们作进一步的推测：B式是为适应名词(或动词)借用作量词(主要是容量量词)计量而产生的一种格式；进入B式的临时量词除计量外,兼具修辞色彩；至于专用计量量词进入B式,以及个体量词进入B式以计数,都是类化作用的结果。②

2.4.3 在考察指称计量的名词与数量短语的位置和结构关系时,我们看到,"名·(数·量)"包含着两种句式：

名$_主$＋(数·量)$_谓$　（简称S_1）

名$_中$＋(数·量)$_定$　（简称S_2,即2.4.2中A式）

《吕》中,S_1共15例,其中量词为长度单位的13例,非长度单

---

① 在我们考察范围之外的先秦他书中,所见B式例也多为借用的容量量词,如：

　　生丈夫,一壶酒,一犬；生女子,二壶酒,一豚。(《国语·越语上》)
　　食一豆肉,饮一豆酒。(《周礼·考工记·梓人》) 郑玄注："一豆酒,又声之误,当为斗。"

② 这一推测尚须研究先秦的全部量词加以证实。

位的 2 例；S_2 共 36 例，其量词为长度单位的仅 1 例[①]，非长度单位 35 例[②]。统计数字表明，量词对句式也有一定的选择，这种选择突出地反映在长度单位量词与非长度单位量词对 S_1、S_2 选择的对立上。

2.4.4 S_1、S_2 中的量词有时不出现(5)。如：

魏举陶削卫,地方六百。(《应言》)　S_1

故选车三百。(《贵国》)

得车二千。(《不广》)

爵上卿,田百万。(《介立》)

君乃致禄百万。(《期贤》)　以上 S_2

上述各例虽无量词，但由于指称计量对象的名词在，所以不影响计量或计数，因为"地"以"里"计，"田"以"亩"计，"禄"以"石"计，"车"以"乘"计都是不言而喻的。换句话说，量词的不出现一般是以指称计量对象的出现为前提的。

3. 小结

3.1 《吕》量词分类列举　《吕》中，量词 21 个，临时量词 12 个，列举于下：

(1)度量单位 19 个：

[①] 指《高义》"乃为之桐棺三寸"句，"桐棺三寸"为 S_2 实属特例。考先秦其他九部文献"桐棺三寸"共得 4 例，均为 S_1。又，谈及棺椁厚度的例句共 6 例，如"棺椁三寸"(《荀子·礼论》)、"棺厚三寸"(《荀子·正论》)、"棺三寸"(《墨子·节用》)、"中古棺七寸"(《孟子·公孙丑下》)等，也都是 S_1。

[②] 包括计量面积的长度单位。

①长度单位9个:分(1)、寸(5)、尺(6)、咫(1)、步(1)、仞(5)、寻(1)、里(49)、舍(2);

②容量单位3个:秉(1)、石¹(1)、檐(1);

(附①:镬(1)、鼎(1)、篚(2))

③重量单位6个:斤(1)、钧(1)、镒(1)、石²(7)、锱(1)、锤(1);

④面积单位1个:亩(5)。

(2)合体量词1个:束(1)。

(附:成(1)、户(1)、袭(1)、行(2))

(3)个体量词1个:乘(13)。

(附:人(15)②、脟(1)、胸(1)、物(1)、轨(2))

3.2 《吕》量词的特点

量词按其词量在《吕》词类系统中居第十位(约占总词量的0.4%)。

《吕》中,只有名量词,未见动量词。

《吕》的量词系统中,用以计量的专用量词(包括度量单位和合体量词)共20个(约占专用量词总数的95%),共出现92例(约占专用量词出现总频率的88%);而用以计数的专用量词(个体量词)仅1个。这表明《吕》时期的量词的主要功能是计量,而非计数。用以计数的个体量词尽管起源甚早③,但直至周秦之交,仍未能得到发展。

---

① 附类为临时量词。

② 甲骨文、金文中"人"就借用作量词,如:"俘人十虫五人。"(《卜辞通纂》513片)"姜商令贝十朋,臣十家,鬲百人。"(令簋)这种用法一直延续至周秦之交。有的语法著作把"人"归入量词(见杨伯峻、何乐士《古汉语语法及其发展》206页)。

③ 个体量词"匹""两"西周即已产生,如:"孚[马]百二匹,孚车百□两。"(小盂鼎),见郭沫若《两周金文辞大系考释》36页。

《吕》的量词系统中,专用度量单位占专用量词总量的85%以上。这表明《吕》时期度量单位是量词系统的主体;其中尤以长度单位最为发达。

《吕》的度量单位,其量度适用范围有大有小;其计量对象有的宽泛,有的单一;有的量词只独用,而有的量词却能配套使用;据此,可以从不同角度对度量单位进行再分类。

与数词结合、构成数量短语是量词最主要、最基本的语法功能;但量词与数词的结合并非是完全自由的,量词对数词也有选择。

"名+(数·量)"(包括 S_1 "主—谓"、S_2 "中—定")是指称计量对象的名词和数量短语构成的基本形式;"(数·量)+名"("定—中")尚处于萌芽状态。

量词对句式也有选择。这种选择突出地反映在长度单位与非长度单位对 S_1、S_2 句式选择的对立上。

量词中,兼类词的比例较大(约占量词总量的38%),这是由于量词大多为名词、动词演化而来。在《吕》时代,这种演化过程还在继续,因此,量词在语义上与其相应的名词或动词有着明显的渊源关系。

七 《吕氏春秋》代词研究

1. 代词概说

《吕》中,代词共有 40 个(6176),均为单音词。

代词不受他词修饰;具有称代和指别的功能。

《吕》中的代词,按其意义和功能可以分为以下三类:(1)人称代词;(2)指示代词;(3)疑问代词。

2. 人称代词

《吕》中,人称代词共有 16 个(4131),列举如下:

第一人称代词(4):我、吾、余、予;

第二人称代词(4):女(汝)、若、而、尔;

第三人称代词(5):之、其、夫、彼、乃;

己身称代词(3):己、身、自。

2.1 第一人称代词

2.1.1 第一人称代词"我"和"吾"在上古音系中属 ŋ 系(古疑母)。[①]

[①] 拟音采用王力先生的上古音系(见《汉语史稿》中册 206 页)。

"余"和"予"属 d 系(古定母)。① 《吕》中,ŋ 系的"我"和"吾"是第一人称代词的主体(约占出现总数的 96%)。

仅占 4% 的 d 系第一人称代词"余""予"分布在《吕》10 篇之中,与 ŋ 系的"我""吾"混用。如:

> 吾闻之曾子,曾子闻之仲尼……余忘孝道,是以忧。(《孝行》)
>
> 吾受命于天……余何忧于龙焉。(《知分》)
>
> 余兴事而齐杀我使。(《行论》)

既无地域之分,也无时代之别。

"我""吾""余"既可称代单数,又可称代复数。如:

> 我,狐父之人丘也。(《介立》)
>
> 吾为汝父也。(《疑似》)
>
> 余以此封女。(《重言》)
>
> (以上称代单数。)
>
> 三帅乃惧而谋曰:我行数千里。(《悔过》)
>
> 吾三人者于齐国也,譬之若鼎之有足。(《不广》)
>
> (其民曰)君使宫人与鹤战,余焉能战?(《忠廉》)
>
> (以上称代复数。)

但均以称代单数为常。② 详见下表:

---

① 段玉裁云:"周初盖作'余',故《礼经》古文用'余',左丘明述《春秋》亦用'余'。《诗》《书》则会萃众编而成,多用'予'。《论语》《孟子》用'予'。"(《经韵楼集》卷十一)今考甲骨文、金文,有"余"而无"予",《尚书》有"予"而无"余"。"余""予"或为古今字。

② 王力先生说:"有些人称代词是专用于单数的,如'朕'、'予'(余)、'台'、'卬'。"《汉语史稿》中册,266 页)《吕》中,"余"偶尔用于复数。

人称代词 \ 称代数目	单数	复数
吾	187	25
我	155	21
余/予	17	1

"我"称代复数时,常表集体,相当于今天的"我国""我军"之类。如:

> 必欲攻我而无道也。(《权勋》)
>
> 楚众我寡。(《义赏》)
>
> 女胡视越人之入我也。(《知化》)
>
> 秦人袭我。(《贵直》)
>
> 我与吴人战,必败。(《高义》)

《权勋》《知化》《贵直》诸例中的"我"称代"我国",《义赏》《高义》诸例中的"我"称代"我军"。

2.1.2 第一人称代词充当句子成分的情况见下表:

人称代词 \ 句子成分	主语	宾语	定语
吾	125	8	79
我	69	91	6
余	10	0	7
予	0	1	0

关于上表的几点说明:

(1)充当主语是"我""吾""余"基本的语法功能。三者没有太大分别,这从"我""吾"对举,"吾""余"对举即窥见一斑。如:

> 昔者子胥过,吾犹不取;今我何以子之千金剑为乎?(《异

宝》)

　　我有衣冠,而子产贮之;孰杀子产,吾其与之。(《乐成》)
上二例"吾""我"对举,"吾""余"对举见上文《孝行》《知分》例。

　　有一点需要指出,《吕》中,充当判断句主语的第一人称代词只见"我"一词。如:

　　我,狐父之人丘也。(《介立》)

　　我,姬姓也。(《慎小》)

　　我,贱人也。(《慎行》)

　　我,何如主也?(《过理》)

　　子,肉也;我,肉也。(《当务》)

(2)"我""吾""余"充当宾语、定语时,表现出明显的对立。"我"以充当宾语为常,很少充当定语(其出现频率约为 15∶1)①;"吾""余"则以充当定语为常,很少充当宾语(其出现频率分别为 10∶1、7∶1)②。这种对立而又互补的态势在"我""吾"同时出现的时候更为明显。如:

　　今吾生之为我有,而利我亦大矣。(《重己》)

　　吾所欲则先我为之。(《长见》)

　　我已亡矣而不知其故。吾所以亡者,果何故哉?我当已。(《审己》)

　　我必有罪,故天以此罚我也。今故兴事动众以增国城,是重吾罪也。(《制乐》)

　　王数封我矣,吾不受也。(《异宝》)

---

① 《马氏文通》云:"'余'字用于主次与动字后宾次者居多。"(44 页)与《吕》不合。
② 西周金文中,"我"以充当定语为常(见管燮初《西周金文语法研究》174 页),至《吕》时代,已发生了极大的变化。

> 后之伐桀也,谋乎我,必以我为贼也;胜桀而让我,必以我为贪也。吾生乎乱世,而无道之人再来诟我,吾不忍数闻也。(《离俗》)

上述诸例表明:"我""吾"在句(或句群)中同时出现,充当主、宾时,"我"充当宾语,"吾"充当主语,见《异宝》《离俗》诸例。"我""吾"在句(或句群)中同时出现,充当主、宾、定语时,"我"充当主、宾语,"吾"充当定语,见《重己》《长见》《审己》《制乐》诸例。

"吾"充当宾语不仅频率低,而且受到限制。《吕》中,"吾"充当宾语8例,其中7例出现在否定句中。如:

> 若受吾币而不吾假道。(《权勋》)
> 群臣之谋又莫吾及也。(《骄恣》)
> 不如吾者,吾不与处,累我者也。(《观世》)①

"吾"充当非否定句动词(或介词)宾语仅1例:

> 每斯者以吾参乎二子者乎。(《贵直》)

(3)"余"作定语7例中,有6例是"余一人"。《吕》中,"余一人"为商、周天子自称。如:

> 高宗乃言曰:"以余一人正四方,余唯恐言之不类也。"(《重言》)
> 成王曰:"余一人与虞戏也。"(《重言》)

我们没有把"余一人"看作是代词②,而是看作同位性偏正短语,主要出于以下考虑:

---

① 王力先生说:"在任何情况下,'吾'都不用于动词后的宾语。"(《汉语史稿》中册,262页)但《吕》中"吾"偶尔用于动词后的宾格。

② "余一人"杨伯峻、何乐士称之为"最高统治者的自称之词"(见《古汉语语法及其发展》96—97页)。

①"余一人"中的"一人"在于强调天子所处的天下唯一的地位,"一人"仍是一个有意义的语言单位。上文《重言》例中,"余一人"与"余"的对比便是个证明。又如:

  (汤)曰:"余一人有罪,无及万夫。万夫有罪,在余一人。无以一人之不敏,使上帝鬼神伤民之命。"(《顺民》)

例中,"余一人"解释为"我一个人",亦无不可。"无以一人之不敏"中的"一人"显然是上文"余一人"之省。这更说明了"余一人"中的"一人"是个独立的语言单位。

②上古天子还可以自称"予小子""予冲子""予冲人"。如:

  以予小子扬文武烈。(《尚书·洛诰》)

  予冲子,夙夜畏祀。(《尚书·洛诰》)

  肆予冲人永思维艰。(《尚书·大诰》)

总之,周天子在"余""予"之下或加"一人",或加"小子""冲子""冲人"用以自称。但人们都不把"予冲子""予小子"等看作第一人称代词,因此,也没有必要把"余一人"看作第一人称代词。

2.2 第二人称代词

2.2.1 第二人称代词"女(汝)""若""而""尔"在上古音系中均属 n 系(古日母)。《吕》中,第二人称代词以"女(汝)"为主(约占总数的60%);"若""而"次之(各占约20%);"尔"仅1例,且为《诗经》引文①,所以,严格地说,《吕》中的第二人称代词只有"女(汝)""若""而"3个。

《吕》中,第二人称代词既可以称代单数,也可以称代复数。如:

  吾更与女。(《报更》)

---

① 见《务本》:"《大雅》曰:'上帝临汝,无贰尔心。'"

幸汝以成而名。(《忠廉》)

王问讪曰:"若圣乎?"(《审应》)

(以上称代单数。)

余恐其伤女也。(《爱士》)

(门人问之,)乐正子曰:"善乎,而问之。"(《孝行》)

若残竖子之类,恶能给若金。(《权勋》)

(以上称代复数。)

"女(汝)""而"以称代单数为常,"若"称代单数、复数大体相当。详见下表:

人称代词 \ 称代数目	单数	复数
女(汝)	21	4
若	4	5
而	6	2

《吕》中,第一人称代词与第二人称代词之间没有固定的搭配。[①] 如:

余恐其伤女也。(《爱士》)

吾更与女。(《报更》)

汝非盗耶?胡为而食我?吾义不食子之食也。(《介立》)

若告我旷夏尽如诗。(《慎大》)

划而类,揆吾家。(《知士》)

[①] 王力先生说:"上古人称代词具有相当整齐的系统,各词都有对立关系;'吾''余''予'和'汝'相配,'我'和'尔'相配。"(《汉语史稿》中册,261页)但《吕》显然不是如此。

曰:"若国有妖乎?"一虜对曰:"吾国有妖。"(《慎大》)①
上述各例反映的搭配关系可以用下图表示:

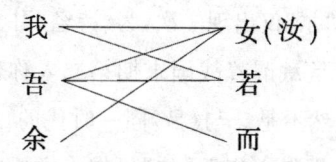

```
我 ———————— 女(汝)
吾  ╲  ╱      若
      ╳
余 ╱    ╲    而
```

2.2.2 第二人称代词充当句子成分的情况见下表:

人称代词＼句子成分	主语	宾语	定语
女(汝)	12	11	2
若	5	1	3
而	1	0	7
(尔)	0	0	(1)

"女(汝)"主要充当主语、宾语,极少充当定语;"若"主要充当主语,其次是定语,偶尔充当宾语;"而"主要充当定语,偶尔充当主语②,不能充当宾语。上述差异在第二人称代词同时出现在句中时看得尤为明显。如:

　　幸汝以成而名。(《忠廉》)

宾语用"汝",定语用"而"。

2.2.3 第二人称代词"尔"始见于《尚书》,与"女(汝)"并用,至战国中期,已成为主要的第二人称代词(《尚书》164例,《诗经》196

---

① 《马氏文通》云:"'若'字用于主宾两次,偏次则唯用于称呼之人,未有用于物者。"(44页)又"('而'字)偏次亦唯合于称呼之人"。与《吕》不尽相合,《慎大》例中,"若"居偏次,而用于物。又如《权勋》:"不战,必刈若类,掘若垄。""若垄"亦是"若"居偏次而用于物。

② 《马氏文通》云:"'而'字用于主次者其常。"(44页)与《吕》不合。

例,《论语》20 例,《左传》68 例,《孟子》5 例,《韩非子》5 例)。但在战国末期最重要的两部文献中却突然销声匿迹(《荀子》中无第二人称代词"尔",《吕》中,"尔"仅出现 1 次,为《诗经》引文)。如何解释这一语言现象呢?是不是意谓着战国末期第二人称代词"尔"在语言中已经消亡了呢?显然不是。与《吕》同一时代的《韩非子》便是证明。秦以后的大量语言材料也表明"尔"仍作为主要的第二人称代词活跃在语言中。我们推测,《荀》《吕》中不用第二人称代词"尔",恐怕是方言的缘故。第二人称代词"若"在《吕》中出现 9 次,而在《论》《左》《孟》《荀》中却未见 1 例,恐怕也同样是方言的原因。

2.3 第三人称代词

2.3.1 第三人称代词与第一、二人称代词不同,它不仅称代人,还可以称代物。如:

荆人有遗弓者,而不肯索,曰:"荆人遗之,荆人得之,又何索焉?"(《去私》) [之,代弓。]

缶醢黄,蚋聚之。(《功名》) [之,代盛醢之缶。]

今有树于此,而欲其美也。(《至忠》) [其,代树。]

谋失于胸,令困于彼。(《先己》) 高诱注:"彼亦外也。"

惟"夫"只称代人,显然这与"夫"由名词(《说文·夫部》:"夫,丈夫也。")转化而来有关。

第三人称代词也兼称代单、复数。如:

王子搜不肯出,越人薰之以艾。(《贵生》)

子长成人,幕动坼橑,斧斫斩其足。(《音初》)

彼虽畏,我存,夫安敢畏。(《劝学》)

(以上称代单数。)

成王立,殷民反,王命周公践伐之。(《古乐》)

古之贤者与,其尊师若此。(《劝学》)

夫无父而无师者,余若夫何哉?(《劝学》) 范耕研曰:"夫与彼同。言彼无父无师,则他人其如彼何哉?"(203页)

有子二人,皆与师行。比其反也,非彼死,则臣必死矣。(《悔过》)

(以上称代复数。)

第三人称代词偶尔灵活运用,有时为说话者本人自称,有时指称对话之人。如:

于是襄子曰:"先君必以此教之也。"(《长攻》) [之,襄子自称。犹"我"。]

蹇叔送师于门外而哭曰:"师乎!见其出而不见其入也。"(《悔过》) [其,指称对方。犹"你们"。]

这种灵活运用只出现在对话的语言环境中。

2.3.2 第三人称代词充当句子成分的情况见下表:①

人称代词\句子成分	主语	宾语	定语
之	0	1665	6
其	(3)	2	1716
乃	0	0	1
夫	1	3	0
彼	10	6	0

《吕》中,第三人称代词在充当句子成分上呈现出鲜明的对立。

---

① 表中宾语包括兼语。( )表示该代词充任该成分的句法结构是不自由的,不能独立成句。

这主要表现为"之"和"其"的对立上。吕叔湘先生说:"'之'限于宾格,'其'限于领格,通于主宾两格者惟一'彼'字。"①《吕》的情况与吕先生的结论总体相合,但也有不尽然之处:

(1)"之"偶尔处于领格,相当于"其"。如:

人之不爱倕之指,而爱己之指,有之利故也。(《重己》)
范耕研曰:"之、其古通。'有之利',犹言有其利。"(34页)

其妻遥闻之状,磨笄以自刺。(《长攻》) 马叙伦曰:"之读为其。"(800页)

欲埤之责,非攻无以。(《无义》) 高诱注:"埤,塞也。鞅欲报塞相秦之责,非攻无以塞责。"按:高注以"相秦之"释句中的"之"。

上述例中的"之",如果看作宾语,既与"有""闻""埤"等动词的语法功能不合(非双宾动词),而且句意难通;如果看作定语,看作相当于"其",则无上述弊端,且与前人注释相合。

(2)"其"偶尔处于主、宾格。如:

赵魏韩皆亡矣,其皆故国矣。(《安死》)
顾不知其孟贲也。(《必己》)
使船人知其孟贲,弗敢直视。(《必己》)

《安死》例,"其"处于主格自不待说,《必己》例,充当宾语的小句"其孟贲"是主谓结构的判断句②。如果将"其"所称代的事物换作名词语,《必己》例可以改写作"顾不知过河者,孟贲也"(《战国策·赵策》:"吾闻鲁连先生,齐国之高士也。")。需要指出的是,由"其"充

---

① 见《汉语语法论文集》(修订本)56页。
② 《史记·商君列传》:"客人不知其是商君也。""其是商君"当是"其孟贲"的发展形式。

当主语的主谓结构是不自由的,不能独立成句,而且谓语只能是名词语。

> 凡人主之与其大官也,为有益也。(《应言》)
> 因令其呼之曰。(《慎行》)

《应言》例,"其"称代动作"与"的对象,是宾语①,《慎行》例,"其"充当兼语。

(3)通于主宾两格者,除"彼"外,尚有一"夫"字。如:

> 彼虽畏,我存,夫安敢畏?(《劝学》)　范耕研曰:"'夫安敢畏'与下文'回何敢死'句法同。……夫与彼同,指曾参而言。"(203—204页)
> 因然而然之,使夫自言之。(《谨听》)
> 夫无父而无师者,余若夫何哉?(《劝学》)

前《劝学》例,"夫"充当主语,后《劝学》例,"夫"充当宾语。

2.4　己身称代词　《吕》中,己身称代词有"己""身""自"三词。己身称代词不是确指某一人称的代词,而是称代某人、某物"自身"。

2.4.1　《吕》中,己身称代词充当句子成分的情况详见下表:

句子成分 人称代词	主语	宾语	定语	谓语	状语
己	14	61	16	1	0
身	1	1	0	0	(2)
自	1	5	0	0	177

己身称代词都可以充当主语、宾语。例如:

---

①　王力先生说:"'其'字用于宾语出现在晋代以后的史料中。例如:'可引军避之,与其空城。'(《三国志·魏志》)"(《汉语史稿》史册269页)我们认为《应言》例"与其大官"与《魏志》例"与其空城"没有什么分别。"其"作宾语在《吕》当已出现萌芽。

其邻之子非变也,己则变矣。(《去尤》)
身亲耕而食,妻亲织而衣。(《顺民》)
见人之急,若自在危厄之中。(《报更》)

(以上充当主语。)

管子恐鲁之止而杀己也。(《顺说》)
(王)曰"视卯如身",是重臣也。(《应言》)
为天下不治与?而既已治矣;自为与?啁噍巢于林,不过一枝。(《求人》)

(以上充当宾语。)

需要说明的是:(1)"自""身"充当主语只是偶尔为之;(2)"自"充当宾语,其位置均在动词之前,"己"充当宾语,其位置一般在动词之后,偶尔置于动词之前(4例)。如:

吾闻君子屈乎不己若者,而伸乎己若者。(《观世》)

己身称代词在充当定语、谓语、状语上呈现出鲜明的对立:"己"可以充当定语,如:

六合之内皆为己府矣。(《贵信》)
人不爱倕之指,而爱己之指。(《重己》)

偶尔还可以充当判断句谓语:

敬爱人者,己也;见敬爱者,人也。(《必己》) 按:《吕》中,人称代词充当谓语,唯"己"一词。

而"身""自"不能充当定语、谓语。"自"以充当状语为最基本、最主要的语法功能。如:

今修兵而反以自攻。(《本生》)
宣王自迎静郭君于郊。(《知士》)
车不自行。(《用民》)

"身"只有与"自"并列使用时才充当状语(例见下文),而"己"不充当状语。

2.4.2 "自"以充当状语为最基本的语法功能,从而显示出了与其他人称代词不同的特点,因此有的语法著作称之为副词。① 我们把"自"归入代词主要出于以下考虑:(1)"自"称代己身,具有代词的称代和指别功能;(2)"自"也可以充当主语、宾语,语法功能与副词有别。

2.4.3 "身""自"偶尔可以连用(2),充当状语。如:

不赡者,必身自食之。(《顺民》)

寡人之无使,而身自将是众也。(《贵直》)

3. 指示代词

《吕》中,指示代词共有 18 个(1641),按照意义可分为 6 类,列举如下:

近指代词(10):此、兹、斯、是、时、之②、若、以、焉、然;

---

① 杨伯峻、何乐士《古汉语语法及其发展》:"另一个'自'字,虽然也是表示己身,却以代词的意义作副词用,经常放在动词前面,它既不能作主语,纵使从句意来说是动词宾语,也一样在动词前……所以不列在代词内。"(127 页)

② 有的语法著作把"之"看作"泛指代词"(见郭锡良《试论上古汉语指示代词的体系》一文,载《语言文字学术论文集》,知识出版社,1988 年),我们未采此说,而是根据意义和语法功能把"之"一分为二:指示代词"之"和人称代词"之"。因为《吕》中的指示代词"之"在意义上也用于特指,如:

或曰:"后来,是良日也,之子是必大吉。"(《音初》) 范耕研曰:"之子者,此子也。"(336 页)

(宁戚)击牛角疾歌,桓公闻之,抚其仆之手曰:"异哉!之歌者非常人也。"(《举难》) 毕沅曰:"《新序》五'之'作'此'。"(1319 页)

上述例句中的"之"均用于指代特定的对象,而非泛指。

远指代词(3):彼、其、夫;

旁指代词(1):他;

逐指代词(1):每;

虚指代词(1):某;

无定指代词(2):或、莫。

3.1 近指代词

3.1.1 《吕》中,近指代词有 10 个之多,但常用的仅"此""是""焉""然"4 个而已(约占近指代词出现总数的 98.5%)。

"兹""时""斯"各见 1 例,列举于下:

余恐言之不类也,兹故不言。(《重言》)

邺有圣令,时为史公。(《乐成》) 杨昭俊曰:"时,是也。"(1001 页)

《周箴》曰:"夫自念斯学,德未暮。"(《谨听》)

这三个近指代词在《吕》中偶见,是萌芽? 还是残余? 还是什么其他原因? 仅靠《吕》的语言材料是无法做出解释的。如果描写仅止于此,只不过是做了专书语法研究最基础的工作而已。要想做较为准确的描写,必须扩大考察范围,对上述语法现象做历史的考察。

我们考察了今文《尚书》《诗经》等另外十一部上古文献,考察结果如下:[①]

[①] 《公羊传》《穀梁传》《礼记》等三部文献年代较晚,其中近指代词"兹""时"未做考察。

七 《吕氏春秋》代词研究

	今文尚书	诗经	论语	左传	孟子	荀子	韩非子	庄子	公羊传	穀梁传	礼记·檀弓	礼记·大学
兹	46	13	1	7(13)	1(2)	1(1)	0	0				
时	56	22	0	(5)	(2)	0	0	1				
斯	0	28	40	(2)	17	2		1	0	2	36	0
此	3	85	0	233	112	274	509	255	271	98	1	16

近指代词"兹""时""斯"等在古代文献中的分布显然存在着不小的差异。关于这一差异，古人早有论及。顾炎武《日知录》卷六"檀弓"条云："《尔雅》曰：'兹、斯，此也。'今考《尚书》多言'兹'，《论语》多言'斯'，《大学》以后之书多言'此'。"又云："《论语》之言'斯'者七十，而不言'此'，《檀弓》之言'斯'者五十有三，而言'此'者一而已。《大学》成于曾氏之门人，而一卷之中，言'此'者十有九。语音轻重之间，而世代之别，从可知已。"①

"兹""斯""此"三词同源，其语音上的差异，确如顾氏所云只在"轻重之间"；从"兹"到"斯""此"，从我们考察的结果看，亦确如顾氏所云，为"世代之别"。近指代词"兹"在甲骨卜辞中即已出现。今文《尚书》中，近指代词"兹"出现46例，《诗经》"兹"出现13例(其中《雅》8例、《颂》5例)；今文《尚书》中，近指代词"时"出现56例，《诗经》"时"出现22例(其中《风》1

---

① 顾炎武关于《论语》《檀弓》中"斯"的统计数字包括近指代词和连词，与本文不同。

例、《雅》6例、《颂》15例)。这表明,"兹""时"是上古汉语早期常用的近指代词。至《论语》而近指代词改用"斯",不用"兹""时",这一变化是历史的变化。这表明,近指代词"兹""时"在春秋与战国之交已经消亡。这一结论,从我们对《孟子》《庄子》《荀子》《韩非子》等文献的考察结果中得到了验证。由此,我们可以说,《吕》中,近指代词"兹""时"偶见,只不过是作者在叙述古事时刻意仿古而已。①

近指代词"斯"最早见于《诗经》(28例),散见于《风》(6例)、《雅》(18例)、《颂》(4例),是周初至春秋中叶常用的近指代词之一。然而,至《吕》亦仅见1例,而且是古代逸书的引文;那么,近指代词"斯"是否像"兹""时"那样,在周秦之交已经消亡了呢?"斯"与"此"是否如顾氏所云亦为"世代之别"呢?考察上古诸书,我们发现,战国时期,指示代词"斯"集中出现在《论语》(40例,成书于战国初期)、《孟子》(17例,成书于战国中期)以及《礼记·檀弓》(36例,成书于周秦之交)三部文献中。而与《论语》《孟子》《礼记》同期的《左传》(2例)、《庄子》(1例,《则阳》)、《荀子》(2例,《大略》)、《韩非子》(0例)、《礼记·大学》(0例)等文献中,指示代词"斯"几乎绝迹。这种明显的对立引起了我们的思索。仅用"世代之别"无法解释上述文献在"斯""此"上的对立。我们只能从这两组文献的对比中寻求答案。将这两组文献比较一下不难看出,《论语》《礼记·檀弓》这二部文献用"斯",不用"此",其作者是鲁地之人,

---

① 《左传》中近指代词"兹"虽出现了20例,但其中13例引自《夏书》《盘庚之诰》,另7例均出现在述及古事的对话或公告之中;而5例近指代词"时"均引自《诗经》。这与本文的结论相合。

用鲁地之语,记载鲁地之事;而《左传》《韩非子》等则否,用"此",不用"斯"。这两组文献在近指代词"斯""此"上的对立,实则是地域方言的对立。我们推测,上古汉语发展至战国时期,近指代词"斯"只在鲁地的方言中沿用,而在非鲁地的方言中已经消亡。近指代词"斯"在《吕》中偶见,除了"世代之别"之外,还有地域方言的原因。

至于《孟子》中"斯""此"混用,用"地域方言"说可以解释。孟子为邹人,而邹靠近鲁国,"斯""此"混用,当是方言接触的结果。①

《庄子》《荀子》中"斯"偶见,亦可以用"地域方言"说加以解释。《庄子》1 例出现在《则阳》篇,而《则阳》在《外篇》,为庄子后学所作;《荀子》2 例出现在《大略》篇,而《大略》篇,唐代的杨倞曰:"此篇盖弟子杂录荀卿之语。"日儒久保爱亦曰:"此篇间有似抄录者,不特荀卿语也。"②如果说,《则阳》《大略》的作者是鲁地之人(或受了鲁地之语的影响),也并非是不可能的。这或许正是近指代词"斯"在《庄子》《荀子》中偶见的原因。③

---

① 《吕氏春秋词类研究》(1997)中,未考察近指代词"此",而误将《孟子》也看作是鲁地之人用鲁地之语记鲁地之事的文献(255 页),当予以修正。
② 转引自梁启雄《荀子简释》(中华书局,1983 年)364 页。
③ 秦以后的文献,我们考察了《史记》,结果如下:近指代词"斯"34 例,"此"1320 例。值得注意的是,"斯"的 34 例中,引文占 18 例(其中引《尚书》2 例、引《诗经》1 例、引《论语》及孔子与弟子问答 15 例),另 16 例,只出现在司马相如的赋(见《司马相如列传》,6 例)及司马迁评论之语(10 例,如"太史公曰"之类)之中。《史记》的语言当是当时的通语,而非鲁地之语。《史记》的考察结果支持了我们的观点:战国以后,在非鲁地之 语中,近指代词用"此",不用"斯"。至于非鲁地之人的司马相如及司马迁,其赋及评论之语中出现的 16 例"斯",我们推测,是否由于汉武帝"独尊儒术"的影响,而增添的典雅色彩?还有待于做进一步的考察。

3.1.2 《吕》中,近指代词充当句子成分的情况见下表:

指示代词 \ 句子成分		主语	宾语	定语	补语	谓语
体词性指示代词	此	297	287	93	0	2
	是	138	117	110	0	23
	兹	1	0	0	0	0
	时	1	0	0	0	0
	(斯)	0	0	(1)	0	0
	之	0	0	14	0	0
	以	10	0	0	0	0
	若	0	0	7	0	0
	焉	0	0	0	110	0
谓词性指示代词	然	0	8	42	0	104

近指代词按其语法功能可分为体词性近指代词和谓词性近指代词两类,除"然"为谓词性近指代词外,其余均为体词性近指代词。

体词性指示代词除"此""是"之外,其余七个语法功能单一,在句中只充当一种成分,分述如下:"兹""时""以"只充当主语("兹""时"例见上文)。如:

　　令其子速哭曰:"以谁刺我父也?"(《贵卒》) 杨树达曰:"以读为'已'。《尔雅·释诂》:'已,此也。'"(1479页)

　　以(此)言物之相应也。(《开春》) 杨树达曰:"当衍'此'字。《吕》书多用'以'为'此'。"杨伯峻曰:"下《知化》篇云:'以虽知之与勿知同','以'亦'此'也。"(1432页)

"之""若"只充当定语,如:

之子必有大吉。(《音初》) 范耕研曰:"之子者,此子也。"(336 页)

故乱天下、害黔首者,若论为大。(《振乱》) 陈奇猷曰:"若论,此论也。"(400 页)

"焉"只作补语。如:

其后在于鲁,墨子学焉。(《当染》) 高诱注:"其后,史角之后也,亦染墨翟。"

关于"焉"和"然"我们将在下面专门讨论。

3.1.3 关于"此"与"是"。《马氏文通》云:"至'是''此'二字,确有不可互易之处。凡言前文事理,不必历陈目前,而为心中可意者,即以'是'字指之。前文事理有形可迹,且为近而可指者,以'此'字指之。"(53 页)考察《吕》的"此"与"是",与马氏之说不尽相合。"有形可迹"且"近而可指"的事物也可用"是"。如:

官以是豕来也,昭釐侯曰:"是非向者之豕耶?"(《任数》)

(楚人)遽契其舟,曰:"是吾剑之所从坠。"(《察今》)

(善相狗者)曰:"是良狗也。"(《士容》)

未"历陈目前"的"前文事理"也可用"此"。如:

然而人君人亲不得其所欲,人子人臣不得其所愿,此生于不知理义。(《劝学》)

夫刺之不入,击之不中,此犹辱也。(《顺说》)

今非徒免于刑戮死辱也,由此为天下名士显人,以终其寿,王公大人从而礼之,此得之于学也。(《尊师》)

从《吕》看,"是"与"此"并非"不可互易"。如上述《士容》

例"是良狗也",同一段中又说"此良狗也";"当是时也"(《知士》)也可以说成"当此时也"(《直谏》);"是必夫奇鬼也"(《疑似》)也可以说成"此必夫奇鬼也"(《介立》有"此必介子推也"句)。因此可以说,《吕》中"是"与"此"在语法意义上并没有明显的区别。

但"是"与"此"在用法上存在着一些差异,主要表现在以下几个方面:

(1)《吕》中,"是"充当主语,谓语多由谓词语充当,"此"充当主语,谓语多由体词语充当。① 统计如下:

指示代词	谓语类别及频率	谓词性词语频率	占总数百分比	体词性词语频率	占总数百分比
是		106	77%	32	23%
此		57	20%	240	80%

(2)《吕》中,"此"仅偶尔充当谓语(2例):

  其唯此也。(《异宝》)

  其惟此邪。(《尊师》)

"是"充当谓语的频率要比"此"高得多(23例)。如:

  专诸是也。(《论威》)

  用己者未必是也。(《务本》)

可以说,《吕》中,近指代词充当判断句谓语以"是"为常,以"此"为变。② 如果"此""是"共同出现在一句之中,充当谓语的必定是

---

① 这一结论与《孟子》相合。《孟子》中,"此"作主语,判断句占68%;"是"作主语,判断句占33%。(参见崔立斌《〈孟子〉的指示代词》一文,载《语文研究》1993年第4期)

② 《孟子》中,"是"可作谓语,"此"未见作谓语,与《吕》相一致。(参见崔文)

"是"。如：

> 此必是已。(《重言》)

(3)"此"充当定语,以直接充当定语的为常(90),但偶尔也可借用"之"(3)。如：

> 今无此之危,无此之丑。(《节丧》)
>
> 得士则无此之患。(《观世》)

"是"只直接充当定语。

当中心语为数词短语时(52),定语以用"此"为常(49)。如：

> 此二者,死生存亡之本也。(《情欲》)
>
> 此四王者,所染当。(《当染》)

偶尔用"是"(3)：

> 诚无欲,则是三者不足以劝。(《为欲》)
>
> 诚无欲,则是三者不足以禁。(《为欲》)
>
> 其仪不忒,正是四国。(《先己》) 按：此例为《诗经》引文。

(4)"是"作介词"以"(引进原因)的宾语时(26),均处于介词"以"之前。如：

> 先王择两法一,是以知万物之情。(《大乐》)
>
> 吾是以知松柏之茂也。(《慎人》)

"此"作介词"以"(引进原因)的宾语时(6),只处于介词"以"之后。如：

> 吴楚以此大隆。(《察微》)
>
> 比干、苌弘以此死。(《离谓》)

"以此"6例,集中出现在《察微》(2)、《离谓》(4)二篇之中。据此,我们也可以说,《吕》中介词"以"引进原因时,近指代词宾语以

"是"为常,以"此"为变。

有人说:"在'是'、'此'两字中,作指示形容词(按,即作定语)和宾语的用法以'此'字为多,作主语的用法以'是'字为多。"① 这一结论至少与《吕》的言语事实不符。《吕》中,充当定语以"是"字为多,充当主、宾语以"此"字为多。对比如下:

指示代词\句子成分	主语	宾语	定语
此	297(43.7%)	287(42.2%)	93(13.7%)
是	138(35.5%)	117(30%)	110(28.3%)

3.1.4 关于"焉"。"焉"是个特殊的指示代词,在意义上相当于"于是",指代范围、对象等。说它特殊,表现为:

(1)"焉"总是出现在不及物动词、形容词或动词短语之后。如:

  鱼死焉。(《必己》) 墨子学焉。(《当染》)
  乱莫大焉。(《壹行》) 三者国有一焉。(《本生》)

如果用"焉"所指代之物替换"焉",上述各例均可作如下转换:

  鱼死焉→鱼死于是 是,指代文中的"池"。

  〔比目之鱼死乎海。(《遇合》) 乎,犹于。〕

  墨子学焉→墨子学于是 是,指代文中"史角之后"。

  〔曾子学于孔子。(《当染》)〕

  乱莫大焉→乱莫大于是 是,指代文中的"十际皆败"。

  〔故败莫大于愚。(《士容》)〕

---

① 见洪波《先秦指代词研究》一文(转引自杨伯峻、何乐士《古汉语语法及其发展》143页)。

国有一焉→国有一于是　是,指代文中的"三者"。

〔臣亦有国于此。(《审己》)〕

由于"焉"字均可转换为"于是"(或"于"字短语),有的语法著作称之为"合义词"①。我们未采此说,基于以下考虑:指示代词所指代的事物随语言环境而变,在言语中或是词,或是短语,或是句子。因此,当"焉"指代"于"字短语时,无须再另立"合义"这一术语。再说,"焉"作"于是"解,是由"焉"分布的语境决定的。因为"焉"一般总是出现在不及物动词、形容词之后,因此,后人在理解、训释"焉"的时候,照常例加"于",如《经传释词》云:"焉,犹'于是'也。"(38页)这种后人训释之时所加的词语,不宜看作"焉"自身固有的意义,还是用"犹"较为贴切。《经传释词》中类似"焉"的训释还有一些,如:

安,犹"于是"也。(33页)　乃,犹"于是"也。(121页)
如,犹"不如"也。(147页)　尔,犹"而已"也。(160页)
尔,犹"如此"也。(160页)　耳,犹"耳已"也。(162页)
即,即今人言"即今"也。(186页)
即,犹今人言"即是"也。(235页)
罔,犹"得无"也。(237页)

上述各例均以两字训一字,与"焉"相类。但无须因此而将其看作"合义词"。

(2)"焉"只出现在句末充当补语。我们未把"焉"看作准宾语,是因为准宾语可以转换为介词宾语,而"焉"不可,上古汉语中不存在"动·于·焉"的格式。

---

① 见杨伯峻、何乐士《古汉语语法及其发展》19页。

3.1.5 关于"然"。"然"是唯一的谓词性近指代词。"然"的最基本的语法功能是充当谓语(约占总数的65%)。如：

非独染丝然也。(《当染》)

不肖者则不然。(《举难》)

其次是充当定语(约占总数的26%)。如：

君之国小,不足以具之,为天子然后可具。(《本味》)

然后济于河。(《慎大》)

"然"充当定语只出现在"然后"这一凝固格式中,"然后"中的"然"已经虚化。"然"也可以充当宾语,但数量很少(约占总数的5%)。如：

物多类然而不然。(《别类》)

"然"偶尔活用作动词(3)。如：

因其固然而然之,此天地之数也。(《贵当》)

说淫则可不可而然不然。(《正名》)

《贵当》例中,"然"是使动用法;《正名》例中,"然"是意动用法。

《吕》中,"然"的语法功能与形容词更为接近。我们之所以把"然"归入指示代词,是因为"然"与其他代词具有共同的语义基础,具有共同的称代和指别作用。

3.2 远指代词 《吕》中,远指代词共有3个,其充当句子成分的情况见下表：

指示代词＼句子成分	主语	宾语	定语
彼	0	4	6
其	0	0	73
夫	5	0	7

充当定语是远指代词共同的语法功能。如:

> 巡彼远方。(《孟秋》)
>
> 其野人大说。(《贵公》)
>
> 孔子曰:"若夫人者,目击而道存矣。"(《精谕》)

远指代词在充当主、宾语上呈现出鲜明的对立:"彼"只作宾语,不作主语。如:

> 诚乎此者刑乎彼。(《具备》)

"夫"只作主语,不作宾语。如:

> 故得道忘人,乃大得人也,夫其非道也。(《审分》)

"其"既不作主语,也不作宾语。

3.3 旁指代词 《吕》中,旁指代词仅有"他"一词。"他"以充当定语为常(13)。如:

> 齐攻鲁,求岑鼎,鲁君载他鼎以往。(《审己》)
>
> 王乃使他人遂为之。(《乐成》)

"他"还可以充当宾语(3)。如:

> 勿求于他,必反于己。(《论威》)
>
> 变也者无他,有所尤也。(《去尤》)

偶尔充当判断句谓语(1):

> 夫秦非他,周室之建国也。(《悔过》)

"他"不同于其他代词的语法功能在于可以受远指代词"其"的修饰(3)。如:

> 吾不知其他也。(《离俗》)
>
> 今无其他。(《不屈》)
>
> 《诗》曰:"人知其一,莫知其他。"(《安死》) 闻一多《诗经新义》:"犹云知其一,不知其二也。"

3.4 逐指代词 《吕》中,逐指代词仅"每"一词。"每"以充当状语为常(4)。如:

每食必祭之。(《异宝》)

每居海上,从蜻游。(《精谕》)

"每"充当状语,表示同一动作每一次出现。

"每"偶尔充当定语(1):

每朝与其友俱立乎衢。(《离俗》)

"每"充当定语,指全体中的每一个体。

3.5 虚指代词 《吕》中,虚指代词只"某"一词(9),指称有定但不明确指出的人或事物。"某"在句中只充当定语。① 如:

先立春三日,太史谒之天子曰:"某日立春,盛德在木。"(《孟春》)

某氏多货。(《听言》)

3.6 无定代词 《吕》中,无定指代词有两个,一个是肯定性无定代词"或"(41),一个是否定性无定代词"莫"(112)。

"或""莫"在句中只充当主语。如:

剑之情未革,而或以为良,或以为恶。(《别类》)

慈石召铁,或引之也。(《精通》)

人或谓兔丝无根。(《精通》)

人主莫不欲其臣之忠。(《必己》)

---

① 先秦他书中,"某"也可作主、宾语。如:
  吾子命之,某不敢辞。(《仪礼·士昏礼》)["某"作主语。]
  从某至某,广从六里。(《秦策二》)["某"作宾语。]

怯勇无常,倏忽往来,而莫知其方。(《决胜》)

"或""莫"充当主语,前面可以出现先行词,以表示"或""莫"的范围,如《精通》《必己》例;也可以不出现先行词,如《别类》《精通》《决胜》例。

在有"莫"的否定句中,宾语如果是代词,则该宾语前置(24)。如:

桃李之垂于行者,莫之援也。(《下贤》)
群臣之谋又莫吾及也。(《骄恣》)

4. 疑问代词

4.1 疑问代词的语义差异 《吕》中的疑问代词共12个(404),在上古音系中大致分为三系[①],列举如下:

(1) z系(古禅母):谁,孰;
(2) ɣ系(古匣母):何、奚、曷(褐)、胡、盍、侯;
(3) ∅系(古影母):安、恶、焉、乌。

王力先生《汉语史稿》(286—287页)云:z系指人,ɣ系指物,∅系指处所。考察《吕》,与王力先生的结论大体一致。分述如下:

z系主要指人。如:

国无尉,其谁可而为之?(《去私》)
人孰不说?(《怀宠》)

但也可指物。如:

---

① 见王力先生《汉语史稿》中册286—287页。

>　　且夫饥,代事也,犹渊之与阪,谁国无有?(《长攻》)
>
>　　而名为谁?(《报更》)
>
>　　天下之国孰先亡?(《先识》)
>
>　　梁孰与身重?(《应言》)

《吕》中,"谁"指物 2 例(约占总数 14%),"孰"指物 6 例(约占总数 21%)。

　　ɤ系主要指物。如:

>　　是何言也?(《慎人》)
>
>　　请奚杀。(《必己》)
>
>　　子曷为请?(《精谕》)
>
>　　君胡为轼?(《期贤》)

但也可指处所、时间。如:

>　　西伯将何之?(《贵因》)
>
>　　水奚自至?(《贵直》)
>
>　　胶鬲曰:"揭至?"武王曰:"将以甲子至殷郊。"(《贵因》)　高诱注:"言以何时来至殷也。"王念孙曰:"揭犹曷也。"(931页)

　　∅系主要指处所。如:

>　　请问介子推安在?(《介立》)
>
>　　夫子将焉适?(《士节》)

但也可指物。如:

>　　夫安敢畏?(《劝学》)
>
>　　今焉知世之无百里奚哉?(《慎人》)

4.2　疑问代词的语法差异　《吕》中,疑问代词充当句子成分的情况见下表:

上古音系	疑问代词\句子成分	主语	宾语	定语	状语	谓语
古ƺ禅母系	谁	7	5	2	0	0
	孰	26	0	0	2	0
古ɤ匣母系	何	19	109	33	30	26
	奚	0	35	7	13	0
	曷(揭)	0	10	0	3	0
	胡	0	5	0	19	0
	盍	0	0	0	1	0
	侯	0	0	0	1	0
古∅影母系	安	0	3	0	10	0
	恶	0	1	0	21	0
	乌	0	0	0	1	0
	焉	0	5	0	7	0

关于上表的几点说明:

(1)能够充当主语的疑问代词仅见 ƺ 系的"谁""孰"和 ɤ 系的"何"3 词。"何"充当主语仅见"何谓"形式。如:

  何谓九州?(《有始》)

"孰"充当主语,其前可以出现先行词语,表示范围。如:

  子与我孰贤?(《执一》)

  天下之国孰先亡?(《先识》)

"孰"兼表抉择、比较。"孰"前也可以不出现先行词语。如:

  孰谓仲父尽之乎?(《知接》)

"谁"充当主语,其前未见有先行词语,也无抉择、比较之义。

(2) z、ɣ、∅ 三系疑问代词大都可以充当宾语("孰""盍""侯""乌"除外①)。疑问代词充当宾语,绝大多数前置(约占充当宾语总数的 86%)。如:

> 公谁欲相?(《贵公》) 秦客何言?(《应言》)
> 请奚杀?(《必己》) 曷为而至此?(《观世》)
> 君胡为轼?(《期贤》) 若将安适?(《雍塞》)
> 夫子将焉适?(《士节》) 恶乎托?托于爱利。(《用民》)

只有"谁"(2)、"何"(25)也可在动词之后。如:

> 而名为谁?(《报更》) 其使谁嗣之?(《乐成》)
> 敌齐不尸则如何?(《不广》) 将奈社稷何?(《长见》)
> 王应之谓何?(《应言》)

"谁""何"充当宾语而不前置是不自由的,它们只出现在关系动词之后(26),偶尔在兼语动词之后(1)。

(3) 能够充当定语的疑问代词仅见 z 系的"谁"和 ɣ 系的"何""奚"三词,均直接作定语。如:

> 谁国无有?(《长攻》) 子何故言伐莒?(《重言》)
> 日以相骄,奚时相得?(《下贤》)

(4) 除 z 系的"谁"之外,疑问代词均可充当状语。如:

---

① 考先秦他书,"孰"也可充当宾语,不过数量甚少。如:
圣王有百,吾孰法焉?(《荀子·非相》)
守孰为大?守身为大。(《孟子·离娄上》)

孰王而可畔也？（《行论》）①

回何敢死？（《劝学》）

臣奚能言？（《贵公》）

利何足以使之矣。（《知分》）

胡足胜矣。（《论威》）

夫子盍行乎？（《长利》）　高诱注："盍，何不也。"

夫安敢畏？（《劝学》）

性恶得不伤？（《本生》）

今焉知世之无百里奚哉？（《慎人》）

疑问代词作状语均直接作状语，状语与中心语之间不能嵌入其他词，例见上文，唯"孰"一词例外，除上述《行论》例之外，再如：

孰之扯扯也，可以为之莽莽也。（《知接》）　杨树达曰："孰，何也。之犹此也。"（973页）按：此句言"此扯扯者，孰可以为此莽莽者乎"。

疑问代词充当状语时，徒具疑问形式而不表疑问，绝大多数用以表示反问（97例，约占充当状语总数的87%），例见上文；少数表示感叹（10例，约占充当状语总数的9%）。如：

其音何类吾夫之甚也！（《恃君》）

---

① 易孟醇《先秦语法》将此句看作"孰"作定语例（171页），我们未采此说，主要是从上下文意考虑。此句上文云：文王曰："父虽无道，子敢不事父乎？君虽不惠，臣敢不事君乎？孰王而可畔也？"细玩文意，言"王，孰可畔也"。此类句子，前人也有作如是解的。如：

孰是吾君也而可无死乎？（《国语·越语上》）《经传释词》曰："言有君如是，何可不为之死也？"（9页）

孰两东门之可芜？（《楚辞·九章·哀郢》）王逸注："言郢城两东门非先王所作邪？何可使遹废而无路？"

上二例，前人注释时，都将"孰"视为状语而移至动词"可"前。

子之行何其惑也!(《不侵》)

侍者为吾听行于齐王也,夫何阿哉!(《达郁》)

偶尔表示询问(4例,约占3%)。如:

使人召而问之曰:"子何击磬之悲也?"(《精通》)

故《诗》曰:"何其久也?必有以也。何其处也?必有与也。"(《重言》)

(其仆曰)今侯濼过而弗辞?(《观表》) 高诱注:"侯,何也。"

疑问代词充当状语而不表示反问的,《吕》中仅见"何""侯"二词。

Ø系疑问代词充当宾语时表询问,充当状语时表反问,形成鲜明的对立。

z系、ɣ系疑问代词充当主、宾、定语时,或表询问,或表反问,随语言环境而定。如:

仲父之疾病矣,将何以教寡人?(《知接》)

为人主而数穷于其下,将何以君人乎?(《知度》)

《知接》例为询问句,《知度》例为反问句。

(5)能充当谓语的疑问代词仅ɣ系"何"一词。如:

其故何也?(《淫辞》)

乡者靷偏缓,今适,何也?(《处方》)

"何"只充当判断句谓语,而且均用于询问。

5. 小结

代词按其词量在《吕》词类系统中居第五位(约占总词量的0.7%)。

代词按其语法功能有体词性代词和谓词性代词之分。《吕》的代词系统中,除"然"一词之外,均为体词性代词。

体词性代词最基本的语法功能是在句中充当宾语、定语、主语,很少充当状语、谓语,至于充当补语仅限于个别代词。谓词性代词最基本的语法功能是充当谓语,其次是充当定语,很少充当宾语,不能充当主语。详见下表:

代词类别\句子成分	主语	宾语	定语	状语	谓语	补语
体词性代词	23(909)	24(2436)	25(2220)	13(294)	5(53)	1(110)
谓词性代词	0	1(8)	1(42)	0	1(104)	0

代词按其语义分为三类:人称代词、指示代词和疑问代词。有些代词兼属两类,如:之、其、彼、夫,兼属人称代词,指示代词;焉,兼属指示代词、疑问代词。

代词在一定的语言环境中可以灵活使用,这表现为:(1)第三人称代词用以称代第一人称或第二人称;(2)疑问代词不表疑问,而表感叹或反问。

先秦时期人称代词繁复的局面在《吕》中仍然存在。第一人称代词仍然存在着ŋ、d两个系统,但ŋ系已成为第一人称代词的主体。

《吕》中,有些代词只是偶见,如"兹""时""尔""斯"等,其中有的在语言中已经消亡了,《吕》中偶见,或是古代文献的引文,或是刻意仿古,如"兹""时";而有的则是由于方言地域的原因,如"尔";也有的既有时代的原因,又有方言地域的原因,如"斯"。

人称代词、指示代词充当宾语在否定句中以前置为常(约占在否定句中充当宾语总数的72%);疑问代词充当宾语也以前置为常(约占86%)。

八 《吕氏春秋》副词研究

1. 副词概说

《吕》中,副词共有 134 个(7167)①,其中单音副词 120 个(7076),复音副词 14 个(91)。

副词不受他类词的修饰,不能单独回答问题,在句中只充当状语。

副词按照意义可分为以下八类:

(1)范围副词,如:皆、咸、唯、徒;

(2)程度副词,如:至、甚、弥、滋;

(3)时间副词,如:既、尝、终、方将;

(4)否定副词,如:不、弗、未、非;

(5)语气副词,如:岂、或、其、无乃;

(6)谦敬副词,如:敬、敢、窃;

(7)连接副词,如:遂、亦、又、犹若;

(8)情状副词,如:复、佯、果、相。

大多数副词在意义上归属一个小类,但少数副词兼两个或两个以上的小类(14)。如"窃"兼谦敬副词、情状副词;又如"乃",兼

---

① 其中兼其他词类的副词共 43 个。

语气副词、情状副词、范围副词、连接副词。《吕》中,仅否定副词未见兼小类的现象。

2. 范围副词

《吕》的范围副词共 26 个(622),按其意义可分为"表总括"和"表限定"两类①,列举于下:

(1)表总括的范围副词共 17 个(483):

皆(215)②、凡(133)、尽(61)、俱(17)、咸(13)、毕(9)、并(9)、胜(8)、周(5)、遍(3)、悉(3)、备(2)、举(1)、斯(1)、曲(1)、偕(1)、极(1)。

(2)表限定的范围副词共 9 个(139):

独(48)、唯(34)、惟(25)、徒(17)、特(9)、仅(觐)(2)、啻(1)、乃(2)、亦(3)。

《吕》的范围副词无论从词量来说,还是从出现频率来说,均以表总括为主。

2.1 范围副词的意义指向 范围副词表示的范围意义大多指向主语,此外,也可指向宾语或谓语。

2.1.1 指向主语。

表总括的范围副词意义指向主语的共 14 个词("周""斯""极"三词除外)。举例如下:

三公九卿诸侯大夫皆御。(《孟春》)

极星与天俱游。(《有始》)

---

① 参见何乐士《左传范围副词》(岳麓书社,1994 年)。
② 括号内的数字为该副词作为范围副词出现的次数。

> 百工咸理。(《季春》)
>
> 一鼓而士毕乘之。(《贵直》)
>
> 蹇叔有子曰申与视,与师偕行。(《悔过》)
>
> 贤良尽死。(《似顺》)
>
> 百邪悉起。(《直谏》)
>
> 五者备当。(《季秋》)
>
> 九窍寥寥,曲失其宜。(《情欲》)
>
> 凡有角者无上齿。(《博志》)
>
> 藜莠蓬蒿并兴。(《孟春》)
>
> 亡国不可胜数。(《安死》)
>
> 牺牲驹犊,举书其数。(《季春》)
>
> 故凡战必悉熟遍备。(《察微》)

上述例句中的范围副词用以总括主语的范围,表示主语指称的复数事物全都与谓语发生关系(或全都发生某一动作行为,如《孟春》《贵直》等;或全都具有某一性质,如《季春》《季秋》等)。

表总括的范围副词意义指向主语时,主语须为复数,上述例句《贵直》中的"士"、《似顺》中的"贤良"、《安死》中的"亡国"等均为复数。有时主语指称的是单数事物,如:

> 寡人尽听子矣。(《乐成》)

范围副词"尽"则总括与"寡人"相关的各种事物,所指向的依然是复数。

上述《安死》《季春》《察微》三例,主语在语义结构中实为受事,或与受事相关的事物,如《季春》。《吕》中,"胜""举""遍"的范围意义只指向受事主语。

表限定的范围副词意义指向主语的有 5 个词:独、唯、惟、徒、

特。举例如下:

> 燕之使者独死。(《行论》)
> 唯有道之主能持胜。(《慎大》)
> 惟义兵为可。(《禁塞》)
> 非徒万物酌之也。(《情欲》)
> 特王子庆忌为之赐而不杀耳。(《忠廉》)

上述例句中的范围副词用以限定主语的范围,表示只有某个范围的对象才与谓语发生关系。

2.1.2 指向宾语。

表总括的范围副词意义指向宾语的有8个词:皆、毕、周、遍、尽、斯、备、极。举例如下:

> 黄钟之宫皆可以生之。(《古乐》) 按:之,代凤凰鸣叫发出的十二种声音。这句是说,这十二种声音都可以由黄钟律的宫音派生出来。所以下文云:"黄钟之宫,律吕之本。"
>
> 乃(命有司)毕行山川之祀,及帝之大臣、天地之神祇。(《季冬》) 高诱注:"是月岁终报功,载祀典诸神毕祀之也。"按:据高注,"毕"的范围意义指向祭祀对象。
>
> (命司空曰)循行国邑,周视原野。(《季春》) 高诱注:"故使循行遍视之。"
>
> 明君者非遍见万物也。(《知度》)
>
> 越王授有子四人,越王之弟曰豫,欲尽杀之。(《审己》)
>
> 宣孟曰:"斯食之,吾更与女。"(《报更》) 高诱注:"斯犹尽也。"
>
> (此三君者)不备遵理,然而后世称之。(《长攻》)陈奇猷曰:"谓此三君不尽循情理以行事。"(802页) 按:文中所举三君皆以

怨报德,故"备"的范围意义非用以总括主语,而是指向"理"。

(圣王之德)极烛六合。(《勿躬》) 毕沅校曰:"赵云:'极烛犹遍烛。'"(1084页)

上述例句中的范围副词用以总括宾语的范围,表示动作行为遍及宾语指称事物的全部。

有时范围副词意义指向的宾语未在句中出现。如:

(秦缪公)于是遍饮而去。(《爱士》)

这句话的意思是"于是秦缪公给那些食马肉的野人一一喝了酒"。"饮"的准宾语,即"食马肉的野人"承上文省。这时,"遍"的范围意义仍指向省略的宾语。

表限定的范围副词意义都可以指向宾语("惟"未见)。举例如下:

(翟人)尽食其肉,独舍其肝。(《忠廉》)

大国若宥图之,唯命是听。(《行论》)

汤、武非徒能用其民也,又能用非己之民。(《用民》)

奚啻其有道也。(《当务》)

以此游仅至于鲁司寇。(《遇合》)

夫国岂特为车哉!(《君守》)

乃能解其一,不能解其一。(《君守》) 按:《义赏》"而霸者乃五"高诱注:"乃,犹裁也。"裁,仅。

亦有君不能耳,士何弊之有?(《贵直》) 按:《词诠》:"亦,祇也,特也,但也。"

上述例句中的范围副词用以限定宾语(包括介词宾语,如《遇合》)的范围,表示动作行为涉及的对象仅限于宾语指称的某个范围的事物。

2.1.3 指向谓语及其他。

表总括的范围副词只指向主语、宾语①,唯"凡"一词例外,还可以指向充当主题的谓词语,偶尔还指向补语。例如:

　　凡听,必反诸己。(《审应》)

　　凡事人,以为利也。(《离谓》)

　　凡使贤不肖异。(《知分》)

上述例句"凡"出现在谓词语前,标志这一部分是全句的主题,同时也是对同类行为的总括,意谓凡属此类动作行为全都与谓语相关。

　　凡文王立国五十一年而终。(《制乐》)

"凡"为"总共"之义,意义指向补语"五十一年"。

表限定的范围副词,除"仅""啻"词外,都可以指向谓语。举例如下:

　　中非独弦也。(《具备》)

　　是其唯惠公乎。(《开春》)

　　惕然而寤,徒梦也。(《离俗》)

　　其不善也,岂特宫室哉!(《分职》)

　　天下胜者众矣,而霸者乃五。(《义赏》)　高诱注:"乃犹裁也。"

　　(此六人者)今非徒免于刑戮死辱也,由此为天下名士显人。(《尊师》)

上述例句,范围副词无论其意义指向名词谓语(如《具备》《开春》《离俗》等),还是指向数词谓语(如《义赏》),或动词谓语(如《尊师》),其作用都是限定谓语的范围。

---

① 考先秦他书,"皆"有时也可指向谓语,表示对谓语的总括。如《左传·定公四年》:"左司马戌……三战皆伤。"参见何乐士《左传范围副词》303页。

2.1.4 《吕》中,两类范围副词意义指向对比如下:

范围副词小类＼意义指向	指向主语	指向宾语	指向谓语	指向其他
表总括	14(381) 82%(78%)	8(54) 47%(11%)	0	1(53) 6%(11%)
表限定	5(54) 56%(38%)	8(35) 89%(25%)	6(52) 67%(37%)	0

上表表明:从词量看,《吕》中,表总括的范围副词意义指向以主语为主,其次指向宾语,至于指向其他则仅限于个别词;表限定的范围副词意义指向以宾语为主,其次指向主语、谓语。

2.1.5 《吕》中,有的范围副词意义只指向句子的某一成分(或主语,或宾语),而有的范围副词则可指向多种成分,详见下表①:

表Ⅰ(表总括的范围副词)

范围副词＼意义指向	指向主语	指向宾语	指向其他
皆	212	6	0
毕	8	1	0
遍	(1)	2	0
尽	23	38	0
备	3	1	0
俱	17	0	0
偕	1	0	0
咸	13	0	0
悉	3	0	0
胜	(8)	0	0
举	(1)	0	0
曲	1	0	0
并	9	0	0
周	0	5	0
斯	0	1	0
极	0	1	0
凡	81	0	52

表Ⅱ(表限定的范围副词)

范围副词＼意义指向	指向主语	指向宾语	指向谓语
独	23	13	12
唯	12	(1)	21
徒	2	12	3
特	1	2	6
惟	16	0	9
仅	0	2	0
啻	0	1	0
亦	0	3	0
乃	0	1	1

---

① 表中指向主语一栏,带( )的数字为受事主语;指向宾语一栏,带( )的数字为前置宾语。

范围副词意义只指向主语的有 8 个,都是表总括的范围副词;既指向主语,又指向宾语的有 5 个,也都是表总括的范围副词;既指向主语、宾语,又指向谓语的有 4 个,都是表限定的范围副词;只指向宾语的有 6 个,二类范围副词各有 3 个;此外,"凡""乃"二词异于他词,属特例。

2.2 范围副词的位置

范围副词可以出现在三种位置上:(1)主语之后、述谓中心语(包括助动词宾语①)之前;(2)主语之前;(3)宾语之前。

《吕》中,除"凡"一词外,所有的范围副词都可以出现在主语之后、述谓中心语之前的位置上,例见上文;出现在主语之前的范围副词有 6 个,它们是:凡、独、徒、特、唯、惟。例如:

> 凡人主必信。(《贵信》)
>
> 非独琴若此也。(《本味》)
>
> 非徒万物酌之也。(《情欲》)
>
> 特王子庆忌为之赐而不杀耳。(《忠廉》)
>
> 唯则定国。(《权勋》)
>
> 惟义兵为可。(《禁塞》)

出现在宾语之前的范围副词仅"唯""仅(觐)"二词,各见 1 例:

> 大国若宥图之,唯命是听。(《行论》)
>
> 鲁公以削,至于觐存。(《长见》)

《行论》例中,"唯"处在前置宾语之前,《长见》例中,"觐"处在介词宾语之前,均属特例。

---

① 助动词在句中作状语,还是作述谓中心语,一直是个有争议的问题,本书看作后者。《吕》中,出现在助动词宾语之前的仅见表总括的"胜""皆""尽"三词。

表总括、表限定两类范围副词与其在句中的位置具有以下对应关系:表总括的范围副词,无论其意义指向如何,其位置是固定的,除"凡"之外,只出现在主语之后,述谓中心语之前[①];而"凡"一词只出现在句首。表限定的范围副词位置是不固定的,随其意义指向而变化,不仅出现在主语之后、述谓中心语之前,也可以出现在主语之前,甚或出现在宾语之前。

2.3 范围副词对中心语的选择 范围副词都能和谓词语组合,以修饰谓词语,例见上文;但少数也可以和体词语组合,以修饰体词语。

范围副词和体词语组合是不自由的。这首先表现为,不是出现在任何语法位置上的体词语都可以和范围副词组合。只有出现在以下两种位置上的体词语才可以和范围副词组合。(1)充当谓语。例如:

可长有者,其惟此也。(《异宝》)

邺独二百亩。(《乐成》)

而霸者乃五。(《义赏》)

惕然而寤,徒梦也。(《离俗》)

前后左右尽蜻也。(《精谕》)

此八者皆兵也。(《荡兵》)

(2)处在紧缩复句中。范围副词和名词语组合,构成条件从句。例如:

唯则定国。(《权勋》)

---

① 《开春》:"群臣皆莫敢谏。""莫敢谏"是主谓结构作句子谓语,从全句来看,表总括的范围副词"皆"仍处于主语"群臣"之后、谓语"莫敢谏"之前。

惟义兵为可。(《禁塞》)

徒水则必不可。(《功名》)

非独琴若此也。(《本味》)

凡有角者无上齿。(《博志》)

其次表现为,不是所有的范围副词都可以和体词语组合。《吕》中,表总括的范围副词可以和体词语组合的仅见3个词(约占表总括的范围副词总数的18%),它们是:皆、尽、凡。表限定的范围副词可以和体词语组合的有6个词(约占其总数的67%),它们是:独、唯、惟、徒、特、乃。相比之下,表限定的范围副词和体词语组合要自由一些。

2.4 范围副词连用 《吕》中,范围副词都单独使用,连用仅见1例:

大溢逆流,无有丘陵沃衍、平原高阜,尽皆灭之。(《爱类》)

表总括的范围副词"尽皆"连用,意义指向宾语。

3. 程度副词

3.1 程度副词的意义分类

《吕》中,程度副词共14个(262),按其意义大致可分为两类[①]:(1)表示程度高,(2)表示程度在变化之中。

3.1.1 表示程度高的副词共8个(139),按其意义又可分为三小类,分别表示程度至极、过甚、很高。

---

① 《吕》中未见表示程度轻微的副词。

(1)表示程度至极的副词有 5 个(45),它们是:至(28)、致(2)、极(4)、最(1)、太(大)(26)。例如:

> 且其子至恶,商咄至美也。(《去尤》)
>
> 食之致香以息。(《审时》)
>
> 极卑极贱。(《求人》)
>
> 凡味之本,水最为始。(《本味》)
>
> 太上知始。(《察微》)

(2)表示程度过甚的副词仅"太(大)"(16)一词。例如:

> 故太巨、太小、太清、太浊,皆非适也。(《适音》)
>
> 有之势是而入,大蚤。(《应言》) 高诱注:"有之势是,有是之势。"

(3)表示程度很高的副词有 3 个(78),它们是:甚(72)、多(3)、殊(3)。例如:

> 心甚素朴。(《士容》)
>
> 此三国者之将帅贵人皆多骄矣。(《介立》)
>
> 有殊弗知慎者。(《重己》) 高诱注:"殊犹甚也。"

3.1.2 表示程度在变化之中的副词有 6 个(123),它们是:愈(46)、逾(2)、益(25)、弥(38)、滋(4)、加(8)。例如:

> 亡国辱主愈众。(《先己》)
>
> 欲安而逾危也。(《务大》)
>
> 目益明,耳益聪。(《赞能》)
>
> 国弥大,家弥富,葬弥厚。(《节丧》)
>
> 行地滋远,得民滋众。(《怀宠》)
>
> 顺风而呼,声不加疾也。(《顺说》)

3.2 程度副词的语法特点

3.2.1 程度副词对述谓中心语的选择。《吕》中,绝大多数程度副词都可以修饰形容词(12个,约占总数的86%),少数程度副词还可以修饰动词(3个,约占总数的21%),唯"最""殊"二词只见修饰动词①。详见下表:

述谓中心语\程度副词类别	表示程度高								表示程度在变化之中					
	至	致	极	最	太	甚	多	殊	愈	逾	益	弥	滋	加
形容词	+	+	+	−	+	+	+	−	+	+	+	+	+	+
动词	−	−	−	+	−	+	−	+	+	−	+	−	−	−

上表表明,程度副词对述谓中心语的选择与其意义的小类无关。

程度副词所修饰的动词从意义上看多数是表示心理活动的动词,如:恶(wù)、爱、欲、患、好(hào)、疾、憎、愿、惧、恐惧等;但也有少数是非心理活动动词,如:有、取、听、为、来、行、至、止等。请看下面的例句:

其皆甚有所宥邪。(《去宥》)

孔子为客,子贡使令于君前,甚听。(《召类》)

我甚取偃兵。(《应言》)

凡味之本,水最为始。(《本味》)

蝇愈至。(《功名》)

士民黔首益行义矣。(《怀宠》)

3.2.2 程度副词之前不出现否定副词,唯"加"一词例外。"加"在《吕》中共出现8次,"加"前皆有否定副词("非""不"各4

---

① 考先秦他书,"最"亦可修饰形容词,如:"故农之用力最苦。"(《商君书·外内》)

例)。如:

> 其处于秦也,智非加益也。(《处方》)
> 顺风而呼,声不加疾也。(《顺说》)

3.2.3 《吕》中,程度副词都单独使用,连用仅见 1 例:

> 韩之为不义,愈益厚也。(《审应》)

"愈益"连用后意思与"愈""益"单用相同,"愈益"连用恐怕主要是音节辞气方面的原因。

3.2.4 程度副词有时在一句之中重复出现,例如:

> 贤主愈大愈惧,愈强愈恐。(《慎大》)
> 王者之封建也,弥近弥大,弥远弥小。(《慎势》)
> 行地滋远,得民滋众。(《怀宠》)

          (以上为表示程度变化的副词。)

> 极卑极贱,极远极劳。(《求人》)
> 故太巨,太小、太清、太浊,皆非适也。(《适音》)

          (以上为表示程度高的副词。)

需要指出的是:表示程度变化的副词在一句之中重复出现,其谓词中心语之间在意义上往往存在着依变关系[①]。如《慎大》例中的"大"与"惧",后一谓词中心语"惧"在程度上随着前一谓词中心语"大"的增减而增减。"强"与"恐",以及《慎势》例中的"近"与"大"、"远"与"小",《怀宠》中的"远"与"众"都作如是解。而表示程度高的副词在一句之中重复出现,其谓词中心语之间在意义上是

[①] 《吕》中,表示程度变化的副词"益"在一句之中重复出现,构成的"益……益……"格式只表示并列,未见具依变关系者。如:

> 人之老也,形益衰而智益盛。(《去宥》)
> 自孤之闻夷吾之言也,目益明,耳益聪。(《赞能》)

并列的,如《求人》中的"卑"与"贱"、"远"与"劳",《适音》中的"巨""小""清""浊"等,不存在上述依变关系。

《吕》中,表示程度变化的副词重复出现,一般总是两个一组,构成依变关系,如上述《慎大》《慎势》二例,但偶尔也可以见到三个程度变化副词在一句中重复出现,如:

  国弥大,家弥富,葬弥厚。(《节丧》)

值得注意的是,尽管是三个"弥"重复出现,其依变关系仍然只有一层。"国弥大,家弥富"是并列的,不存在依变关系,而"厚"则分别与"大""富"具有依变关系。

4. 时间副词[①]

4.1 时间副词的意义分类

《吕》中,时间副词共 26 个(445),其中单音词 22 个(436),复音词 4 个(9)。按其意义大致可分为两类:(1)表示动作变化发生的时间;(2)表示动作变化发生的时间状态。

4.1.1 表示动作变化发生时间的副词。《吕》中,这类副词共 16 个,用以表示在某一特定时间(一般指叙说之时),动作变化已经发生(过去时),正在发生(现在时),将要发生(将来时)。

1. 表示过去时。这类副词共 8 个,它们是:曾(1)、尝(常[2])(53)、比(1)、既(35)、已(以[2])(92)、既已(1)、终(5)、卒(5)。按其意义的差异,又可细分为四小类。

[①] 参见陆俭明、马真《现代汉语虚词散论》中《关于时间副词》一文(北京大学出版社,1985 年)。

(1)曾,尝(常²),比。表示在叙说之前,某种动作或情况存在或发生过。如:

  未之曾有也。(《顺民》)

  子尝事范氏、中行氏。(《不侵》)

  子列子常射中矣。(《审己》)〔常,通"尝"。〕

  臣比在晋也,不敢直言。(《先识》)

(2)既,已(以²),既已。表示在叙说之前,某种动作或情况已经完成或出现。如:

  蚕事既登。(《季春》)

  舟已行矣,而剑不行。(《察今》)

  (天下)既已治矣。(《求人》)

"既、已"类与"曾、尝"类的区别在于:"曾、尝"类副词表示该动作或状态在叙说之时已经结束;"既、已"类副词只强调该动作或状态的已然发生,而该动作或状态在叙说之时有可能仍在持续。如:

  父母既没。(《孝行》)

"已"偶尔用于表示假设的已然,实则该动作在叙说之时尚未发生。如:

  赵简子病,召太子而告之曰:"我死,已葬,服衰而上夏屋之山以望。"太子敬诺。简子死,已葬,服衰。(《长攻》)

第一个"已葬"是假设,与后一"已葬"不同。但两个"已"都表示"服衰"之前,"葬"已然发生。

(3)终。表示某种动作或情况从过去到叙说之时一直如此。如:

  非徒万物酌之也,又损其生以资天下之人,而终不自知。

(《情欲》)

(4)卒。表示某种动作或情况如所预料的那样,在叙说之前最终发生。如:

齐荆吴越皆尝胜矣,而卒取亡。(《慎大》)

2.表示现在时。这类副词有 4 个,它们是方(14)、适(3)、会(1)、方将(4)。这类副词表示在某一特定时间,某种动作或状态正在发生。如:

禹南省,方济乎江,黄龙负舟。(《知分》)

当是时也,晋文公适薨,未葬。(《悔过》)

会有一欲。(《为欲》)

吏方将书,宓子贱从旁时掣摇其肘,吏书之不善。(《具备》)

3.表示将来时。这类副词共 6 个,它们是:将(165)、且(25)、临(2)、每(1)、终(3)、卒(2)。按其意义差异,又可细分为两小类。

(1)将,且,临,每。表示在某一特定时间之后,将要发生某种动作变化。如:

时雨将降。(《季春》)

彼信贤,境内将服,敌国且畏。(《慎人》)

临战,司马子反渴而求饮。(《权勋》)

每斯者以吾参夫二子者乎。(《贵直》) 高诱注:"每犹当也。"许维遹曰:"当之为言将也。详见《经传释词》。"(1539页)

(2)终,卒。表示某种动作或情况在叙说之后最终将会发生。如:

若是,则荆国终为天下挠。(《高义》)

以言本无异,则动卒有喜。(《务本》)

4.1.2 表示动作发生时间状态的副词。《吕》中,这类副词共12个,均表示某动作或状态只在短暂的时间内进行或存在。按其意义差异,又可细分为三小类。

1. 始(4),方(1),新(3)。这类副词含已然之意。如:

室之始成也善,其后果败。(《别类》)

方鼓琴而志在太山。(《本味》)

白圭新与惠子相见也,惠子说之以强。(《不屈》)

2. 少(3),姑(2),且(1)。这类副词含未然之意。如:

客肯为寡人少来静郭君乎?(《知士》)

姑求肉乎?(《当务》)

且留,吾将兴甲以杀之。(《慎行》)

3. 立(3),还(1),遽(9),倾(1),既而(1),已而(3)。这类副词强调某动作变化与前一动作变化相隔时间短暂。如:

天下无诛伐,则诸侯之相暴也立见。(《荡兵》)

食骏马之肉而不还饮酒,余恐其伤女也。(《爱士》) 范耕研曰:"此文'还饮酒'者,犹言疾饮酒。"(461页)

其邻之父言梧树之不善也,邻人遽伐之。(《去宥》)

故胜于西河,而困于王错,倾造大难。(《执一》)

既而国杀无知。(《贵卒》)

已而为妻而生纣。(《当务》)

相比之下,"既而""已而"要比"立""还""遽""倾"时间长得多。

4.2 时间副词的语法特点

4.2.1 时间副词的位置。《吕》中,时间副词都处在主语之后,述谓中心语之前,唯"既而"(1)一词例外,出现在主语之前(见上文《贵卒》例)。

4.2.2 时间副词对中心语的选择。《吕》中,时间副词都用以修饰谓词语,唯"已""将""尝"三词偶尔(各 1 例)修饰充当谓语的体词语,列举于下:

中之者已六札矣。(《爱士》)

代火者必将水。(《应同》)

自上世以来,乱未尝一。(《原乱》) 按:此句与文章首句"乱必有弟,大乱五,小乱三,訕乱三"呼应,故句中"一"为"一次"之意。

5. 否定副词

《吕》中,否定副词共 10 个(3731),均为单音词,它们是:不¹(2821)、弗(149)、未(166)、非(295)、莫(3)、微(1)、勿(物²)(32)、毋(15)、无(244)、否(不²)(5)。

5.1 否定副词的意义分类 否定副词按照意义可以分为"表否定""表禁止"两大类。《吕》中,10 个否定副词均表否定,其中"勿(物²)""毋""无"三词兼表禁止。

5.1.1 表否定的副词。表否定的副词按其意义又可分为两小类:(1)表叙述的否定,(2)表判断的否定。

1.表叙述的否定是对动作行为、状态性质的否定。《吕》中的否定副词除"微"一词外,其余均属此类。这类副词内部意义又有差异:

(1)弗,莫,勿,毋,否(不²)。这一小类的特点是只用以否定主观意愿,相当于现代汉语的"不"。例如:

心弗乐,五色在前弗视。(《适音》)

中主之患,不能勿为,而不可与莫为。(《乐成》) 陶鸿庆曰:"'勿为'与'莫为'意义不殊。"陈奇猷曰:"勿为犹言不举事。"(998页)

臣宁抵罪于王,毋抵罪于先王。(《直谏》)

公取之代乎,其不与?(《爱类》)

(2)不,未,无。这一小类的特点是,不只用以否定主观意愿,还可以否定动作、状态的发生。例如:

不伐树木。(《怀宠》)

时未可也。(《首时》)

故以众勇无畏乎孟贲矣。(《用众》)

(以上用以否定主观意愿,相当于现代汉语中的"不"。)

孔子穷乎陈、蔡之间,藜羹不斟,七日不尝粒。(《任数》)

饥马盈厩,嗼然,未见刍也。(《首时》)

万人操弓,共射其一招,招无不中。(《本生》)

(以上用以否定动作、状态的发生,相当于现代汉语中的"没"。)

(3)非。只用于假设的否定。例如:

今有千里之马于此,非得良工,犹若弗取。(《知士》)

非强大则其威不威。(《壹行》)

《吕》中,"不""弗"也可以用于假设的否定。如:

不与崔氏而与公孙氏者,受其不详。(《知分》)

耳之情欲声,心不乐,五音在前弗听;目之情欲色,心弗乐,五色在前弗视。(《适音》)

2.表判断的否定是对事物或判断的否定。这类副词有"非"

"微"二词。例如:

> 矛非戟也,戟非矛也。(《离俗》)
> 是障之也,非弭之也。(《达郁》)
> 神农黄帝犹有可非,微独舜汤。(《离俗》)

5.1.2 表禁止的副词。《吕》中,没有单独表禁止的副词,只有"勿(物²)""毋""无"三词兼表否定与禁止。例如:

> 君其勿疑。(《不广》)
> 君道如何?利而物利章。(《恃君》) 俞樾曰:"'物'当为'勿'。……《释文》曰:'物本亦作勿',是古字本通也。"(1326页)
> 愿公子之毋让也。(《知分》)
> 禁止伐木,无覆巢,无杀孩虫胎夭飞鸟。(《孟春》)

《吕》中,"毋"以表禁止为主(11 例,约占总数的 73%);"勿"以表否定为主(20 例,约占总数的 63%);"无"表否定、表禁止大体相当(各约 50%)。

5.2 否定副词的否定中心 否定副词的否定中心与该副词所修饰的中心语的构成直接相关。

5.2.1 否定副词所修饰的中心语是词,则否定中心毋庸置疑是该词所指的动作、状态、性质或事物。例如:

> 兵戎不起。(《孟春》)
> 食人未咽。(《先识》)
> 君则不寒矣。(《分职》)
> 心弗乐,五色在前弗视。(《适音》)
> 矛非戟也。(《离俗》)

5.2.2 否定副词所修饰的中心语是短语,否定中心与否定类

型直接相关。否定类型分为两种,一种是非对比性的,一种是对比性的。① 分述如下:

1. 非对比性类型其否定中心往往是位序靠近否定副词的成分,或状语,或定语,或述语。分别举例如下:

(1) 马弗复乘。(《慎大》)

天不再与,时不久留,能不两工。(《首时》)

故国广巨,兵强富,未必安也。(《异用》)

非独仲叔氏也。(《察微》)

食骏马之肉而不还饮酒,余恐其伤女也。(《爱士》) 范耕研曰:"此文'还饮酒'者,犹言疾饮酒。"(461页)。

以上均为"否·状·中"句式,否定中心为靠近否定词的状语,如《慎大》例中的"复",《首时》中的"再""久""两"等。

如果述谓中心语前相继出现两个(或两个以上)状语,仍然是位序靠近否定词的往往是否定中心。如:

非独不义也。(《贵生》)

未尝少选不用。(《荡兵》)

否定中心是"独""尝"。

(2) 非吾事也。(《离俗》)

非贤主,其孰能听之?(《至忠》)

以上为"否·定·中"句式,否定中心为靠近否定词的定语;如《离俗》中的"吾",《至忠》中的"贤"。

(3) 非好俭而恶费也,节乎性也。(《重己》)

---

① 参见沈开木《不字的否定范围和否定中心的探索》一文(载《中国语文》1984年第6期)。

虽舜不能为。(《分职》)

不达乎性命之情也。(《重己》)

不知轻重也。(《本生》)

以上为"否·述·宾/补"句式,否定中心为靠近否定词的述语,如《分职》中的"能",《重己》中的"达"等。

如果否定词后是两个并列的述宾(或述补)短语,如《重己》例,则否定中心有两个,分别为并列的述语。

2.对比类型其否定中心位序不固定,可前可后,随对比中心而定。分别举例如下:

(1)是障之也,非弭之也。(《达郁》)

亶父非寡人之有也,子之有也。(《具备》)

以上例句否定中心位置紧邻否定词。与非对比类型否定中心的位置相同。

(2)不与崔氏而与公孙氏者。(《知分》)

臣卜其昼,未卜其夜。(《达郁》)

王子搜非恶为君也,恶为君之患也。(《贵生》)

不争轻重尊卑贫富而争于道。(《尊师》)

以上例句对比中心在宾语(包括准宾语),否定中心也在宾语。如《知分》例,否定中心在"崔氏",《达郁》例,否定中心在"夜"等。

(3)不蹶于山而蹶于垤。(《慎小》)

得一人之使,非得一人于井中也。(《察传》)

人主之患不在于自少,而在于自多。(《骄恣》)

以上例句对比中心在补语,否定中心也在补语(严格地说,是补语的一部分)。如《慎小》例,否定中心在"山",《骄恣》例,否定中心在"少"等。因述语不是对比中心,也不是否定中心,所以有时承上省略。如：

> 女死,不于南方之岸,必于北方之岸。(《悔过》)
>
> 善响者不于响于声。(《先己》)

5.3 否定副词的语法特点

5.3.1 对中心语构成成分的选择。总的说来,表否定的副词既可以修饰动词语,也可以修饰形容词语,个别词还可以修饰名词语、代词等;表禁止的副词只能修饰动词语。表禁止的否定副词后如果出现名词,则该名词活用作动词。如：

> 无杀孩虫胎夭飞鸟,无麛无卵。(《孟春》) 陈奇猷曰："'无麛无卵',犹言无捕麛无取卵也。"(18页)

表否定的副词对中心语的选择也存在着差异。据此,可以将其分为两类:一类只修饰谓词语,一类可以修饰体词语。分述如下。

1. 只修饰谓词语的否定副词又可细分为三小类：

(1)弗,莫,勿,毋。这一小类只修饰动词语,例见上文。

需要说明的是,"弗""勿"二词虽以修饰及物动词为主("弗"修饰动词,其中及物动词占 84%,"勿"为 78%),但却以不带宾语为常(详见下表)。

(2)未,无。这一小类既可修饰动词语,例见上文,又可修饰形容词语。例如：

> 尊贵高大,未必显也。(《异用》)
>
> 行无高乎此矣。(《至忠》)

(3)不。既可以修饰动词语,又可以修饰形容词语,还可以修饰谓词性代词"然"。例如：

> 沸愈不止。(《尽数》)

吾地不浅。(《先己》)

物多类然而不然。(《别类》)

只修饰谓词语的否定副词其后如果出现名词、数词等体词,则活用作动词。例如:

生而弗子,成而弗有。(《贵公》) 高诱注:"生育民人,不以为己子。"

流水不腐,户枢不蝼,动也。(《尽数》) 范耕研曰:"'户枢不蝼',言不为蚁所蚀,与不蠹说正同。"(139页)

故王者不四,霸者不六。(《观世》)

2.可以修饰体词语的否定副词也可细分为两小类:

(1)非。既可以修饰谓词语,也可以修饰体词语,还可以修饰主谓短语。例如:

是障之也,非弭之也。(《达郁》)

非至公,其孰能礼贤?(《下贤》)

(以上修饰谓词语。)

矛非戟也。(《离俗》)

夫秦非他。(《悔过》)

(以上修饰体词语。被修饰的体词语均为判断句谓语。)

非鬼告之也,精而熟之也。(《博志》)

非彼死,则臣必死矣。(《悔过》)

(以上修饰主谓短语。)

(2)微。《吕》仅出现1次,修饰体词语:

神农黄帝犹有可非,微独舜汤。(《离俗》)

《吕》中,否定副词对中心语构成成分选择的情况统计如下:

意义分类	否定副词类别 中心语		谓词性中心语			体词性中心语
			动词		形容词	然	
			带宾语	不带宾语			
表否定	表叙述的否定	弗	12	137	0	0	0
		莫	1	2	0	0	0
		勿	2	18	0	0	0
		毋	3	1	0	0	0
		未	78	74	14	0	0
		无	58	56	12	0	0
		不	1240	1134	415	32	0
		非	4	3	3	0	0
	表判断的否定	非	101	83	16	0	85
		微	0	0	0	0	1
表禁止		勿	1	11	0	0	0
		毋	6	5	0	0	0
		无	75	43	0	0	0

5.3.2 否定副词所在的句子代词宾语的位置。《吕》中,有5个否定副词所在的句子出现代词宾语,共44例。其中代词宾语前置的25例,后置的19例,两者大体相当。但在考察中我们也看到,不同的否定副词所在的句子,代词宾语的位置呈现出明显的差异:"未"所在的否定句中,代词宾语(12)均前置,如:

失民心而立功名者,未之曾有也。(《顺民》)

"不"所在的否定句中,代词宾语或前(13),或后(15),平分秋色,如:

我寒而不我衣,我饥而不我食。(《不侵》)

今君听谗人之议,而不知我。(《长见》)

《不侵》例代词宾语"我"在述语之前,《长见》例代词宾语"我"在述语之后。"无""弗""勿"三词所在的否定句中,代词宾语偶尔出现("无""弗"各1例,"勿"2例),均后置,如:

西伯将何之? 无欺我也。(《贵因》)

贤主弗内之于朝。(《尊师》)

能全天之所生而勿败之,是谓善学。(《尊师》)

5.3.3 否定副词的连用。《吕》中,表禁止的否定副词未见连用现象,表否定的否定副词连用只见"无不"(64)、"非不"(18)、"无非"(2)、"未无不"(1)四种情况。例如:

每动无不败。(《本生》)

非不贤也。(《察今》)

所见无非马者。(《精通》)

以未无不知,应无不请。(《知度》)

否定副词连用,其否定中心的位置紧接每个否定词之后。如《本生》例,"无"的否定中心在"不","不"的否定中心在"败"。

5.3.4 否定副词单独回答问题。表禁止的否定副词不能单独回答问题,表否定的否定副词有少数可以单独回答问题。例如:

公曰:"请见客,子之事欤?"对曰:"非也。""相国使子乎?"对曰:"不也。"(《不苟》)

《吕》中,可以单独回答问题的否定副词仅见"非"(2)、"否(不^2)"(2)二词,均出现在对话的语言环境中。否定副词单独回答问题时依然有表叙述的否定与表判断的否定之分,见《不苟》例,表判断的否定用"非",表叙述的否定用"不"。

"否(不^2)"除单独回答问题外,还常单独用作复句中的分句(3)。例如:

封于汶则可,不则请死。(《贵信》)

匡章曰:"公取之代乎?其不与?"(《爱类》)

《贵信》例,"不"单独用作条件从句,《爱类》例,"不"单独用作选择从句。

6. 语气副词

《吕》中,语气副词共 18 个(851),其中单音词 13 个(832),复音词 5 个(19)。

6.1 语气副词的意义分类 《吕》中的语气副词按其表示的语气大致可分为以下六类:

1. 表示确定的语气。这类副词共 6 个(596),它们是:必(492)、诚(2)、乃(6)、实(是²)(4)、固(故²)(79)、其(13)。例如:

以此治国,必残必亡。(《重己》)

今诚利,将军何死?(《高义》)

此乃谓不教之教,无言之诏。(《君守》)

此实吾所自为也。(《淫辞》)

凡人之攻伐也,非为利则固为名也。(《分职》)

功若此其大也。(《开春》)

2. 表示测度的语气。这类副词共 8 个(86),它们是:盖(9)、其(53)、殆(5)、无乃(6)、意者(10)、得无(1)、或者(1)、庶乎(1)。例如:

非意之也,盖有自云也。(《观表》)

今丘上不及龙,下不若鱼,丘其螭邪。(《举难》)

殆有他事。(《精谕》)

君无乃为不好士乎。(《观世》)

意者羞法文王也。(《开春》)

得无嫌于欲亟葬乎。(《开春》)

君用其言而赏后其身,或者不可乎。(《义赏》)

孟贲庶乎患术,而边境弗患。(《用众》)

3. 表示反问的语气。这类副词共5个(127),它们是:岂(83)、其(30)、且(3)、独(10)、庸(1)。例如:

其子岂遽善游哉?(《察今》)

此霸王之所忧也,而君独伐之,其可乎?(《骄恣》)

婴且可以回而求福乎?(《知分》)

大王独无意邪?(《圜道》)

吾庸敢骜霸王乎?(《下贤》)

4. 表示祈使或劝戒的语气。这类副词有2个(26),它们是:其(9)、或(17)。例如:

君其重图之。(《悔过》)

且二君将改图,毋或进者。(《贵信》)

5. 表示疑问的语气。这类副词仅"其"(8)一词。例如:

平公又问祁黄羊曰:"国无尉,其谁可而为之?"(《去私》)

周公以请曰:"天子其封虞邪?"(《重言》)

6. 表示惊异的语气。这类副词仅"乃"(8)一词。例如:

之秦之道,乃之楚乎!(《首时》)

《吕》中,单音副词可以表示多种语气,而复音副词只表示测度的语气。

《吕》中,绝大多数语气副词只表示一种语气(16个,约占总数的89%),只有"乃""其"二词可以表示多种语气。

需要指出的是,"其"虽然可以表示测度、反问、祈使、疑问等多种语气,例见上文,但表推测判断是"其"的基本语义特征。这不仅仅是由于"其"大量出现在测度句中(约占总数的47%),而且还在于"其"即使表示反问、疑问、祈使等其他语气,也总是或多或少地

含有推测判断的语气。例如:

> 周公以请曰:"天子其封虞邪?"成王曰:"余一人与虞戏也。"(《重言》)

句中若无"其",则是单纯的询问语气;加上"其",虽然还是询问,但询问之中已有了一定的倾向,即或多或少包含着询问者对答案的推测或判断。这种表推测判断的基本语义特征使"其"在表达各种语气时都带有比较缓和、委婉、不肯定的味道。①

6.2 语气副词的语法特点

6.2.1 语气副词对中心语的选择。《吕》中,语气副词都可以修饰动词语(仅"实"1 词未见②),例见上文;但可以修饰形容词语或名词语的只是少数。例如:

> 强大未必王也,而王必强大。(《壹行》)
>
> 其身固静。(《侈乐》)
>
> 主之所得其少哉?(《贵直》)
>
> 既受吾实,又责吾礼,无乃难乎?(《下贤》)
>
> 之子是必大吉。(《音初》) 陈奇猷曰:"'是'字犹'实'也。古'是''实'通。详王引之《经传释词》。"(337 页)

以上中心语为形容词语。《吕》中,可以修饰形容词语的语气副词仅见上述 5 个。

> 此必介子推也。(《介立》)
>
> 受德乃纣也。(《当务》)

---

① 参见何乐士《〈左传〉的语气副词"其"》一文(载《左传虚词研究》,商务印书馆,369 页)。

② 考先秦他书,"实"亦可修饰动词语,如:
小人实不才。(《左传·襄公三十一年》)

身固公家之财也。(《精通》)

此实吾所自为也。(《淫辞》)

丘其螭邪?(《举难》)

段干木盖贤者也。(《士容》)

岂小功也哉!(《开春》)

意者其是邪?(《重言》)

以上中心语为名词语。凡受语气副词修饰的名词语均处在谓语的位置上。《吕》中,可以修饰名词语的语气副词有9个。

《吕》中,语气副词对中心语的选择情况统计如下:①

语气副词类别	中心语类别	动词语	形容词语	名词语
表确定语气	必	400	53	14
	固(故²)	70	3	6
	乃	2	0	4
	诚	2	0	0
	实	1	1	2
	其	0	13	0
表测度语气	盖	3	0	6
	殆	3	0	2
	其	35	0	18
	无乃	5	1	0
	得无	1	0	0
	或者	1	0	0
	意者	7	0	3
	庶乎	1	0	0
表反问语气	岂	58	15	10
	且	3	0	0
	独	10	0	0
	其	29	0	1
	庸	1	0	0
表祈使语气	其	9	0	0
	或	17	0	0
表疑问语气	其	8	0	0
表惊异语气	乃	8	0	0

---

① "名词语"一栏包括代词。中心语为主谓短语的数量极少,因只牵涉到个别词,所以按其谓语的构成而分别归入各类。

上表表明,语气副词对中心语的选择与其表达的语气具有一定的对应关系:总的来说,表示祈使、惊异、疑问语气的副词只修饰动词语;表示确定、测度、反问语气的副词既可以修饰动词语,也可以修饰形容词语、名词语。

6.2.2 语气副词的位置。语气副词绝大多数只出现在句子主语之后,例见上文,唯"其""意者"二词例外。"其"表疑问语气、反问语气,偶尔可置于主语之前。例如:

国无尉,其谁可而为之?(《去私》)

为人君而杀其民以自活也,其谁以我为君乎?(《制乐》)

"意者"只出现在主语之前。例如:

意者君耳而未之目邪?(《知度》)

意者秦王不肖主也。(《不侵》)

6.2.3 语气副词连用。《吕》中,语气副词连用偶见,仅见"岂必""是必""岂且"三组。例如:

贤主之举也,岂必旗偾将毙而乃知胜败哉!(《召类》)

之子是必大吉。(《音初》) [是,犹"实"。]

岂且忍相与战哉!(《无义》)

"岂必"非同小类语气副词连用,"岂且""是必"为同小类语气副词连用。

6.2.4 "必"为了强调确定语气的中心在介词短语,常直接置于介词短语之前(25)。例如:

晋若遇师必于殽。(《悔过》)

凡葬必于高陵之上。(《节丧》)

与其弟子坐必以年。(《下贤》)

7. 谦敬副词

《吕》中,谦敬副词有 3 个(22),它们是:敬(3)、窃(9)、敢(10)。按照意义,谦敬副词又分为"表敬""表谦"两类。

7.1 表敬副词

表敬副词仅"敬"一词。例如:

淳于髡曰:"敬闻命矣。"(《报更》)

王曰:"敬诺。"(《直谏》)

7.1.1 关于"惠"。

《吕·求人》篇有:

子产为之诗曰:"子惠思我,褰裳涉洧。"

有的语法著作把句中的"惠"看作表敬副词①,我们未采此说,基于以下考虑:(1)子产之诗今见《诗经·郑风·褰裳》,毛传曰:"惠,爱也。"郑笺云:"子若爱而思我。"据毛传、郑笺,"惠"当是动词。(2)在我们考察的先秦九部文献中,除《左传》之外,《论》《孟》《墨》《庄》《荀》《韩》《公》《穀》等八部文献中"惠"未见作副词者。(3)《左传》中有 12 例被看作表敬副词。例如:

君惠徼福于敝邑之社稷。(《左传·僖公四年》)

君惠顾先君之好,施及亡人。(《左传·昭公三十一年》)

句中主语均为第二人称,"惠"确有表敬之意。但如果将句中的"惠"看作动词,理解为"施惠""加惠",于句意也无扞格之处。只不

---

① 见杨伯峻、何乐士《古汉语语法及其发展》(语文出版社,1992 年)362 页。又见易孟醇《先秦语法》(湖南教育出版社,1989 年)359 页。

过上述例句多属外交辞令,"动作"之义比较虚罢了。综上所述,我们认为,先秦汉语中"惠"表敬只是动词"惠"的附加意义,至于表敬副词"惠"从动词中分化出来,那是秦汉以后的事情了。

7.1.2　关于"辱"。

先秦他书中,表敬副词还有"辱"。例如:

> 君惠徼福于敝邑之社稷,辱收寡君。(《左传·僖公四年》)

《吕》中的"辱"也偶尔用于表示尊敬。如:

> 我,贱人也,不足以辱令尹。(《慎行》)

> 令尹必来辱,我且何以给待之?(《慎行》)

但"辱"处于述谓中心语的位置,仍是动词。

7.1.3　关于"请"。

《吕》中,"请"的词义有时虚化,而表达敬意。例如:

> 弘演至,报使于肝,毕,……曰:"臣请为裱",因自杀。(《忠廉》)

> (子囊)遂伏剑而死,王曰:"请成将军之义。"(《高义》)

上述句中,"请"的对象都已死去,"请"的"请求"义已经虚化,说话者言"请"主要是对死者表达敬意。有的语法著作把上述句中的"请"看作表敬副词。[①] 我们未采此说,是因为"请"字是否虚化是与具体的语言环境密切相关的。我们现在尚无法从语法角度证明虚化的"请"与未虚化的"请"在词性上有何不同。[②]

7.2　表谦副词

---

① 见杨伯峻《古汉语虚词》(中华书局,1981年)121页。又见易孟醇《先秦语法》360页。

② 关于"请"的虚化条件,详见拙文《古汉语中的"请"字句》(载《语文论集》(二),外语教学与研究出版社,1986年)。

表谦副词有"窃""敢"二词。例如:

臣窃为君耻之。(《长见》)

窃观公之意。(《长见》)

君反国家,爵禄三出,而陶狐不与,敢问其说。(《当赏》)

臣敢贺君。(《制乐》)

《吕》中,谦敬副词都出现在对话的语言环境中,而且句子主语均指说话人自身,或省略,或不省。

8. 连接副词

《吕》中,连接副词共有 15 个(632),其中单音词 13 个(627),复音词 2 个(5)。

8.1 连接副词的意义分类

连接副词按其意义大致可分为七类。分别列举如下:

1. 表示接续。这类副词有 3 个,它们是:遂(60)、乃(迺)(211)、遽(2)。例如:

昭公惧,遂出奔齐。(《察微》)

帝尧立,乃命质为乐。(《古乐》)

其父虽善游,其子岂遽善游哉?(《察今》)

2. 表示转折。这类副词有 6 个,它们是:顾(固²)(4)、又(8)、反(24)、亦(2)、始(3)、乃(1)。例如:

白之顾益黑。(《审分》)

其轻于韩又远,君固愁身伤生以忧之,咸不得也。(《审为》) 孙锵鸣曰:"固、顾通。"(1459 页)

公之学去尊,今又王齐王,何其倒也。(《爱类》) 毕沅

曰:"古'倒'字皆作'到'。"(1468页)

　　任久不胜,则幸反为祸。(《遇合》)

　　虽亡地,亦得信。(《贵信》)

　　文公虽不终,始足以霸矣。(《义赏》)

　　民既郗,乃以时艮慕。(《任地》)

3.表示递进。这类副词有5个,它们是:犹(30)、且(1)、又(有)(91)、犹且(2)、犹若(3)。例如:

　　虽桀纣犹有可畏可取者,而况于贤者乎。(《用众》)

　　由未定,尧且屈力,而况众人乎。(《慎势》)

　　中主犹且为之,有况于贤主乎。(《召类》)

　　中主犹若不能有其民,而况于暴君乎。(《荡兵》)

4.表示取舍。这类副词仅"宁"(8)一词。例如:

　　寡人宁以臧为司徒,无用颛。(《应言》)

　　民死,寡人将谁为君乎?宁独死。(《制乐》)

5.表示假设。这类副词仅"诚"(13)一词。例如:

　　罚诚当,虽赦之不外。(《高义》)

6.表示类同。这类副词仅"亦"(160)一词。例如:

　　病万变,药亦万变。(《察今》)

7.表示并存。这类副词有3个,它们是:既(3)、又(3)、乃(3)。例如:

　　既受吾实,又责吾礼,无乃难乎?(《下贤》)

　　《夏书》曰:"天子之德广运,乃神乃武乃文。"(《谕大》)

《吕》中,表示接续的连接副词出现频率最高,而表示转折的连接副词词量最大。以频率高低排序,上述七类连接副词依次是:表示接续、表示类同、表示递进、表示转折、表示假设、表示并存、表取舍。

单音副词可以表示多种意义,而复音副词只在递进复句中用于比况。

8.2 连接副词的语法特点

8.2.1 连接副词对中心语的选择。连接副词都可以修饰动词语,例见上文;少数连接副词还可以修饰形容词语。例如:

> 是用万乘之国,其霸犹少。(《顺说》) 陶鸿庆曰:"言以此示用于万乘之国当不仅至于霸也。"(196 页)
>
> 方圜不易,其国乃昌。(《圜道》)
>
> 今吾生之为我所有,而利我亦大矣。(《重己》)
>
> 既静而又宁,可以为天下正。(《君守》)

《吕》中,可以修饰形容词语的连接副词仅见上述"犹""乃""亦""既""又"五词;只有表示类同的连接副词"亦"可以修饰名词语、修饰数词。例如:

> 戟亦兵也,矛亦兵也。(《离俗》)
>
> 其雄鸣为六,雌鸣亦六。(《古乐》)

8.2.2 连接副词的位置。

8.2.2.1 连接副词都出现在主语之后,述谓中心语之前,例见上文。

8.2.2.2 连接副词往往出现在复句之中,其在复句中的位置与其意义类别有直接关系。总的来说,表示接续、转折、类同的连接副词只出现在后一分句;表示假设的连接副词只出现在前一分句;表示递进、并列的连接副词有的只出现在前一分句("犹""且""犹若""犹且""既"),有的只出现在后一分句("又""有");表示取舍的连接副词既可出现在前一分句,也可出现在后一分句。

8.2.3 《吕》连接副词分布情况一览表:

意义类别	分布情况 副词	中心语的类别			复句中的位置	
		动词语	形容词语	名(数)词语	前一分句	后一分句
接续	乃	208	3	0	—	＋
	遂	60	0	0	—	＋
	遽	2	0	0	—	＋
转折	反	24	0	0	—	＋
	又	8	0	0	—	＋
	顾(固²)	4	0	0	—	＋
	始	3	0	0	—	＋
	亦	2	0	0	—	＋
	乃	1	0	0	—	＋
递进	又(有)	91	0	0	—	＋
	犹	29	1	0	＋	—
	且	1	0	0	＋	—
	犹若	3	0	0	＋	—
	犹且	2	0	0	＋	—
取舍	宁	8	0	0	＋(6)	＋(2)
假设	诚	13	0	0	＋	—
类同	亦	96	58	6	(＋)(3)①	＋(157)
并存	既	2	1	0	＋	—
	又	2	1	0	—	＋
	(乃)②	0	3	0	—	＋

---

① "亦"只有重复使用时方在前一分句中出现。如:"戟亦兵也,矛亦兵也。"(《离俗》)"成亦乐,达亦乐。"(《慎人》)

② "乃"只出现在古代逸《书》之中。

9. 情状副词

《吕》中,情状副词共 37 个(602),其中单音词 32 个(537),复音词 4 个(58)。

9.1 情状副词的意义分类 情状副词按照意义大致可分为四类:(1)表示重复、频繁;(2)表示持续不变;(3)表示接近某种结果;(4)表示状态、方式。分述如下:

1. 表示重复、频繁。这类副词共 7 个(142),按其意义的差异,又可细分为两小类:

(1)又(68),复(44),更(9)。这一小类副词表示动作重复发生。例如:

平公又问祁黄羊曰。(《去私》)

五谷复生。(《仲秋》)

师旷曰:"不调,请更铸之。"(《长见》)

(2)骤(8),总(2),再(1),常(10)。这一小类副词表示动作多次发生。例如:

赵盾骤谏而不听。(《过理》)

寒气总至。(《仲春》) 陈奇猷云:"总,多次之意。"(73页)《孟春》"疾风暴雨数至"毕沅曰:"《月令》'数至'作'总至'。"(19页)

孔子周流海内,再干世主,如齐至卫,所见八十余君。(《遇合》)

田猎之获常过人矣。(《贵当》)

2. 表示持续不变。这类副词共 3 个(137),它们是:尚(26)、犹

(98)、犹若(13)。例如：

> 还反战,趋尚及之。(《离俗》)
>
> 心犹不自快。(《离俗》)
>
> 人主虽不肖,犹若用贤。(《正名》)

3. 表示接近某种结果。这类副词有2个(18),它们是：几(17),汔(1)。例如：

> 患几及令尹。(《慎行》)
>
> 禾脂壮狡,汔尽穷屈。(《听言》) 许维遹曰:"'汔尽'犹言'几尽'。"(699页)

4. 表示状态、方式。这类副词共25个(305),按其意义的差异,又可细分为两小类：

(1)正(1),遽(9),窃(1),固(6),浸(1),佯(3),徒(5),果(26),自(7),特(1),故(2),端(1),趣(2),潜(1)。这小类副词表示动作进行的状态。例如：

> 视其奚如,曰"正圆"。(《淫辞》)
>
> 遽告太公。(《贵因》)
>
> 孟尝君窃以谏静郭君。(《知士》)
>
> 屠黍不对,威公固问焉。(《先识》)
>
> 杀气浸盛,阳气日衰。(《仲秋》)
>
> 豫让却寝,佯为死人。(《序意》)
>
> 名不徒立,功不自成。(《谨听》)
>
> 王果以美地封其子。(《异宝》)
>
> 乐自顺此生也,刑自逆此作也。(《孝行》)
>
> 特会朝而袪步堂下。(《达郁》)
>
> 今故兴事动众以增国城,是重吾罪也。(《制乐》)

明日端复饮于市,欲遇而刺杀之。(《疑似》) 许维遹曰:"端,专故也。"(1502页)

嘉气趣至。(《音律》)

令张孟谈逾城潜行。(《义赏》)

(2)更(9),革(1),递(5),迭(1),交(2),相(147),各(7)、亲(22),交相(2),相与(42),亲自(1)。这小类副词表示动作进行的方式。例如:

愿大王更以他人诏之也。(《应言》)

子,肉也;我,肉也,尚胡革求肉而为?(《当务》) 高诱注:"革,更也。"

巧谋并行,诈术递用。(《先己》)

迭闻晋事。(《知分》)

主有失,皆交争证谏。(《贵当》)

鲍权、管仲、召忽三人相善。(《不广》)

百官各处其职。(《圜道》)

故身亲耕,妻亲绩。(《爱类》) [亲,亲自]

小大贵贱,交相为恃。(《谕大》)

易牙、竖刀、常之巫相与作乱。(《知接》)

恐其不信,汤由亲自射伊尹。(《慎大》)

9.2 情状副词的语法特点

9.2.1 情状副词对中心语的选择。《吕》中的情状副词都可以修饰动词语(修饰动词语的频率约占其出现总频率的98％)[①],例见上文;少数情状副词偶尔修饰形容词语(仅7例,约占总频率

---

① 唯"正"一词,仅出现1次,未见修饰动词例。

的 2%)。列举如下：

> 木尚生，加涂其上必将挠。(《别类》)
>
> 金虽柔，犹坚于木。(《举难》)
>
> 国几大危也。(《去宥》)
>
> 国不徒安，名不徒显。(《期贤》)
>
> 臣之所言可，则周自安矣。(《务大》)
>
> 视其奚如，曰"正圆"。(《淫辞》)

情状副词修饰名词语或代词仅见 2 例，当属特例：

> 吾所以亡者，果何故哉？(《审己》)
>
> 璧则犹是也。(《权勋》)

受情状副词修饰的名词语或代词均为判断句谓语。

9.2.2 情状副词的位置。《吕》中，情状副词的位置都在句子的主语之后，唯"常"有 1 例例外：

> 常一人居外。(《察传》)

9.2.3 情状副词的连用。《吕》中，情状副词极少连用，仅见表示重复的"又复"(5)、表示持续不变的"犹尚"(6)、"尚犹"(2)三组。例如：

> 伊尹又复往视旷夏。(《慎大》)
>
> 故智士贤者相与积心愁虑以求之，犹尚有管叔、蔡叔之事。(《察微》)
>
> 今水已变而益多矣，荆人尚犹循表而导之。(《察今》)

9.2.4 关于"相""相与""交相"。

三词都表示方式，在"互相"义上是同义词。但三词无论在语义上，还是语法上都存在差异。

在语义上，"相"除了表示"互相"之外，还可以表示"递相"。例

如:

> 亡国相望,囚主相及。(《观世》)

有时还表示动作偏指一方。例如:

> 子母相哺也。(《谕大》)
>
> 宋在三大万乘之间,子罕之时,无所相侵,边境四益。(《召类》)

而"相与""交相"只表示"互相"。

在语法上,三词的差异表现为:(1)"相"修饰动词,动词后不带宾语。《吕》中,"相"修饰动词147例,其中145例(约占总数的99%)动词后不带宾语,动词后带宾语仅2例:

> 令此相为谋,岂不远哉!(《介立》)
>
> 此上下大相失道也。(《慎小》)

"相与"修饰动词,动词后带宾语20例(约占总数的50%)。例如:

> 贵人相与射吴起。(《贵卒》)
>
> 相与诵之曰。(《期贤》)

"交相"只出现2例,其修饰的动词都带宾语。例如:

> 细大贵贱交相为赞。(《务大》)

(2)"相"与其修饰的动词之间不能出现其他词,而"相与"与其修饰的动词之间偶尔可以出现副词、连词。例如:

> 令吴越之国相与俱残。(《顺民》)
>
> 子路与子贡相与而言曰。(《慎人》)

10. 小结

副词在《吕》的词类系统中词量居第四位(约占总词量的

2.3%)。

《吕》中,单音副词无论在词量上(约占总词量的89%),还是在出现频率上(约占总频率的99%),都占绝对优势,复音副词尚处萌芽状态。

副词不受他类词修饰,不能单独回答问题,在句中只充当状语。

副词按照意义大致可分为八类。当然,副词的意义分类不是绝对的[1],每一个副词的归类也不是绝对的。这是由于副词中有些意义类别,例如语气副词、连接副词、情状副词等,其间的界限本来就不那么清楚;而有些副词的意义并不单纯,可以从不同的角度去理解。例如"几",可以理解为表示接近某种结果,而把它归入情状副词;也可以理解为表示接近某种程度,而把它归入程度副词[2];还可以理解为"将然尚未然之词",而把它归入时间副词[3]。

绝大多数副词意义比较单一,只属于某一意义小类;兼属两个或两个以上意义小类的副词有14个,约占总数的11%。

《吕》的副词,词量以情状副词为最,出现频率以否定副词为最。详见下表。

副词作状语对中心语的类别具有选择。副词都能够修饰谓词语[4],少数副词(25个,约占总数的19%)还可以修饰体词语。可以修饰体词语的副词绝大多数属范围副词、语气副词两类。

---

[1] 杨伯峻、何乐士《古汉语语法及其发展》一书中将副词按意义分为十一类;易孟醇《先秦语法》一书中将副词按意义分为八类;均与本书不同。
[2] 参见《古汉语语法及其发展》287页。
[3] 参见《先秦语法》306页,引文为《古书虚字集释》语。
[4] 唯"微"(1)一词未见修饰谓词语。

副词修饰体词语是不自由的。这不仅反映为大多数副词不能修饰体词语,而且还反映为即使可以修饰体词语的副词绝大多数也只能修饰充当谓语的体词语,至于个别范围副词在紧缩复句中直接和体词语组合,构成条件从句,更属特例。

副词在句中的位置有二:绝大多数副词(约占副词总量的96%)出现在主语之后;少数副词(约占总词量的8%),主要是范围副词,可以出现在主语之前,其中"凡""意者"二词只出现在主语之前。

副词不能单独回答问题,唯"非""否(不)"二词在对话的语境中偶尔单独成句(伴有语气词)。

《吕》中,各小类副词分布情况统计如下①:

副词类别\分布情况	对中心语的选择		句中位置		单独成句
	谓词语	体词语	主语后	主语前	
范围副词 26(622)	26	9	25	6	0
程度副词 14(262)	14	0	14	0	0
时间副词 26(445)	26	3	25	1	0
否定副词 10(3731)	9	2	9	2	2
语气副词 18(851)	18	9	17	1	0
谦敬副词 3(22)	3	0	3	0	0
连接副词 16(632)	16	1	16	0	0
情状副词 37(602)	37	2	37	1	0

同类副词,尤其是同一小类副词,极少连用,唯否定副词例外;

---

① 兼属几个小类的副词统计时分别归入各类。

异类副词连用则较为常见。异类副词连用,位置孰先孰后,有些比较自由,例如:"皆将",也可说"将皆";"必将",也可以说"将必";但有些是不自由的,例如:"岂尽",就不能说"尽岂";"宁独",也不能说"独宁"。这方面的规律尚须扩大考察范围,作专门的研究。《吕》中,副词连用仅限于两个副词,至于三个副词连用,如"又甚不""无不皆""非独不"之类,则属偶见。

《吕》中,兼他类词的副词共43个,约占副词总词量的32%。

〔附〕《吕》副词列举(136)[①]

(1)范围副词(26):皆、凡、尽、俱、咸、毕、并、胜、周、遍、悉、备、举、斯、曲、偕、极、独、唯、惟、徒、特、仅(蕲)、啻、乃、亦。

(2)程度副词(14):至、致、极、最、太(大)、甚、多、殊、愈、逾、益、弥、滋、加。

(3)时间副词(26):曾、尝(常²)、比、既、已(以²)、终、卒、方、适、会、将、且、临、每、还、遽、倾、始、新、少、姑、立、既已、方将、既而、已而。

(4)否定副词(10):不、弗、未、非、莫、微、否(不²)、勿(物²)、毋、无。

(5)语气副词(18):必、诚、乃、实(是²)、固(故²)、其、盖、殆、岂、且、独、庸、或、无乃、意者、得无、或者、庶乎。

(6)谦敬副词(3):敬、窃、敢。

(7)连接副词(15):遂、乃(迺)、遽、顾(固²)、又、反、亦、始、犹、且、宁、诚、既、犹若、犹且。

(8)情状副词(36):又、复、更、骤、总、再、常、尚、犹、几、汔、正、遽、窃、固、浸、佯、徒、果、自、特、故、端、趣、潜、更、革、递、迭、交、相、各、亲、犹若、交相、相与、亲自。

---

① 凡兼小类者分别计入各类。

九 《吕氏春秋》介词研究

1. 介词概说

《吕》中,介词共有 22 个(3237),都是单音词。

介词不受他词修饰或支配;介词不能单独成句;介词也不能单独充当句法结构成分,它只能介入他词,构成介宾短语。

《吕》的介词绝大多数由动词演化而来,不仅在词义上与相应动词有着明显的渊源关系,而且还保留着动词的部分语法功能。例如:

至:武王果以甲子至殷郊。(《贵因》) [至,动词。]
 名号至今不忘。(《报更》) [至,介词。引进时间。]
及:雪甚,及牛目。(《开春》) [及,动词。]
 及禹之时,天先见草木秋冬不杀。(《应同》) [及,介词。引进时间。]
於:厥之谏我也,必於无人之所。(《达郁》) [於,动词。]
 虫流出於户。(《知接》) [於,介词。引进处所。]
以:稼非有欲也,人皆以之也。(《审己》) [以,动词。]
 田骈送之以目。(《士容》) [以,介词。引进动作赖以实现的凭借。]
 今自以贤过于尧舜。(《壅塞》) [以,动词。]

吾以女为死矣。(《劝学》) ［以,介词。引进动作涉及的对象。］

　　由:大者定天下,其次定一国,必由如此人者也。(《士节》) ［由,动词。］

　　古昔多由布衣定一世者矣。(《用民》) ［由,介词。引进动作赖以实现的凭借(身份)。］

我们把上述在语义上有着明显的渊源关系的动词、介词看作是兼类词。《吕》的介词绝大多数(约占介词总数的 90.9%)是兼类词,仅"乎""自"二词除外。

2. 介词的分类

2.1 介词的功能类别　从语义上看,介词的功能在于引进与动作(或状态)相关的时间、处所、对象、工具、原因等,据此,可以把介词分为以下五类:(1)引进时间;(2)引进处所;(3)引进对象;(4)引进工具、凭借或方式;(5)引进原因或目的。

常用介词大多兼跨小类,是多功能的,如"於""以"兼跨上述四类,"乎""由""自""从"兼跨上述三类,"与""为""于""用"兼跨两类等。详见下文。

2.1.1 引进时间。这类介词共 10 个,它们是:自(28)、於(14)、以(14)、乎(3)、方(1)、及(7)、当(19)、比(2)、至(3),终(14)。按其意义又可细分为三组:

(1)自。引进动作行为起始的时间。例如:

　　自今以往,鲁人不赎人矣。(《察微》)

　　寡人自去国居卫也,带益三副矣。(《过理》)

(2) 於,以,乎,方,及,当。引进动作行为发生的时间。例如：

　　今病在於朝夕之中。(《贵公》)

　　天子乃以元日祈谷于上帝。(《孟春》)

　　至乎夕则日在其前矣。(《别类》)

　　方冬不寒。(《孟冬》)

　　及禹之时,天先见草木秋冬不杀。(《应同》)

　　当禹之时,天下万国。(《用民》)

(3) 比,及,至,终。引进动作行为持续或终止的时间。例如：

　　昏而生,比旦而大拱。(《制乐》)

　　自古及今,未有不亡之国也。(《安死》)

　　故至今不失。(《异宝》)

　　终夜坐。(《离俗》)

2.1.2 引进处所。这类介词共 7 个,它们是：由(31)、自(20)、从(36)、乎(84)、于(47)、於(521)、在(4)。按其意义又可细分为三组：

(1) 由,自,从,乎,於。引进动作行为的起点。例如：

　　理奚由至？(《当染》)

　　伶伦自大夏之西乃之阮隃之阴。(《古乐》)

　　从天坠者,从地出者,从四方来者,皆离吾网。(《异用》)

　　必始乎近而后及远。(《处方》)

　　用竖刀而虫出於户。(《贵公》)

(2) 于,於,乎,在。引进动作行为发生的处所。例如：

　　执爵于太寝。(《孟春》)

　　迎春於东郊。(《孟春》)

　　身在乎秦。(《精通》)

　　禹往见之,则耕在野。(《长利》)

(3)於,于,乎。引进动作行为的终点。例如:

  有狼入於国。(《明理》)

  故流于翳。(《适威》)

  逃乎丹穴。(《贵生》)

有时介词引进的"处所"义比较抽象。例如:

  音乐之所由来者远矣,生於度量,本於太一。(《大乐》)

  故湛於巧智。(《诬徒》)

  今尊不至於帝,智不至於圣。(《尊师》)

《大乐》例,介词引进来源(抽象的"起点"),《诬徒》例,介词引进范围或方面(抽象的"处所"),《尊师》例,介词引进程度或结果(抽象的"终点")。

"於""乎"引进的处所,既可以是起点,也可以是终点,取决于充当述谓中心语的动词。例如:

  水出於山而走於海。(《审己》)

2.1.3 引进对象。这类介词共 11 个,它们是:乎(163)、於(518)、于(11)、以(527)、用(4)、为(101)、与(229)、由(5)、自(2)、从(1)、如(1)。按其意义又可细分为三组:

(1)乎,于,於,以,用,为,与,从。引进动作行为涉及的对象。例如:

  以众力无畏乎乌获矣。(《用众》)

  天子乃以元日祈谷于上帝。(《孟春》)

  二吏归报於君。(《具备》)

  诸大夫赏以书社。(《慎大》)

  患存乎用三石为九石也。(《壅塞》)

  我为汝唱,汝为我和。(《顺说》)

故晏子与崔杼盟而不变其义。(《知分》)

每居海上,从蜻游。(《精谕》)

(2)乎,於,与,如。引进比较对象。例如:

衣无恶乎甲者。(《顺说》)

是巧於我。(《君守》)

人之与狗则远矣。(《察传》)

人之困穷,甚如饥寒。(《爱士》) 范耕研曰:"如与於同。言甚於饥寒也。"(460页)

(3)乎,於,为,由,自。引进行为主动者。例如:

故子胥见说於阖闾,而恶乎夫差。(《不苟》)

宣王微春居,几为天下笑矣。(《骄恣》)

古昔多由布衣定一世者矣。(《用民》)

自有道者观之,则失乐之情。(《侈乐》)

2.1.4 引进工具、凭借或方式。这类介词共 7 个,它们是:因(34)、繇(1)、道(4)、与(7)、以(468)、从(2)、於(1)。例如:

精气之来也,因轻而扬之。(《尽数》)

奚繇自知哉?(《自知》)

孔子道弥子瑕见釐夫人。(《贵因》)

集於飞鸟,与为飞扬。(《尽数》) 范耕研曰:"与犹因也。言精气集于羽鸟则因之为飞扬也。"(138页)

舜恶得贤天下而试禹?断之於耳而已矣。(《谨听》)

以随侯之珠弹千仞之雀,世必笑之。(《贵生》)

疑则从义断事。(《召类》)

2.1.5 引进原因或目的。这类介词共 5 个,它们是:以(219)、为(83)、由(3)、用(4)、缘(1)。按其意义又可细分为两组:

(1)以，由，为，用，缘。引进动作行为发生的原因。例如：

以人之小恶亡人之大美。(《举难》)

由重生恶之也。(《贵生》)

女何为而饿若是。(《报更》)

秦果用强，魏果用弱。(《长见》) 陈奇猷曰："用犹以也。谓秦果以听公孙鞅而强，魏果以失公孙鞅而弱。"(614页)

缘不得已而动。(《离俗》)

(2)为。引进动作行为的目的。

多官而反以害生，则失所为立之也。(《本生》)

渔为得也，今子得而舍之，何也？(《具备》)

2.2 《吕》介词功能分类一览表

介词＼功能	引进时间 10(105)	引进处所 7(743)	引进对象 11(1562)	引进工具 7(517)	引进原因 5(310)
自(50)	28	20	2	0	0
於(1054)	14	521	518	1	0
以(1228)	14	0	527	468	219
乎(251)	3	84	164	0	0
方(1)	1	0	0	0	0
及(7)	7	0	0	0	0
当(19)	19	0	0	0	0
比(2)	2	0	0	0	0
至(3)	3	0	0	0	0
终(14)	14	0	0	0	0
由(39)	0	31	5	0	3
从(39)	0	36	1	2	0
于(58)	0	47	11	0	0
在(4)	0	4	0	0	0
用(7)	0	0	3	0	4
为(184)	0	0	101	0	83

(续)

介词\功能	引进时间 10(105)	引进处所 7(743)	引进对象 11(1562)	引进工具 7(517)	引进原因 5(310)
与(236)	0	0	229	7	0
如(1)	0	0	1	0	0
因(34)	0	0	0	34	0
籍(1)	0	0	0	1	0
道(4)	0	0	0	4	0
缘(1)	0	0	0	0	1

上表表明：

《吕》中，介词以引进对象出现频率为最高（约占介词总频率的48%），以下依次是引进处所（约占23%），引进工具（约占16%），引进原因（约占10%），以引进时间频率为最低（不到3%）。

介词中以"以""於"二词最为活跃，分别兼跨四个小类，其出现频率约占介词总频率的70%；其次是"自""乎""由""从"，兼跨三个小类；再次是"于""用""与""为"，兼跨两个小类。《吕》中，半数以上的介词（12个，约占介词总量的55%）是单功能的，其中绝大多数出现频率在10次以下。

兼跨几个小类的介词在各类中的表现很不平衡，如"於"，以引进处所、对象为主（约占"於"总频率的99%），而引进时间、工具仅占其总频率的1%。"以""乎""与""由""从"等都存在着这种不平衡的现象，兹不赘述。

3. 介词的语法功能

3.1 介词的位置

3.1.1 《吕》中出现的介词根据其位置可分为以下三类：

1. 当,方,及,至,比,缘,由,用,为,终,因,从,道,与,繇。这类介词共 15 个,只出现在述谓中心语之前。

2. 在,乎,如,于。这类介词共 4 个,只出现在述谓中心语之后。

3. 以,於,自。这类介词共 3 个,既可出现在述谓中心语之前,也可出现在述谓中心语之后。

《吕》中,出现在述谓中心语之前的介词占大多数,约为介词总词量的 72%。①

3.1.2 如果依照介词引进事物的类别(即功能类别)来考察介词的位置,除引进处所一类外,其余各类均为出现在述谓中心语之前的介词占优势。② 具体情况见下表:③

介词\位置	引进时间 前:后	引进处所 前:后	引进对象 前:后	引进工具等 前:后	引进原因等 前:后
介词词量	9:1	4:5	8:5	6:2	5:0

3.1.3 位置可前可后的三个介词,其位置也不是完全自由的,而是与该介词引进事物的类别有关。分述如下:

(1)"以"引进时间、原因,位置只在述谓中心语之前。例如:

　　以元日祈谷于上帝。(《孟春》)

---

① 《吕》的情况与整个古汉语介词的情况相一致。杨伯峻、何乐士《古汉语语法及其发展》中统计:"单音介词在谓语前后的总比数是 147∶39,百分比是 78%∶22%。"(448 页)

② 兹将杨、何二位先生的统计摘引如下(447 页):

分类\项目	引进时间 前:后	引进处所 前:后	引进对象 前:后	引进工具等 前:后	引进原因等 前:后	引进训告内容 前:后
单音介词	47:3	52:18	27:6	15:1	6:5	1:2

惟"引进处所"一类《吕》与之相异。

③ 位置可前可后的介词分别计入各类。

公将以某日薨。(《知接》)

("以"引进时间。)

以人之小恶亡人之大美。(《举难》)

先君以不安弃群臣也。(《行论》)

("以"引进原因。)

"以"只有引进对象、工具,位置才可前可后。例如:

尧以天下让舜。(《行论》)

以冰致蝇。(《功名》)

("以"在述谓中心语之前。)

赏以书社。(《慎大》)

越人熏之以艾。(《贵生》)

("以"在述谓中心语之后。)

(2)"於"引进工具,位置只在述谓中心语之后。例如:

断之於耳而已矣。(《谨听》)

"於"引进时间、处所、对象,位置可前可后。例如:

於是始耕。(《任地》)

於故记果有。(《至忠》)

於利不苟取。(《士节》)

("於"在述谓中心语之前。)

今病在於朝夕之中。(《贵公》)

迎春於东郊。(《孟春》)

归则愧於父母兄弟。(《诬徒》)

("於"在述谓中心语之后。)

(3)"自"引进时间、对象,位置只在述谓中心语之前。例如:

自古及今,未有不亡之国也。(《安死》)

("自"引进时间。)

自有道者观之,则失乐之情。(《侈乐》)

("自"引进对象。)

"自"只有引进处所,位置才可前可后。例如:

公子夷吾自屈奔梁。(《上德》)

帝颛顼生自若水。(《古乐》)

即使是在可前可后的情况下(如"以"引进对象、工具,"於"引进时间、处所、对象,"自"引进处所),每个介词出现在述谓中心语之前,或之后的频率也存在着很大差异,列表对比如下:

介词 \ 功能类别 位置	引进时间		引进处所		引进对象		引进工具	
	前	后	前	后	前	后	前	后
以					503	24	411	57
於	11	3	6	515	82①	436		
自			17	3				

"以""自"以位置在述谓中心语之前为常,"於"以位置在后为常。

3.1.4 关于"登自鸣条"

《吕》中,介词"自"引进位移"源点",共出现 10 例,有 A、B 两种位置:

A₁ 自+Nj+V (5 例)如:

自鲁往。(《爱类》)②

---

① "於"引进对象处于句首,往往具有标记话题的作用。如:
　　於民可也。(《乐成》)
　　於利不苟取。(《士节》)
　　於祸则不然。(《别类》)

② 使用符号的说明:N—名词语,V—位移动词,j—位移源点,l—位移终点。

A_2　自＋Nj＋V＋Nl　（4 例）如：

公子夷吾自屈奔梁。（《上德》）

其剑自舟中坠於$_2$水。（《察今》）

B_1　V＋自＋Nj　（1 例）如：

登自鸣条。（《简选》）

A 式，"自"引进位移"源点"出现在位移动词之前；B 式，"自"引进位移"源点"出现在位移动词之后。

我们面临的问题是，《吕》中仅出现 1 例的句式 B_1，即由介词"自"引进位移"源点"、出现在动词之后的句式，在汉语的历史发展中处在什么位置？

关于这个问题，《马氏文通》云："记从来之处者，其转词概以'自'为介，而先后无常。"①

问题之一：以"自"为介，记从来之处者，是否如《马氏文通》所云，"自"字短语的位置"先后无常"？

从我们对《吕》的考察来看，马氏所云"先后无常"，当有可商榷之处。那么，《吕》所反映的是属个别现象，还是反映出了那一时代的普遍现象？

要想弄清这个问题，也只有扩大考察范围，作历史的考察。下面是我们对上古文献中 A、B 两种形式考察的结果：②

---

① 见《马氏文通》（商务印书馆，1983 年）166 页。

② 关于下表的两点说明：

1. 甲骨卜辞一项的考察，主要是参考了张玉金先生的《甲骨文语法学》（学林出版社 2001 年 9 月），（＋）表示有，但数量很少（一般都是命辞的焦点）；

2. 传世文献中，括号内数字，《尚书》为古文《尚书》的例句的统计，其余为引文的统计，引文以《春秋》为主，偶尔引自《尚书》《诗经》等。

	甲骨卜辞	金文	尚书	诗经	春秋	仪礼	左传	国语	论语	墨子	孟子	庄子	荀子	韩非子	吕氏春秋	战国策
A₁式	(+)	1	0	2	3	18	24	3	3	1	2	6	1	1	5	3
A₂式	(+)	1	(1)	6	17	8	9	3	1	3	3	0	0	2	4	2
B₁式	+	8	3(4)	14	86	127	35(18)	8	0	0	(2)	0	1(1)	0	1	0
B₂式	+	0	0	0	0	13	0	0	0	0	0	0	0	0	0	0

下面,我们梳理一下考察的结果。

所谓 B₂ 式,《吕》中未见,是指位移的源点、终点在一句之中共现,二者均在动词之后。B₂ 式仅见于甲骨卜辞和《仪礼》之中,但二者又有别。甲骨卜辞中,位移源点、终点均由介词引入句法层面,源点在前,终点在后,句式为 B₂':Na+V+自+Nj+于+Nl,如:今日王步自鄩于非。(合集 33147)①

《仪礼》中,位移终点无须介词引入,位置在前,源点由介词"自"引入,位置在后,句式为 B₂'':Na+V+Nl+自+Nj,如:主人升席自北方。(乡饮酒礼)

而在其他文献中,位移的源点、终点在一句之中共现均采用 A₂ 式,即源点由介词"自"引入,位置在动词之前,终点在动词之后,或用介词,或否,依动词而定。

当位移的终点由于不言而喻(或无须言明)而不出现、句中只出现位移的源点时,引进源点的"自"字短语所在位置,与时代的先

---

① 转引自张玉金《甲骨文语法学》(学林出版社 2001 年 9 月)180 页。

后有关。根据我们的考察,上述文献大体可以分为三组:甲骨卜辞—《仪礼》为一组,《左传》《国语》为一组,《论语》—《战国策》为一组。甲骨卜辞一组大体是商至春秋时期的文献,《左传》一组大体是春秋末期的文献,《论语》一组大体是战国时期的文献。统计数字表明:当位移终点不出现时,商代至春秋时期,"自源点位移"通常用B式表达,换句话说,"自"字短语以在动词后为常;春秋末期,"自源点位移"既可以用B式表达,也可以用A式表达,"自"字短语的位置是相对自由的;战国时期,B式在文献语言中急遽衰落,"自源点位移"通常只用A式表达,即"自"字短语以在动词前为常。因此,历史地看,马氏所云"记从来之处者,其转词概以'自'为介,而先后无常",其实只反映了先秦某一时期(春秋末期)的特点,而在《吕氏春秋》时代,"登自鸣条"句(B_1)只是历史的残余而已。

问题之二:如何看待"自"字短语的前移?

有的学者说:先秦时期,"当动词为光杆单音动词时'自+场所'绝大部分位于动词后,当受修饰的成分复杂时,'自+场所'以位于动词前为主",而"先秦时期'介词+场所'位于所修饰的成分前是少数例外",例外的存在"只是为了使述词后成分不致太多而使句子平衡"。①

对上述论述,本文不想做全面的评论,只想就事论事,谈一下我们关于"自"字短语前移的看法。我们认为,"自源点位移"的基本形式由B式演化为A式,是一种历时的演变,是介词短语语序

---

① 张赪《从先秦时期"介词+场所"在句中不合规律分布的用例看汉语的词序原则》,载《语言研究》2002年第2期。

的变更。这个变更过程并非如有的学者所说"介词短语语序的变更始于公元前 1 世纪"①,而是至少在公元前 7 世纪,即西周、东周之交,就已经开始了。它反映了汉语历史发展过程中曾发生过的"抽象原则"和"临摹原则"之间的变化。② 表示"自源点位移"的 B 式向 A 式的变化,至战国初期已经基本完成;因此,这一时期在传世文献中新出现的、引进位移源点的介词"从""由"很自然地根据"时间顺序原则"放在动词之前(A 式)。③

问题之三:介词短语语序变更的直接原因是什么?

有的学者说:"这种语序变化的直接原因是,由于补语与介词短语之间存在着不相容性,随着动补结构的发展与成熟,迫使介词短语与句子其他成分重新组合。"④

我们认为,自汉代以后,介词短语的语序逐渐成规模地前移(或曰"重新分布"),这确实与汉语中动补结构的发展与成熟直接相关。至于说到"自"字短语前移的原因,恐怕并不尽然。从我们考察的结果看,在由 B 式演化为 A 式的历时变化中,B_2 式首先消亡,被 A_2 式取代。换句话说,位移终点的存在,迫使 B_2'式中的"自"字短语前移。从甲骨卜辞到传世文献的句法发展过程是商、周两大部族语言接触、融合的过程。众所周知,在这一

---

① 石毓智、李讷《汉语语法化的历程》(北京大学出版社,2001 年)184 页。

② 参见蒋绍愚先生《抽象原则和临摹原则在汉语语法史中的体现》一文,载《古汉语研究》1999 年第 4 期。

③ 甲骨卜辞中,尽管出现了"呼田从南(合集 10903)"句,但张玉金先生认为,"'从'和'自'不同,它不是表示动作行为的处所起点的,而是表示动作行为所经由的处所("《甲骨文语法学》78 页)。

"时间顺序原则",是指时间顺序严格制约汉语的语序。这是戴浩一先生在 1985 年提出的。见戴浩一《时间顺序和汉语的语序》,载《国外语言学》1988 年第 1 期。

④ 见注释①,219 页。

过程中,汉语句法确立了动词之后只能存在一个介词短语的规则。① 这一规则的确立,迫使 B_2' 式中的一个介词短语前移;而决定"自"字短语前移的,是临摹原则在起作用。"自"字短语前移而产生的 A_2 式,其线性排列顺序正好与事件发生的时间先后相对应。

至于 B_1 式,位移终点并未出现在句法层面,为什么也会随之向 A_1 式演化?我们认为,B_1 式位移终点之所以未出现在句法层面,或是不言而喻,或是无须言明,例如《春秋》中的"公至自齐""归自晋"之类。尽管"至""归"的位移终点未在句法层面出现,但仍存在于语义层面,并要求在句法层面动词之后为其保留一个句法位置(亦可看作是 B_2''的省略形式)。因而在 B_2'演化为 A_2 的影响下,B_1 式亦随之向 A_1 演化,这大概就是在临摹原则的作用下所产生的类推效应。

3.2 介词宾语

3.2.1 介词对宾语构成成分的选择。介词宾语或由体词语充当,或由谓词语充当,不同的介词对宾语构成成分有不同的选择。

《吕》中出现的介词,根据其所带宾语构成成分的不同,可分为以下三类:

1. 终、因、繇、比、至、方、当、于、在。这类介词共 9 个,只带体

---

① 关于如何从类型学的角度看待这一规则的建立,笔者曾请教过刘丹青先生。刘丹青先生说:典型的 SVO 语言,V 后的介词短语的数量当是不受限制的,商部族语言属东夷部族语言,与 SVO 语言特征相似。典型的 SOV 语言,V 后的成分要受到限制,周部族语言属古羌族语言,与 SOV 语言特征相似。传世文献中,汉语动词之后只能存在一个介词短语的规则,或许就是商、周部族语言融合的结果。

词宾语。例见上文。

2. 缘,如。这类介词有 2 个,只带谓词宾语。例见上文。

3. 为,乎,於,自,及,由,用,从,道,与,以。这类介词共 11 个,既可带体词宾语,又可带谓词宾语。这类介词带体词宾语的例句已见上文,仅举带谓词宾语的例句如下:

渔为得也,今子得而舍之,何也?(《具备》)

礼士莫高乎节欲。(《下贤》)

圣人生於疾学。(《劝学》)

寡人自去国居卫也,带益三副矣。(《过理》)

及战,且远立。(《过理》)

由重生恶之也。(《贵生》)

用虚无为本。(《知度》)

凡说之行也,道不智听智,从自非受是也。(《壅塞》)

口不甘味,与死无择。(《情欲》)

先君以不安弃群臣也。(《行论》)

从《吕》看,带体词宾语是介词的基本功能[①],而带谓词宾语则是部分介词的功能。《吕》中,前者与后者的比数是 20(2927):13(318),百分比是 91%(90%):61%(10%)。

既可带体词宾语、又可带谓词宾语的 11 个介词对宾语构成成分的选择也并非是完全自由的,其与引进事物的类别有一定的关系。详见下表:

[①] "如""缘"在《吕》中各出现 1 例,带谓词宾语,因频率极低,可忽略不计。又,考先秦他书,"缘"亦可带体词宾语,如:"缘道理以从事者。"(《韩非子·解老》)至于"如"作介词,当属特例。

介词\功能类别	引进时间	引进处所	引进对象	引进工具	引进原因
为			体		体/谓
乎		体	体/谓		
於	体	体/谓	体/谓	体	
自	体/谓	体	体		
及	体/谓				
由		体/谓	体		谓
用			体/谓		体
从		体/谓	体	体	
道				体/谓	
与			体/谓	体	
以	体		体/谓	体/谓	体/谓

上表中的"功能类别",还可以分得更细一些。例如"引进处所",又可细分为"引进具体处所"和"引进抽象处所(包括"来源""范围""方面"等)"两类:介词引进具体处所,只带体词宾语;如果介词引进抽象处所,则既可带体词宾语,又可带谓词宾语。又如"引进对象",又可细分为"引进涉及对象""引进比较对象""引进行为施事"三类:介词引进涉及对象,比较对象,则既可带体词宾语,又可带谓词宾语;如果介词引进行为施事,则只带体词宾语。再如"引进工具",又可细分为"引进工具""引进凭借"两类:介词引进工具,只带体词宾语;如果引进凭借,则既可带体词宾语,又可带谓词宾语。

3.2.2 介词宾语的位置。介词宾语一般都在介词之后,但有少数前置。《吕》中,发生宾语前置的介词共涉及五个词(约占介词总词量的23%),它们是:以(85)、为(15)、道(1)、乎(1)、於(1)。前置宾语共出现103例,约占介词宾语总频率的3%。

《吕》中,介词宾语前置现象只发生在引进对象、工具、原因三类之中;只发生在述谓中心语之前,换句话说,出现在述谓中心语之后的介词宾语不能前置。疑问代词作介词宾语均前置(49)。例如:

> 我胡以得是於智伯?(《权勋》)
>
> 君胡为轼?(《期贤》)
>
> 恶乎讬?讬於爱利。(《用民》)
>
> 奚道相得?(《不侵》)王念孙曰:"道者,由也。"(642页)

非疑问代词宾语前置,只发生在介词"以"之前(53)。例如:

> 卫君死,吾将汝兄以代之。(《士容》)

介词宾语前置,均为宾语整体移至介词之前,唯"於"1例例外:

> 还殁头前於孟胜。(《上德》) 许维遹曰:"此文犹云'还殁头於孟胜前'……吕氏辞例倒略,往往类此。"陈奇猷曰:"此文当作'还殁头於前'。……今本'於前'二字误倒耳。"(1267页)

依许说,则介词宾语中的部分前移,实属特例①。

3.2.3 介词宾语的省略。介词宾语有时可以省略。例如:

> 背叛之人,贤主弗内之於朝,君子不与交友。(《尊师》)
>
> 秦果用强,魏果用弱。(《长见》)
>
> 凡为君,非为君而因荣也。(《当染》)
>
> 乃为却四十里。(《行论》)
>
> 夫差为禽。(《长攻》)

---

① 《左传》中有"人而能民,土於何有?"(《僖公九年》),"谚所谓'室於怒、市於色'者,楚之谓矣。"(《昭公十九年》)与本例不同。

故商周以兴,桀纣以亡。(《决胜》)

今有利剑於此,以刺则不中,以击则不及。(《简选》)

《吕》中,宾语省略现象只涉及上述五个介词(约占介词总词量的23%),其省略现象出现频率如下:以(527)、与(57)、为(27)、因(12)、用(4)(约占介词宾语总频率的19%)。其中"以"的宾语省略之多,居介词之冠。

介词宾语省略也只发生在引进对象(如《尊师》《长攻》例)、引进工具(如《简选》例)、引进原因(如《长见》《当染》《行论》《决胜》诸例)三类。因此,只能引进时间(如"比""方""及"等)、处所(如"在")的介词,其宾语不能省略。

介词省略也只发生在述谓中心语之前。因此,只能出现在述谓中心语之后的介词(如"于""乎"等),其宾语不能省略。

有的介词,如"於",尽管极为活跃,出现频率在千次以上,又兼跨四类,又可出现在述谓中心语之前,但在《吕》中却未见宾语省略现象。这表明,宾语省略与否还与介词的个性有关。

4. 关于几个常用介词语的说明

4.1 关于"于"和"於" 王力先生说:"'于'是'於'的较古形式,甲骨文的介词用'于'不用'於',《书经》和《诗经》《易经》也以用'于'为常。"[①]这种情况在战国时期发生了很大变化。在《吕》中,介词"於"共出现1054次,而介词"于"只出现58次,"於"已占绝对优势。本节着重考察《吕》中介词"于"和"於"的差异。

---

① 王力《汉语史稿(中)》(中华书局,1980年)332页。

4.1.1 "于"和"於"在引进事物类别上的差异。

(1)"于"和"於"都可以引进处所。例如:

入于民室。(《音初》)

有狼入於国。(《明理》)

执爵于太寝。(《孟春》)

迎春於东郊。(《孟春》)

也可以是抽象的处所。例如:

商王大乱,沈于酒德。(《先识》)

沈於乐者反於忧。(《达郁》)

但"于"只能引进动作行为发生的处所(见《孟春》例),或运动的终点(见《音初》《先识》例);"於"除此之外,还可以引进动作行为的起点(起源)。例如:

用竖刀而虫出於户。(《贵公》)

水生於山而走於海。(《审己》)

生於度量。(《大乐》)

"于"未见上述用法。①

(2)"于"和"於"都可以引进动作行为涉及的对象。例如:

告备于天子。(《季秋》)

敢以告於先君。(《赞能》)

奋铎以令于兆民曰。(《仲春》)

父不能令於子。(《诬徒》)

但引进比较对象、行为施事,则未见"于",只见"於"。例如:

---

① 《左传》中,"于"亦可引进动作的起点,如:"(邾子)自投于床,废于炉炭,烂,遂卒。"(《定公三年》)但仅属偶见。

两臂重於天下也。(《审为》)

虽恶於后王,吾独谓先王何乎?(《知士》)

(3)"於"可以引进时间。例如:

至於后,戎寇真至。(《疑似》)

今病在於朝夕之中。(《贵公》)

偶尔还可引进工具凭借。例如:

舜恶贤天下而试禹?断之於耳而已矣。(《谨听》)

"于"未见上述用法。①

4.1.2 "于"和"於"在语法上的差异。

(1)"于"只出现在述谓中心语的后面;"於"虽以出现在述谓中心语的后面为主,但有时也可以出现在述谓中心语的前面。例如:

於故记果有。(《至忠》)

於利不苟取。(《士节》)

(2)"于"只带体词宾语,而"於"虽以带体词宾语为主,但也可带谓词宾语。例如:

圣人生於疾学。(《劝学》)

贤主劳於求人,而佚於治事。(《士节》)

乱莫大於无天子。(《观世》)

故曰君道无知无为,而贤於有知有为。(《任数》)

综上所述,《吕》中,介词"於"同"于"相比,不仅出现频率上占绝对优势,而且语法功能和意义上也更加灵活多样。凡用"于"的地方都可以用"於"替换(古书引文除外);但不少用"於"的地方却不能换成"于"。

---

① 《尚书》中"于"亦可引进时间,如:"自朝至于日中昃不遑暇食。"(《无逸》)

4.2 关于"以……为""以为"

《吕》中,"以……为"格式共出现 195 例,从语义表达来看,可分为两组:

(1)表示客观事实(包括已实现的,未实现的)(84)。例如:

赵襄子之时,以任登为中牟令。(《知度》)

以此为君,悖;以此为臣,乱。(《本生》)

(2)表示主观看法(111)。例如:

此五者,皆以牛为马,以马为牛,名不正也。(《审分》)

吾以汝为死矣。(《劝学》)

我以不受为宝。(《异宝》)

夫悖者之患,固以不悖为悖。(《长见》)

"以……为"格式表达的语义与"以""为"宾语的构成成分有一定联系:当"以""为"之后的宾语都由体词充当时(54),或表客观事实(24),如《知度》例,或表主观看法(30),如《审分》例;当"以""为"之后的宾语有一个是由谓词语充当时(40),则绝大多数表示主观看法(37),如《劝学》《异宝》例;当"以""为"之后的宾语都由谓词语充当时(10),只表示主观看法,如《长见》例。

"以为"是"以……为"的省略形式,《吕》中共出现 91 例。当"为"后的宾语由体词语充当时(65),绝大多数表示客观事实(59)。例如:

得尸三万,以为二京。(《不广》)

但也有少数表示主观看法(6)。例如:

寡人以为迂言也。(《先己》)

当"为"后的宾语由谓词语充当时(26),则只表示主观看法。例如:

故贤主察之,以为不可,弗为;以为可,故为之。(《贵当》)

4.3 关于"於是"

《吕》中,"於是"共出现 62 例,分为两类:一类是连词(55),一类是介词短语(7)。分别举例如下:

夏为无道,暴虐万民,侵削诸侯,不用轨度,天下患之。汤於是率六州以讨桀罪。(《古乐》)

以舜之德为未至也,於是乎夫负妻戴,携子以入於海。(《离俗》)

(以上"於是"为连词。)

於是厉公游于匠丽氏,栾书、中行偃劫而幽之。(《骄恣》)
於是始耕。(《任地》)

(以上"於是"为介词短语。)

介词短语"於是"以表时间为常(6),例见上文;偶尔表处所(1):

一人曰:"子,肉也;我,肉也;尚胡革求肉而为?於是具染而已。"(《当务》)

5. 小结

介词按其词量在《吕》词类系统中居第九位(约占总词量的 0.4%)。

介词不受他词修饰或支配,不能单独成句,也不能单独充当句法结构成分,它只能介入他词,构成介宾短语。

从语义上看,介词的功能在于引进与动作(或状态)相关的时间、处所、对象、工具、原因等。《吕》中,约半数的介词是多功能的。

《吕》中,绝大多数介词的位置是固定的,或只出现在述谓中心语之前,或只出现在述谓中心语之后。少数既可出现在述谓中心语之前、又可出现在述谓中心语之后的介词,其位置与该介词引进事物的类别有关。

带体词宾语是介词的基本功能,只有部分介词可以带谓词宾语。那些既可带体词宾语、又可带谓词宾语的介词对宾语构成成分的选择,也与该介词引进事物的类别有关。

《吕》中,少量介词的宾语可以前移,或可以省略。这两种现象只发生在引进对象、工具、原因三类介词之中,只发生在述谓中心语之前。

《吕》中的介词大多由动词虚化而来,不仅在词义上与相应动词有着明显的渊源关系,而且还保留着动词的部分语法功能。因此,《吕》中的介词绝大多数是兼类词。

十 《吕氏春秋》连词研究

1. 连词概说

《吕》中,连词共有 35 个(4772),其中单音连词 30 个(4711),复音连词 5 个(61),单音连词占绝对优势。

连词不受他词修饰或支配,也不修饰或支配他词;连词不能独立充当句法结构成分,其功能是在词、短语、分句、句子之间起连接作用,表示它们之间的各种关系。

2. 连词的分类

连词按其功能可分为两大类:联合连词和主从连词。

2.1 联合连词 《吕》中,联合连词共 19 个,按其功能的差异,又可细分为四小类:(1)并列连词;(2)选择连词;(3)递进连词;(4)承接连词。

2.1.1 并列连词。这类连词共 8 个,它们是:及(14)、与(132)、以(37)、若(1)、且(18)、而(296)、之(5)、有(6)。举例如下:

周公及召公取风焉。(《音初》)

食麦与羊。(《孟春》)

重帷而见其衣若手。(《首时》)

北方有兽,名曰蹶,鼠前而兔后。(《不广》)

故畮欲广以平,甽欲小以深。(《辩土》)

公姣且丽。(《达郁》)

乐之弗乐者,心也。(《适音》) 范耕研曰:"'乐之弗乐'犹言'乐与弗乐','之'犹'与'也。"(274页)

十有九日而白公死。(《分职》)

并列连词中,"及""若""有"三词表示实体间的并列关系;"且""而""之""以"四词表示行为、状态、性质的并列关系;"与"既可表示实体间的并列关系,见《孟春》例,又可表示动作行为间的并列关系①。例如:

春气至则草木产,秋气至则草木落,产与落或使之,非自然也。(《义赏》)

并列连词连接的前后两项顺序一般可以对换,唯"及""有"不可。"及"连接的前后两项在语义上有轻重之别,而且总是重者居前,轻者居后。除上文《音初》例之外,又如:

王及蔡公抎于汉中。(《音初》)

以供寝庙及百祀之薪燎。(《季冬》) 高诱注:"寝庙,祖庙也。"

尽杀崔杼之妻子及枝属。(《慎行》)

"及"连接的前后两项顺序不能对换。"有"连接整数和零数,前后两项的顺序自然也不能对换。

2.1.2 选择连词。这类连词共4个,它们是:其(5)、与(8)、与其(2)、亡其(2)。据其功能差异,又可细分为两组:

---

① 用"与"连接的动词并列短语,入句时呈现出体词性。参见"动词研究"3.3节。

(1) 其,与,亡其。单纯表示选择。例如:

公取之代乎? 其不与? (《爱类》)

为吾臣与狄人臣,奚以异? (《审为》)

君将攫之乎? 亡其不与? (《审为》)

(2) 与,与其。表示在选择中有所取舍。例如:

与吾得革车千乘也,不如闻行人烛过之一言。(《贵直》)

与其不幸而过,宁过而赏淫人。(《开春》)

选择连词"与"和并列连词"与"的区别在于:选择连词"与"的前后两项是互斥性的,如《审为》例,为"吾臣"就不能为"狄人臣",为"狄人臣"就不能为"吾臣",二者不能同时存在,不能兼有;而并列连词"与"的前后两项是兼有的,如上文《孟春》例中的"麦与羊","麦""羊"兼有,缺一不可。

至于单纯表示选择的"与"和在选择中有所取舍的"与",其间的差别是显而易见的:前者只出现在所连接的两个语言单位之间,而后者则只出现在句首。

2.1.3 递进连词。递进连词只有 2 个:且(25)、况(45)。例如:

且死者弥久,生者弥疏。(《节丧》)

乌获举千钧,又况一斤。(《务大》)

2.1.4 承接连词。这类连词共 11 个,它们是:而(1219)、以(414)、则(267)、因(39)、若(10)、焉(2)、由(1)、用(1)、盖(1)、於是(55)、因而(1)。举例如下:

物动则萌,萌而生,生而长,长而大,大而成。(《圜道》)

王因藏怒以待之。(《去宥》)

乃告舟备具于天子焉,天子焉始乘舟。(《季春》)

>恐其不信,汤由亲自射伊尹。(《慎大》)
>
>外有所重者泄,盖内掘。(《去尤》)
>
>夏为无道……天下患之。汤於是率六州以讨桀罪。(《古乐》)
>
>崔杼归无归,因而自绞也。(《慎行》)

表示承接关系的连词或表示事理上的先后相承,如《圜道》诸例;或表示状态、方式与动作相承。如:

>三人操牛尾,投足以歌八阕。(《古乐》)
>
>如秦者立而至,有车也。(《贵因》)

或表示动作与目的、结果相承。如:

>吾将兴甲兵以杀之。(《慎行》)
>
>以身为牺牲,用祈福于上帝。(《顺民》)
>
>先王必欲少留而抚社稷、安黔首也。(《开春》)
>
>使工女化而为丝,不能治丝。(《不屈》)

或表示他转或提起。如:

>若夫内事亲,外交友,必可得也。(《务本》)

2.2 主从连词 《吕》中,主从连词共 21 个,按其功能的差异,又可细分为五小类:(1)转折连词;(2)让步连词;(3)假设连词;(4)因果连词;(5)条件连词。

2.2.1 转折连词。这类连词共 4 个,它们是:而(589)、则(58)、且(5)、然(3)。举例如下:

>知害人而不知人害己也。(《慎行》)
>
>今有人于此,求牛则名马,求马则名牛。(《审分》)
>
>吴起死矣,且荆国之法,丽兵于王尸者尽加重罪,逮三族。(《贵卒》)

虽游,然岂必遇哉!(《报更》)

2.2.2 让步连词。这类连词共 3 个,它们是:虽(215)、则(11)、唯(1)。举例如下:

是鸟虽无飞,飞将冲天。(《重言》)

侈则侈矣,自有道者观之,则失乐之情。(《侈乐》)

必厚其靮,为其唯厚而及。(《辩土》) 孙诒让曰:"'唯'当读为虽。"(1757 页)

有时"虽"表示的让步关系只是一种假设的让步。如:

魏虽强,犹不能责无责,又况于弱?(《应言》)

2.2.3 假设连词。这类连词共 12 个,它们是:而(23)、若(30)、使(15)、苟(17)、微(6)、如(2)、为(2)、则(2)、且(1)、或(1)、即(1)、其(4)。举例如下:

而固贤者也,用之未晚也。(《举难》) 毕沅曰:"而与如同。"(1319 页)

其义则不足死,赏罚则不足去就,若是而能用其民者,古今无有。(《用民》) 陈奇猷曰:"则犹若也。详《经传释词》。"(1272 页)

若受吾币而不吾假道,将奈何?(《权勋》)

使民无欲,上虽贤,犹不能用。(《为欲》)

其人苟可,其事无不可。(《劝学》)

微二人,寡人几过。(《具备》)

死者如有知也,吾何面目以见子胥于地下?(《知化》)

为我死,王则封汝。(《异宝》) 王念孙曰:"为犹如也。"(553 页)

且静郭君听辨而为之也,必无今日之患也。(《知士》)

陈奇猷曰:"且犹若也。亦详《经传释词》。"(496页)

客或不遇,请为寡人而一归也。(《报更》)

即戎寇至,传鼓相告。(《疑似》)

汤其无郼,武其无岐,贤虽十全,不能成功。(《慎势》)

高诱注:"郼、岐,汤武之本国。假令无之,贤虽十倍,不能以成功业。"许维遹曰:"其犹若也。"(1115页)

2.2.4 因果连词。这类连词共4个,它们是:故(510)、则(7)、固(1)、盖(3)。举例如下:

先王先顺民心,故功名成。(《顺民》)

论早定则知早啬,知早啬则精不竭。(《情欲》)

无由接,固却其忠言。(《知接》) 毕沅曰:"固与故通用。"(978页)

白民之南,建木之下,日中无影,呼而无响,盖天地之中也。(《有始》)

"故""固"连接的后项表示结果,"盖"连接的后项申说原因,"则"连接的后项既可表示结果,见《情欲》例,又可申说原因。如:

惟其所以不得之故,则狗恶也。(《贵当》)

2.2.5 条件连词。这类连词共4个,它们是:无(2)、无有(1)、则(629)①、安(2)。据其功能差异,又可细分为两组:

(1)无,无有。连接后项表示条件。例如:

无贤不肖,莫不欲长生久视。(《重己》)

无有丘陵沃衍、平原高阜,尽皆灭亡之。(《爱类》)

---

① "则"连接后项表示结果,既可承接假设从句,又可承接条件从句。在没有假设连词的情况下,假设从句与条件从句有时很难区分。括号中的数字包括这两种情况。

(2)则,安。连接后项表示结果。例如:

三军一心,则令可使无敌矣。(《论威》)

今日置质为臣,其主安重;今日释玺辞官,其主安轻。(《执一》) 范耕研曰:"安犹乃也。"(1138页)

2.3 《吕》连词分类一览表

连词\功能类别	联合连词				主从连词				
	并列	选择	递进	承接	转折	让步	假设	因果	条件
及	14								
与	132	8							
以(已)	37			414					
若	1			10			30		
且	18		25		5		1		
而	296			1219	589		23		
之	5								
有	6								
其			5				4		
由				1					
况			45						
即							1		
或							1		
为							2		
则				267	58	11	2	7	629
因				65					
用				1					
焉				2					
然					3				
虽						215			
唯							1		
使							15		
苟							17		
微							6		

(续)

连词 \ 功能类别	联合连词				主从连词				
	并列	选择	递进	承接	转折	让步	假设	因果	条件
如							2		
故								510	
安									2
固								1	
盖								3	
无									2
无有									1
亡其		2							
於是				55					
因而				1					
与其		2							

上表表明：(1)《吕》中,联合连词(共 19 个)与主从连词(共 21 个)词量大体相等。(2)《吕》中,绝大多数连词(28 个,约占连词总量的 80%)是单功能的,只表示一种关系,但这些连词除"故""虽""於是""况"等少量词之外,大多出现频率很低(981 次,约占连词总频率的 21%)。具有多功能的连词,尽管数量不多(7 个),但极为活跃,不仅出现频率高(3791 次,约占总频率的 79%),而且可以表示多种关系。

3. 连词的语法特点及其内部差异

3.1 连词对连接对象的选择 《吕》中,连词连接的对象或为词(短语),或为分句,或为句子(句群),不同的连词对连接对象有不同的选择。

3.1.1 《吕》中,可以连接词(短语)的连词共 9 个(约占连词

总量的 26%)。根据它们连接的词语的性质,又可细分为三组,分述如下:

(1)及,若,与,有,之,而。这组连词可以连接两个体词语。例如:

周公及召公取风焉。(《音初》)

重帷而见衣若手。(《首时》)

跂与企跂得佁。(《异用》)

十有九日而白公死。(《分职》)

措之参于保介之御间。(《孟春》) 按:《礼记·月令》孔颖达疏谓"置耒器于参乘保介及御者之间"。

夫孝,三皇五帝之本务,而万事之纪也。(《孝行》)

"有"只连接数词,"而"只连接作谓语的体词语。

(2)而,以,且,与,之。这组连词可以连接两个谓词语。例如:

既静而又宁。(《君守》)

乱世之音怨以怒,其政乖也。(《适音》)

公姣且丽。(《达郁》)

产与落或使之,非自然也。(《义赏》)

乐之弗乐者,心也。(《适音》)

(3)而,以,则。这组连词可以连接一个体词语和一个谓词语。例如:

施而治农夫者也。(《不屈》) 按:施,人名。

故所欲以必得,所恶以必除,此功名之所以立也。(《博志》)

非公叔座之悖也,魏王则悖也。(《长见》)

综上所述,《吕》中,可以连接词(或短语)的连词对连接对象的选择表现为:"及""若"只连接两个体词语;"有"只连接两个数词;

"且"只连接两个谓词语;"与""之"既可以连接两个体词语,也可以连接两个谓词语;"而"一般只连接两个谓词语,有时连接两个作谓语的体词语,偶尔连接一个体词语和一个谓词语;"以"一般只连接两个谓词语,偶尔连接一个体词语和一个谓词语;"则"偶尔连接一个体词语和一个谓词语。

可以连接词(或短语)的连词连接的前后两项,从句法关系来看,可以是并列关系,见上文《音初》《首时》《适音》《义赏》等例;也可以是主谓关系,见上文《不屈》《博志》《长见》诸例;还可以是偏正关系。如:

　　如秦者立而至,有车也。(《贵因》)
　　始而相与,久而相信,卒而相亲。(《慎行》)
　　其后齐日以大,至于霸。(《长见》)

偶尔还可以是述宾关系。如:

　　其谁可而为之?(《去私》)
　　臣不得而为也。(《贵卒》)

但充当述语的只能是助动词。

《吕》中,可以连接词(或短语)的连词,除"则"以外,连接的前后两项都可以构成并列关系;只有"而""以","则"连接的前后两项才能构成除并列关系以外的其他句法关系。

3.1.2 《吕》中,绝大多数连词可以连接分句(共 32 个,约占连词总词量的 91%),唯"及""有""之"三词不可。

在复句中,有的连词出现在前一分句,有的出现在后一分句,据此,可以将连词分为前置连词和后置连词。分列于下:

(1)前置连词(18):若、即、或、为、如、微、苟、使、而、其、则、且、虽、唯、无、与、无有、与其;

(2) 后置连词(18)：焉、由、用、因、盖、以、则、而、故、固、安、且、然、其、况、於是、因而、亡其。

可以连接分句的连词绝大多数只出现在一种位置；唯"其""且""则""而"四词既可出现在前一分句，又可出现在后一分句，兼前置连词、后置连词两类。

连词在复句中的位置与其表示的意义关系有着直接的联系。《吕》中，凡表示假设关系、让步关系、条件关系的连词都是前置连词；凡表示承接关系(包括承接假设从句、条件从句)、因果关系、转折关系、递进关系的连词都是后置连词。

唯表示选择关系的连词情况比较复杂："与""与其"表示在选择中有所取舍，只出现在前一分句，是前置连词。如：

与吾得革车千乘也，不如闻行人烛过之一言。(《贵直》)
与其不幸而过，宁过而赏淫人。(《开春》)

"亡其"只出现在后一分句，是后置连词。如：

君将攫之乎？亡其不与？(《审为》)

"其"既是前置连词，也是后置连词。如：

其有辩乎？其无辩乎？(《听言》)

但需要说明的是，如果只用一个"其"，则"其"出现在后一分句句首。如：

公取之代乎？其不与？(《爱类》)

兼属前置连词、后置连词两类的四个连词都表示多种意义关系，其在复句中的位置取决于其所表示的意义关系。

3.1.3 《吕》中，可以连接句子(或句群)的连词不多，共 5 个(约占连词总词量的 15%)，它们是：故、因、且、若、於是。例如：

物固莫不有长，莫不有短。人亦然。故善学者假人之长

以补其短。(《用众》)

徐弱曰:"若夫子之言,弱请先死以除路。"还殁头前于孟胜。因使二人传钜子于田襄子。(《上德》)

夏为无道,暴虐万民……天下患之。汤於是率六州以讨桀罪。(《古乐》)

义兵之为天下良药也亦大矣。且兵之所自来者远矣,未尝少选不用。(《荡兵》)

故如石户之农,北人无择、卞随、务光者……惟此四士者之节。若夫舜汤,则苞裹覆容,缘不得已而动。(《离俗》)

可以连接句子(或句群)的连词都可以看作是后置连词。

3.2 连词在句(或分句)中的位置 连词在句中有的只出现在主语之前,有的只出现在主语之后,有的位置则比较自由。分列于下:①

(1)只出现在主语之前的连词(7):使、与、微、即、且、况、无有;

(2)只出现在主语之后的连词(19):因、而、无、苟、如、或、以、唯、其、由、焉、盖、固、用、安、然、因而、亡其、与其②;

(3)既可出现在主语之前、又可出现在主语之后的连词(6):为、故、虽、则、若、於是。

需要讨论的是第(3)组连词,请看下面的例句:

为:A.为我死,王则封汝。(《异宝》)

---

① "及""有""之"三词只连接并列的词语,无所谓位置在主语前后的问题。
② 《吕》中,"与其"共2例,句子主语均未出现,参考先秦他书,"与其"出现在主语之后。如:
    且而与其从辟人之士也,岂若从辟世之士哉?(《论语·微子》)
    我与其处而待之见攻,不如先伐之。(《战国策·秦策五》)

B. 愿王以国听之也,为不能听,勿使出境。(《长见》)

A、B例"为"连接后项均表示假设关系。

　　故：A. 先王先顺民心,故功名成。(《顺民》)

　　　　B. 罪不善,善者故为不畏。(《淫辞》)

A、B例"故"连接后项均表示结果关系。

　　虽：A. 虽名为诸侯,实有万乘,不足以挺其心矣。(《忠廉》)

　　　　B. 是鸟虽无飞,飞将冲天。(《重言》)

A例"虽"连接后项表示假设让步关系,B例"虽"表示让步关系。

　　则：A_1 能以久处其适,则生长矣。(《侈乐》)

　　　　A_2 灶突决,则火上焚栋。(《谕大》)

　　　　B_1 其义则不足死,赏罚则不足去就,若是而能用其民者,古今无有。(《用民》)

　　　　B_2 今有人于此,求牛则名马。(《审分》)

A_1例"则"连接后项表示结果关系,A_2例"则"表示承接关系;B_1例"则"表示假设关系,B_2例"则"表示转折关系。

　　若：A_1 若夫舜、汤,则苞裹覆容,缘不得已而动。(《离俗》)

　　　　A_2 若死者有知,我将何面目以见仲父乎?(《知接》)

　　　　B. 子产若死,其使谁嗣之?(《乐成》)

A_1例"若"连接后项表示承接关系,A_2、B例"若"表示假设关系。

　　於是：A. 君乃致禄百万,而时往馆之,於是国人皆喜。(《期贤》)

　　　　　B. 天下患之。汤於是率六州以讨桀罪。(《古乐》)

A、B例"於是"连接后项均表承接关系。

　　上述诸例,A式句连词在主语之前,B式句连词在主语之后。上述诸例表明,第(3)组连词虽然可以出现在主语之前、主语之后两个位置上,但对部分连词来说,其位置并非是自由的,而是取决于该词所表示的关系,如"虽""则""若"三词;因此,严格说来,只有"为""故""於是"三词在句中的位置才是比较自由的。

需要提及的是,"故"在句中的位置虽比较自由,但在《吕》中却表现出极大的不平衡。①《吕》中,连词"故"共出现510例,出现在主语之后的仅见5例(约占出现总频率的1%)。

3.3 连词的连用及搭配使用

3.3.1 连词的连用。《吕》中,连词连用现象极为少见,仅见以下四种连用形式:然而,若使、而以(已)、而况。

连词连用分同义连用、异义连用两种情况。

(1)同义连用,指表示相同关系的连词连用。"然而""若使""而以"即属同义连用。例如:

> 以骄主使罢民,然而国不亡者,天下少矣。(《适威》)
> 若使秦求河内,则王与之乎?(《应言》)
> 故古之圣王,审顺其天而以行欲。(《为欲》)
> 先见其化而已动,远乎性命之情也。(《观世》) 陈奇猷曰:"已、以同。"(968页)

同义连用,其表示的关系与单用同。

(2)异义连用,指表示不同关系的连词连用。"而况"即属异义连用。例如:

> 宣孟德一士,犹活其身,而况德万人乎?(《报更》)

异义连用,连词各自表示的关系不变,"而"仍表示承接关系,"况"

---

① "为"仅出现2例,主语之前、主语之后各1例。"於是"共出现55例,其所在分句的主语往往不出现(41),分句主语出现的14例中,主语之前、主语之后各7例。

仍表示递进关系。

《吕》中,连词连用尚遵循以下原则:前置连词只与前置连词连用,如"若使";后置连词只与后置连词连用,如"然而""而以(已)""而况"。

3.3.2 连词的搭配使用。前置连词和后置连词有时搭配使用,以表示分句间语义上的逻辑关系。《吕》中,连词搭配使用的情况列举如下:

其……其……(1)

其有辩乎?其无辩乎?(《听言》)

(以上表示选择关系。)

为……则……(1)

为我死,王则封汝。(《异宝》)

微……而……(1)

微召公虎而绝无后嗣。(《适威》)

若……则……(4)

君若得而臣之,则彼亦将为君射人。(《赞能》)

若使……则……(4)

若使秦求河内,则王将与之乎?(《应言》)

而……则……(7)

闻而审,则为福矣;闻而不审,不若无闻。(《察传》)

(以上表示假设推论关系。)

唯……而……(1)

必厚其靷,为其唯厚而及。(《辩土》)

虽……而……(10)

士虽骄之,而己愈礼之。(《下贤》)

虽……然……(3)

  虽游,然岂必遇哉!(《报更》)

虽……则……(5)

  贤虽过汤武,则劳而无功矣。(《具备》)

则……则……(1)

  侈则侈矣,自有道者观之,则失乐之情。(《侈乐》)

(以上表示让步转折关系。)

  《吕》中,连词搭配使用仅见 38 例,除"其……其……"1 例之外,都表示主从关系。

  《吕》中,连词搭配使用的频率仅占连词出现总频率的 1.5%。这表明,《吕》时代,连词搭配使用以表示分句间语义上的各种逻辑关系,尚处于萌芽阶段。[1]

4. 小结

  连词按其词量在《吕》词类系统中居第六位(约占总词量的 0.6%)。

  连词不受他词修饰或支配,也不修饰或支配他词;连词不能独立充当句法结构成分,其功能是在词、短语、分句、句子之间起连接作用,表示它们之间的各种关系。

  连词按其功能可分为联合连词、主从连词两大类。《吕》中,联合连词与主从连词词量大体相等。

---

[1] 《吕》中,连词表示各种关系时常和副词搭配使用,如:虽……犹……、与其……宁……、微……几……、犹……况……、虽……尚……、且……而况……等。

《吕》中,大多数连词是单功能的;具有多种功能的连词尽管数量不多,但极为活跃,不仅出现频率高,而且可以表示多种关系。

不同的连词对连接对象有不同的选择。《吕》中,绝大多数连词都可以连接分句,可以连接词(或短语)、句子的连词只是少数。

连词在句中的位置,总的说来,是不自由的:(1)连词在句中或连接前后两项,或只连接后项,因此,有的连词只出现在句中,有的连词只出现在句首;(2)在复句中,有的连词只出现在前一分句,有的连词只出现在后一分句;(3)在单句(或分句)中,有的连词只出现在句子主语之前,有的连词只出现在句子主语之后。

连词在句中的位置与其表示的意义关系直接相关。具有多种功能的连词,其位置往往不是单一的。

《吕》中,连词连用现象极为少见。前置连词只与前置连词连用,后置连词只与后置连词连用。连词连用时,自身表示的关系不变。

《吕》中,连词搭配使用以表示分句间语义上的各种逻辑关系,尚处于萌芽阶段。

补注:书稿付印之后,正值第二届国际古代汉语语法研讨会在京召开,笔者在大会上有幸拜读了日本汉学家大西克也教授的论文《并列连词"及""与"在出土文献中的分布及上古汉语方言语法》和中山大学唐钰明教授的论文《汉语并列连词的历史嬗变》,深得教益。两位先生指出:并列连词"及""与"在出土文献中分布不同。秦晋出土的文献(《侯马盟书》、《睡虎地秦简》等)中,并列连词以"及"为主,偶尔用"与";楚地出土的文献(《包山楚简》《马王堆帛书》等)中,并列连词以"与"为主,不用"及"。这种分布的对立,隐含着上古汉语中地域方言的差异。考察《吕》,并列连词"及"(14)"与"(132)已然混用,以"与"为常。"及""与"之间的差异已不是地域的差异,而是语义的差异。用"与"连接的并列成分,其指称的事物多无主次轻重之别;即使有别,也与排列顺序无关。"及"则不然。"及"连接的两个并列成分在语义上是不对等的,有轻重之别:重者在前,轻者在后。我们说,《吕》是用当时通行的语言写成的,并列连词"及""与"的混用,便是一个证明。

十一 《吕氏春秋》助词研究

1. 助词概说

《吕》中,助词共有 23 个(9793),其中单音词 22 个(9759),复音词 1 个(34)。

助词没有实在的词汇意义,不能独立存在,总是粘附在词、短语或句子之上,或协调音节以足句[①],或在句法结构中起标志作用,或传达各种语气。

助词按照意义及功能可分为三类:(1)音节助词,(2)结构助词,(3)语气助词。

2. 音节助词

《吕》中,音节助词共有 6 个(15),它们是:爰(2)、维(1)、无(1)、聿(1)、之(6)、者(4)。举例如下:

  爰有大圜在上,大矩在下。(《序意》) 俞樾曰:"'大圜'四语皆黄帝之言。'爰'即'曰'字也。"陈奇猷曰:"'爰有'即

[①] 王引之《经义述闻》云:"经典之文,字各有义。而字之为语词则无义,但以足句耳。"(卷三)

'有'也。"(651页)

　　　　维秦八年,岁在涒滩。(《序意》)

　　　　《诗》云:"无竞惟人。"(《求人》)　高诱注:"《诗·大雅·抑》之二章也。……无竞,竞也。"

　　　　《诗》曰:"昭事上帝,聿怀多福。"(《行论》)

　　　　行之是令。(《季春》)①

　　　　夫水之性清,土者抇之,故不得清。(《本生》)　按:《淮南子·俶真训》作"而土抇之"。

　　先秦时期,音节助词一度极为繁复,据易孟醇《先秦语法》考察,"竟达 82 个之多"(按:其中有些是值得商榷的)。这些音节助词集中反映在先秦早期文献,尤其是韵文《诗经》之中。至《吕》,音节助词只出现 6 个,其中"无""聿"二词见于《诗经》引文,《序意》中的"爰""维"二词又有托古、仿古之意,《季春》中的"之"、《本生》中的"者"至《淮南子》均已不用。种种迹象表明,先秦时期的音节助词至《吕》时期已基本消亡。

3. 结构助词

　　《吕》中,结构助词共有 4 个(4954),它们是:之(3028)、是(5)、者(1164)、所(757)。

　　结构助词在句法结构中起标志作用,它包括:(1)标志体词性偏正结构的语法关系;(2)标志主谓结构不独立成句;(3)标志句法

---

　　① 高诱注:"行之是令,行是之令也。"据高注,句中"之"当为结构助词。我们未采此说,是因为《吕》中代词"是"作定语 110 例,均直接作定语,无带"之"者。《淮南子·时则训》作"行是月令","是"依然直接作定语;又"行是月令"音节已足,故无"之"字。

结构内部词序的变化;(4)标志句法结构性质的改变。

3.1 标志体词性偏正结构的语法关系 此类结构助词仅"之"一词(2458)。"之"为体词性偏正结构的标志。

3.1.1 "之"前后两项的语义关系有多种:(1)领属关系。例如:

屈产之乘,寡人之骏也。(《权勋》)

天下,非一人之天下也。(《贵公》)

(2)同一关系。定语为小类名,中心语为大类名。例如:

马之美者,青龙之匹,遗风之乘。(《本味》) 陈奇猷曰:"青龙、遗风,即此骏马之名。"沈豫《群书杂义》曰:"匹、乘是虚字。犹青龙之马、遗风之马耳。"(765页)

嫁不必生也,衣器之物,可外藏之。(《遇合》)

(3)修饰、限制关系。例如:

善弋者,下鸟乎百仞之上。(《功名》)

梦有壮子,白缟之冠,丹绩之袧。(《离俗》)

《吕》中,"之"前后两项的语义关系以修饰、限制关系为主(1441例,约占总数的59%),其次是领属关系(841例,约34%),同一关系居末(176例,约7%)。

3.1.2 作为体词性偏正结构的"之"可以脱落,而结构关系不变。例如:

臣之兄→臣兄

臣之兄犯暴不敬之名。(《至忠》)

臣兄之有功也于车下。(《至忠》)

人之情→人情

人之情,不能乐其所不安。(《诬徒》)

反诸人情。(《诬徒》)

天下之兵→天下兵

以迎天下之兵于济上。(《权勋》)

天下兵乘之。(《权勋》)

随侯之珠→随侯珠

以随侯之珠弹千仞之雀。(《贵生》)

岂特随侯珠之重也哉。(《贵生》)

结构助词"之"的有无并不是随意的,它受到诸多因素的制约。大致有以下三个因素①:

(1)音节因素。结构助词"之"的有无与修饰语的音节数有关。《吕》中,修饰语为单音词,则直接作定语,很少用"之";修饰语为复音词语,则间接作定语,以用"之"为常。

(2)语义因素。结构助词"之"的有无与修饰语的语义类别有关。例如名词,《吕》中,同位性修饰语、描写性修饰语不用"之";而限制性修饰语用"之"或不用"之"是相对自由的。

(3)语法因素。结构助词"之"的有无与该偏正结构所处的语法位置有关。《吕》中充当定语(包括准定语)的偏正结构不用"之"。例如上述《至忠》例中的"臣兄"、《贵生》例中的"随侯珠。"

3.2 标志主谓结构不独立成句 此类结构助词仅"之"一词(516)。例如:

鲍叔牙之为人也,清廉洁直。(《贵公》)

乃不知祸之将及己也。(《谕大》)

宋之衰也,作为千钟。(《侈乐》)

---

① 参见本书"名词研究"3.1.3,"动词研究"3.1.4,"形容词研究"3.1.4各节。

此类结构助词具有双重作用:一是标志该主谓结构不独立成句,二是将主谓结构转换为形式上的偏正结构。

《吕》中,嵌入"之"的主谓结构无独立成句者。

介词大多是由动词虚化而来,至《吕》,介词不仅在词义上仍与相应动词具有明显的渊源关系,而且在语法功能上也有相同之处,如带宾语。正因为如此,此类结构助词"之"也可以出现在主语与充当状语的介词结构之间。例如:

人之与狗则远矣。(《察传》)

五帝三王之于乐尽之矣。(《明理》)

若人之于滋味,无不说甘脆。(《遇合》)

下面,我们着重探讨"B之谓A"句。所谓"B之谓A"句是指句中含有"之谓"、而"谓"后又带有后续词语的一类句子。例如:

凡食之道,无饥无饱,是之谓五藏之葆。(《尽数》)

天地万物,一人之身也,此之谓大同。(《有始》)

故胜书能以不言说,而周公能以不言听,此之谓不言之听。(《精谕》)

上无以使下,下无以事上,是之谓重攻之。(《不广》)

君子达于道之谓达,穷于道之谓穷。(《慎人》)

有人把"B之谓A"看作是宾语前置的固定句式,从而把"之"看作是复指宾语的代词[1];有人则认为"B之谓A"是主谓结构,B是主语,而"之"是连词[2]。我们基本上赞同后者。我们认为,"B之谓A"是变形的主谓结构,"之"是结构助词。

---

[1] 参见王力《汉语语法史》(山东教育出版社,1990年)280页。

[2] 参见何乐士《论"谓之"句和"之谓"句》一文(载《左传虚词研究》,商务印书馆,39—40页)。

考察《吕》，"B 之谓 A"句有两种形式，可以分别记作：

　　I. B 之谓 A　　　II. B，是（或"此"）之谓 A

II 式是 I 式的扩展形式。当 B 比较复杂时（或包含几个谓词语，如《精谕》《不广》2 例；或其内部有停顿，如《尽数》《有始》2 例），则常用指示代词"是"或"此"复指。

　　II 式中的"之"可以脱落，即：

　　　　B，是之谓 A→B，是谓 A

例如：

　　是之谓五藏之葆→是谓五藏之葆

　　　　〔浑浑沌沌，离则复合，合则复离，是谓天常。（《大乐》）〕

　　是之谓重攻之→是谓重攻之

　　　　〔发盖藏，起大众，地气且泄，是谓发天地之房。（《仲冬》）〕

　　此之谓大同→此谓大同

　　　　〔行之是令，此谓一终。（《季冬纪》）〕

　　此之谓不言之听→此谓不言之听

　　　　〔此谓不言之言也。（《士容》）〕

"之"脱落后，"是"（或"此"）仍留在原位，句子结构转换为主谓结构，句子意思不变。这说明"是"不是前置宾语。"是"复指 B，因此，B 也非前置宾语。"B 之谓 A"句 I、II 式均非宾语前置句。

II 式"B，是之谓 A"是一个完整的语言单位。如果没有"是之谓 A"，B 仅仅是个话题，是被陈述、说明的对象；同样，如果没有 B，"是之谓 A"尽管结构上是完整的，但"是"的所指不明，因此，"是之谓 A"必须依附于 B，它只是 II 式中的一部分，是不独立的。

至于 I 式"B 之谓 A"，《吕》中共得 5 例，列举如下：

知其所以知之谓知道,不知其所以知之谓弃宝。(《侈乐》)

君子达于道之谓达,穷于道之谓穷。(《慎人》)

胜则不可穷矣。胜不可穷之谓神,神则能不可胜也。(《决胜》)

《侈乐》《慎人》2 例中,"B 之谓 A"句两两并列构成复句;《决胜》例,主语 B 与上句相重,宾语 A 与下句相重,句意明显地依附于上下句。

综上所述,无论是 I 式,"B 之谓 A"句,还是 II 式中的"是之谓 A",总是粘附于其他的语言单位,其自身是不完全独立的(即形式上独立而意义不完整)。① "B 之谓 A"句中的"之"同样具有双重作用:一是标志着该主谓结构粘附于其他的语言单位,一是将主谓结构转换为形式上的偏正结构。鉴于此,我们把"B 之谓 A"句中的"之"看作是结构助词。

3.3 标志句法结构内部词序的变化 此类结构助词有"之"(54)、"是"(5)二词。例如:

巧佞之近,端直之远,国家大危。(《情欲》) 高诱注:"巧佞者亲近之,正直者疏远之。"

因其所用,何敌之有矣。(《贵因》)

大国若宥图之,唯命是听。(《行论》)

大寒既至,民暖是利;大热在上,民清是走。(《功名》)

充任标志的结构助词处在前置宾语与述谓中心语之间,可以记作"宾·之(或"是")/·述谓"。

---

① 何乐士《论"谓之"句和"之谓"句》一文云:"'B 之谓 A'可以是语段中的一个句子,复句中的一个小句,或句子中的一个成分。总之,这个带'之'的主谓句总是比较紧密地联系着一个比它大的语言单位。"(载《左传虚词研究》40 页)

上述句式可以作如下变换：

宾·之(或"是")·述谓→述谓·宾①

例如：

巧佞之近→近巧佞

〔襄子必近子。(《恃君》)〕

民清是走→民走清

〔若蝉之走明火也。(《期贤》)〕

《吕》中,作为句法结构内部词序变化标志的助词中,"之"占绝对优势(约占总数的92%),"是"极少出现(仅占8%)。这与我们对先秦其他文献考察的结论是一致的。它表明,"至迟在战国中期,'宾·是·动'句式基本衰亡,而'宾·之·动'句式仍活跃在当时的书面语中"②。

关于"B,A之谓"句。"B,A之谓"句与"B之谓A"句是结构不同的两类"之谓"句。"B,A之谓"句是宾语前置句。例如：

所谓本者,非耕耘种殖之谓。(《孝行》)

故曰"天下大乱,无有安国……"此之谓也。(《谕大》)

两类"之谓"句内部结构不同,"之"的作用也不相同,因此,当"之"脱落后,它们具有不同的变换。

B,A之谓→B,谓A

B,是之谓A→B,是谓A

例如：

---

① 《左传》中有很典型的例子：
宋向戌曰："我一人之为,非为楚也。"(《襄公二十八年》)
② 见拙文《先秦汉语带语法标志的宾语前置句式初探》(载《语言研究》1985年第2期171页)。

所谓本者,非耕耘种殖之谓→所谓本者,非谓耕耘种殖
〔非谓其躁也。(《先己》)〕

凡食之道,无饥无饱,是之谓五藏之葆
→凡食之道,无饥无饱,是谓五藏之葆
〔是谓天常。(《大乐》)〕

3.4 标志句法结构性质的改变 此类结构助词有"者"(1164)、"所"(757)二词。分述如下。

3.4.1 结构助词"者"。结构助词"者"只粘附在动词语、形容词语、主谓短语及数词之后,构成名词性的"者"字结构。举例如下:

尊,酌者众则速尽。(《情欲》)

从天坠者,从地出者,从四方来者,皆离吾网。(《异用》)

(以上"者"粘附在动词语之后。)

故强者劫弱,众者暴寡,勇者凌怯,壮者傲幼。(《侈乐》)

(以上"者"粘附在形容词语之后。)

位尊者其教受,威立者其奸止。(《慎势》)

(以上"者"粘附在主谓短语之后。)

寒、温、劳、逸、饥、饱,此六者非适也。(《侈乐》)

(以上"者"粘附在数词之后。)

《吕》中,"者"前所粘附的词语以动词语为主(约占总数的73%),其次为形容词语(约占20%),再次为主谓短语和数词(约占7%)。详见"者""所"对比一览表。

"者"字结构的语法意义在于指称事物;"者"字结构在意义上突出了指称事物的某一特征,具有指别作用。

3.4.2 结构助词"所"。结构助词"所"只粘附在动词语之前,构成名词性的"所"字结构。举例如下:

人之情不能亲其所怨,不能誉其所恶。(《诬徒》)

性者,所受于天也,非人所能为也。(《荡兵》)

君之所予位禄者,鹤也;所贵富者,宫人也。(《忠廉》)

名词、形容词只有活用作动词,才能粘附在"所"字之后。除《忠廉》例"贵富"之外,又如:

子罕非无宝也,所宝者异也。(《异宝》)

破臣之国以免君之国,此臣之所难也。(《审己》)

关于"所·介·动"结构。"所·介·动"是"所"字结构中的一个小类。例如:

人主之车,所以乘物也。(《审分》)

吾所以亡者,果何故哉?(《审己》)

此褒姒之所用死,而平王之所以东徙也。(《疑似》)

此治乱之化也,文武之所由起也。(《召类》)

宰相,所与治国家也。(《制乐》)

兵所自来者久矣。(《荡兵》)

今修兵而反以自攻,则亦失所为修之矣。(《本生》)

是吾剑之所从坠。(《察今》)

有所于使。(《忠廉》)

许由非强也,有所乎通也。(《有度》)

《吕》中,出现在"所·介·动"结构中的介词共有9个,它们是:以(283)、用(1)、由(9)、与(2)、自(5)、为(8)、从(3)、于(2)、乎(1)。

1. 关于"所·介·动"的性质。有人认为,"所·介·动""是一个动词性短语,与'所·动'属名词性短语迥异"。① 我们未采此

---

① 见易孟醇《先秦语法》199页。

说。从上述例句来看,"所·介·动"可以直接受名词、代词修饰,如《荡兵》、《审己》例;可以作判断句谓语,如《审分》、《制乐》例;这些都是名词典型的语法功能。再则,"所·介·动"与"所·动"可以表示相同的语法意义。① 例如:

    足以喻治之所悖,乱之所由起而已矣。(《正名》) 马叙伦曰:"'治之所悖'即乱之所以起者。"(1021页)

    许由非强也,有所乎通也。有所通则贪污之利外矣。(《有度》)

《正名》例中的"所由起"与"所悖",《有度》例中的"所乎通"与"所通",在句中所处的语法地位相同,语法意义也相同,都指称事物。正因为"所·介·动"与"所·动"可以表示相同的语法意义,所以古人有时以"所·介·动"训释"所·动"。例如:

    所染当。(《当染》) 高诱注:"所以染得其人,故曰当。"

鉴于语法功能、语法意义两方面的原因,我们认为"所·介·动"是名词性短语,而非动词性短语。

2.关于"所·介·动"的结构层次。有人认为,"'所'是属于介词的。它先与介词结合,然后'所介'再与动词结合。其变化规则和内部结构为:

  所+介词+动词→名词性短语"②

---

① 考先秦他书亦有典型的例句,如:
  然则是弃己之所安强,而争己之所以危弱也。(《荀子·强国》)
② 见杨伯峻、何乐士《古汉语语法及其发展》493页。又,易孟醇《先秦语法》亦云:"'所+介词+动词'这个格局中有两个层次:第一层次为'所+介词'组成介宾短语,修饰其后的动词,从而构成第二层次。即(所+介词)+动词。"(199页)

我们也未采此说。其理由如次:

我们认为,如果"所"先与介词结合,构成名词性的"所·介"结构,而一个名词性的"所·介"结构再与动词语结合,为什么一定会构成一个名词性短语?这在理论上很难解释。

我们的看法是,"所"粘附在"介·动"短语之前,"所"是"介·动"短语转换为名词性短语的标志。"所·介·动"其内部结构层次及变换规则图示如下:

所·介·动→名词性短语

"所"跟"介·动"短语的结构关系从下面的例句中可以得到启示:

>此济上之所以败,齐国以虚也。(《行论》)

"介·动"短语"以虚"与"所"结合,便可转化为"所·介·动"结构。

"所·介·动"结构中,介词宾语不当出现,但偶有出现者。例如:

>物也者,所以养性也,非所以性养也。(《本生》)

这种现象先秦他书中也偶见。例如:

>吾所与吾子游者,游于天地。(《庄子·徐无鬼》)
>所为文市义者,乃今日见之。(《战国策·齐四》)

显然,"所"是粘附在"以性养"、"与吾子游"、"为文市义"之上的。

《吕》中,还有一例特殊的"所·介·动"句:

>此王者所以家以完也。(《慎势》) 陈奇猷曰:"窃疑此文当作'此王者之所以家,而国之所以完也'。"(1114页)

"所"粘附在并列的"介·动"短语之前。

3.4.3 "者""所"比较。"者""所"虽都是结构助词,都是句法结构性质变化的标志,但其间仍有许多差异。

1.结构的意义不同。"者"字结构或指称动作行为的发出者,或指称具有某一特征(性质、状态、数量)的人或物。而"所"字结构或指称动作行为的接受者,或指称与动作行为相关的对象、处所、方式、凭借等等。例如:

> 教者术犹不能行,又况乎所教。(《有度》)

"教者"不同于"所教",兹不赘述。

值得注意的倒是"所"字结构的意义偶尔与"者"字结构意义相同。请看下面一组例句:

> 世之所不足者,理义也;所有馀者,妄苟也。民之情,贵所不足,贱所有馀。(《离俗》)
>
> 荆所有馀者地也,所不足者民也。今君王以所不足益所有馀。(《贵卒》)
>
> 所被攻者不乐,非或闻之也,神者先告也。(《精通》)

《贵卒》例中"所有馀"义同"有馀者",指称"地","所不足"义同"不足者",指称"民"。《离俗》例同。《精通》例中,"所被攻者"义同"被攻者",指称动作的受事。

"者"字结构的意义也偶有相当于"所"字结构者。例如:

> 段乔执其吏而囚之。囚者之子走告封人子高。(《开春》)

"囚者"指称被囚之吏,即动作的受事,而非动作的发出者"段乔"。

2.在结构中所处的位置不同。"者"只粘附在其他词语之后,而"所"只粘附在其他词语之前。

3.粘附词语的类别不同。"所"一般只粘附在动词语之前,偶尔粘附在以形容词或代词"然"为中心语的"介·形/然"短语之前。

例如:

> 吴起见其所以长,不见其所以短;知其所以贤,而不知其所以不肖。(《执一》)
>
> 察其所以然。(《本味》)

"者"除粘附在动词语之后外①,还可以粘附在形容词语、数词和主谓短语之后。

"者""所"对比一览表:

对比内容 结构 助词	位置		粘附词语类别					结构意义			
	前	后	动词语	形容词语	代词"然"	数词	主谓短语	动作发出者	动作接受者	具有某一特征	与动作相关的其他
者	0	1164	847	230	0	46	41	886	2	276	0
所	757	0	746	(7)②	(4)	0	0	0	420	8	329

4. 语气助词

《吕》中,语气助词共有 16 个(4824),其中单音词 15 个(4790),复音词仅 1 个(34),单音语气助词占绝对优势。而单音语气助词中,最常用的是"也""矣""者""乎""夫""哉"6 个词,其出现频率约占语气助词出现总频率的 96%;其中又以"也"最为活跃,约占总频率的 59%。

《吕》中的语气助词在上古音系中均属阴声韵,唯"焉"一词例

---

① "者""所"粘附在动词语之上,其间亦有细微差异,参见本书《动词研究》3.2节。

② ( )表示有条件限制。

外,在阳声韵("焉"本非语气助词,而是由代词虚化而表语气)。兹按上古韵部列举如下:①

之部(5):矣、耳、哉、已、而已;

鱼部(6):者、乎、与(欤)、邪(耶)、夫、于;

歌部(3):也、猗、为;

支部(1):兮;

(以上为阴声韵。)

元部(1):焉。

(以上为阳声韵。)

4.1 语气助词的分布 句子按照语气可分为四类:(1)陈述句,(2)疑问句,(3)祈使句,(4)感叹句。本节将考察《吕》中的语气助词在四类句中的分布。

4.1.1 陈述句。《吕》中,出现在陈述句中的语气助词共11个,可细分为四组。

(1)也,矣,已(以),耳,者,焉。这组语气助词共6个,位于句末,表达肯定语气。例如:

孔子,布衣也。(《高义》)

身已贤矣,行已高矣。(《观世》)

---

① 日本汉学家太田辰夫先生说:"从前汉的代表作司马迁的《史记》里,可以窥见过去只出现在特定文献里的词被混用的倾向。以前面提过的助词为例,《国语》里没有的'夫',《左》《国》里没有的'与'(后作'欤'),《论》《孟》《左》《国》里没有的'邪'(耶),《史记》里全都使用了。"(《汉语史通考》8页,重庆出版社,1991年)其实,文中列举的几个助词在《吕》中已都使用,可以说这种混用的倾向在《吕》中就已经开始了。太田先生在后文中提到的《史记》中"船"一词的使用,"及""从"的介词用法等,在《吕》中也都出现了。我们在本节的第一章曾说过《吕》是用当时的通语写成的,以上数例即可窥见一斑。司马迁《史记》的语言当是《吕》所用通语的继承和发展。

六君者是已。(《当染》)

古今一也,人与我同耳。(《察今》)

此六人者,所作当矣,然而非主道者。(《君守》)

故天下之大而不容也,身取危,国取亡焉。(《举难》)

"也""矣"在表达肯定语气上存在着差异。"矣"只表达肯定的叙述语气。除上文《观世》例外,又如:

虽存,皆尝亡矣。(《观世》)

魏从此削矣。(《长见》)

而"也"既可以表达肯定的叙述语气。例如:

举天下之显荣者,必称此二士也。(《当染》)

又可以表达肯定的判断语气,如上文《高义》例。此外,"也"在表达肯定语气的同时,还可以附加有解释的语气。例如:

流水不腐,户枢不蝼,动也。(《尽数》)

(2)也,与,者,乎,矣,兮。这组语气助词共6个,位于句中,具有提示、舒缓语气的作用。例如:

吴起之用兵也,不过五万。(《用民》)

古之贤者与,其尊师若此。(《劝学》)

心者,宋之分野也。(《制乐》)

于是乎处不重席,食不贰味。(《先己》)

累矣而不毁,举矣而不踣。(《行论》)

故祸兮福之所倚,福兮祸之所伏。(《制乐》)

(3)耳,而已。这组语气助词仅2个,位于句末,表达限止语气。例如:

士患不勇耳,奚患于不能?(《忠廉》)

今夫爚蝉者,务在乎明其火、振其树而已。(《期贤》)

(4)夫。位于句首,具有提示作用,兼表肯定语气。例如:

夫相,大官也。(《贵公》)

4.1.2 疑问句。《吕》中,出现在疑问句中的语气助词共 11 个,又可细分为三组。

(1)与(欤),邪(耶),乎,也,于,夫,哉。这组语气助词共 7 个,出现在询问句句末。例如:

公取之代乎?其不与?(《爱类》)

先生之老欤?昏欤?(《贵直》)

惠王曰:"可行邪?"(《淫辞》)

使者曰:"此颜阖之家耶?"(《贵生》)

宣王曰:"子,静郭君之所听爱也?"(《知士》)

昭王曰:"然则先生圣于?"(《审应》) 高诱注:"于,乎也。"

曰:"先生之所术非攻夫?"(《应言》) 范耕研曰:"夫同乎。"(1217 页)

吾所以亡者,果何故哉?(《审己》)

(2)乎,邪(耶),与(欤)。这组语气助词共 3 个,出现在测度句句末。例如:

动而不论其义,知害人而不知人害己也,以灭其族,费无忌之谓乎?(《慎行》)

今丘上不及龙,下不若鱼,丘其螭邪?(《举难》)

无乃非为人子之道欤?(《悔过》)

(3)与(欤),乎,邪(耶),哉,矣,为,焉,也,者。这组语气助词共 9 个,出现在反问句句末。例如:

其仆曰:"君胡为轼?"曰:"此非段干木之间欤?"(《期贤》)

信且孝而诛之,国将有不诛者乎?(《当务》)

爰旌目曰:"嘻!汝非盗耶?胡为而食我?"(《介立》)

夫国岂特为车哉!(《君守》)

胡不设不谷矣?(《重言》)

何以名为?(《报更》)

生,性也;死,命也。余何忧于龙焉?(《知分》)

跖曰:"奚啻其有道也?"(《当务》)

又况乎人主与其臣谋为义,其孰不与者?(《无义》) 陈奇猷曰:"'者'与诸同。王引之《经传释词》云:'诸犹乎也。'"(1493页)

4.1.3 祈使句。《吕》中,出现在祈使句句末的语气助词共5个,它们是:也、乎、矣、已、者。例如:

西伯将何之?无欺我也。(《贵因》)

觞数行,曰:"姑求肉乎。"(《当务》)

臣有义,不两主,公子勉去矣。(《当赏》)

归已君乎!(《求人》) 按:《庄子·逍遥游》作"归休乎君"。

且二君将改图,毋或进者。(《贵信》)

4.1.4 感叹句。《吕》中,出现在感叹句句末的语气助词共8个,它们是:也、哉、兮、猗、夫、与(欤)、矣、乎。例如:

喟然而叹曰:"由与赐,小人也!"(《慎人》)

异哉!之歌者非常人也。(《举难》)

歌曰"候人兮猗"。(《音初》)

孔甲曰:"呜呼!有疾,命矣夫!"(《音初》)

夫去人滋久,而思人滋深欤!(《听言》)

郈成子之观右宰谷臣也,深矣妙矣!(《观表》)

宣王太息,动于颜色,曰:"静郭君之于寡人,一至此乎!"(《知士》)

4.1.5 《吕》中语气助词分布一览表。

句子类型\语气助词		也 2835	矣 894	者 379	乎 230	夫 191	哉 118	邪(耶) 44	焉 36	已(以) 21	与(欤) 19	耳 14	为 4	兮 3	猗 1	于 1	而已 34
陈述		2731	771	376	13	179	0	0	33	20	1	14	0	2	0	0	34
疑问	询问	59	0	0	89	2	21	20	0	0	12	0	0	0	0	1	0
	测度	0	0	0	38	0	0	14	0	0	2	0	0	0	0	0	0
	反问	18	12	2	74	0	82	10	3	0	3	0	4	0	0	0	0
祈使		19	10	1	4	0	0	0	0	0	0	0	0	0	0	0	0
感叹		8	101	0	12	10	15	0	0	0	0	0	0	1	1	0	0

只出现在一种语气类型句子中的语气助词有 6 个,它们是:耳、而已(以上只出现陈述句中)、邪(耶)、于、为(只出现疑问句中)、猗(只出现在感叹句中);出现在两种语气类型句子中的语气助词有 4 个,它们是:哉(疑问/感叹)、焉(陈述/疑问)、已(以)(陈述/祈使)、兮(陈述/感叹);出现在三种语气类型句子中的语气助词有 3 个,它们是:者(陈述/疑问/祈使)、夫、与(欤)(陈述/疑问/感叹);出现在四种语气类型句子中的语气助词有 3 个,它们是:也、矣、乎。

可以出现在多种语气类型句子中的语气助词其分布不是均衡的,总是以一种语气类型为主。如"也""矣""焉""者""夫""已(以)"以陈述句为主;"乎""与(欤)""哉"以疑问句为主。

4.2 语气助词的位置

4.2.1 语气助词在句中出现在三种位置上:句首,句中,句末。分别列举如下：

1. 句首语气助词(1)：夫；
2. 句中语气助词(6)：也、与、者、乎、矣、兮；
3. 句末语气助词(16)：也、矣、者、乎、夫、哉、邪（耶）、焉、已（以）、与（欤）、耳、为、兮、猗、于、而已。

《吕》中，所有的语气助词都可以出现在句末；只有部分语气助词可以出现在句中；可以出现在句首的唯"夫"一词。

几乎所有的语气助词都以出现在句末为常，只有"夫""者""兮"三词例外。"夫"以出现在句首为常（约占总频率的 94%），"者""兮"以出现在句中为常（分别为 80%、67%）。

语气助词所处的位置不同，表达语气的作用也存在差异。总的说来，句首语气助词不表停顿，具有提示作用，兼表肯定语气；句中语气助词表暂顿，兼有舒缓或提示语气的作用；句末语气助词表示停顿，兼表各种语气。

4.2.2 语气助词位置的临时转移。句末语气助词有时为了表达情感的需要而随句子的谓语前移。例如：

善哉！祁黄羊之论也。（《去私》）

情矣！宋公之言也。（《行论》）

（以上为感叹句。）

归已君乎！（《求人》）　陈奇猷曰："犹言'君乎去矣'。"（1524 页）

（以上为祈使句。）

子邪，言伐莒者？（《重言》）

（以上为疑问句。）

《吕》中，句末语气助词临时转移至句中共 15 例，绝大多数发生在感叹句中(13例),发生在祈使句、疑问句中(各1例)只是特例。

句末语气助词临时前移至句中,与句中语气助词的作用不同。前者是为了加重语气,以表达强烈的情感,因此,最适于感叹句;后者恰恰相反,是为了使语气舒缓,兼有提示作用,因此,只用于陈述句。

前移的语气助词可以是连用形式。如:

命也夫事君。(《执一》)

善哉乎鼓琴。(《本味》)

《吕》中,发生临时转移的句末语气助词共7个:以"哉"为主(8),其次是"矣"(3),再次是"乎"(2),至于"夫"(1)"也"(1)"已"(1)"邪"(1)只是特例。

4.3 语气助词表达语气的功能

不同的语气助词在不同的语气类型的句子中表达语气的功能存在着差异。

4.3.1 疑问句。《吕》中,疑问语气的表达可以通过以下方式:(1)语气助词;(2)语调;(3)其他表语气的词语(如疑问词、副词等)。《吕》时代的语调已不可考,可考者只是语境,语气助词,以及语气助词所粘附的语段中所包含的其他表语气的词语。下面,我们将分组考察出现在疑问句中的语气助词。

4.3.1.1 关于"也"。《吕》中,"也"出现在疑问句句末共77例,其中有疑问词语的特指问句71例。例如:

是何也?(《贵生》)

子何击磬之悲也?(《精通》)

入于水而问渔师,奚故也?(《疑似》)

奚以知其然也？(《贵生》)

以谁刺我父也？(《贵卒》)

使我们感兴趣的是，《疑似》例中的"奚故也"在《吕》中主要以不带"也"的形式出现。例如：

声色滋味能久乐之，奚故？论早定也。(《情欲》)

至于智氏，而子必为报，何故？(《不侵》)

上述二例中，尽管"奚故""何故"之后没有粘附语气助词"也"，但句子仍是疑问句。这表明，特指问句中，疑问语气是由疑问词语表达的，"也"可有可无，因为"也"并非疑问语气的载体。"也"的存在除表停顿外，主要是加重句子所固有的疑问语气。[①]

当然，"也"还有足句的作用。《吕》中，如果句子的谓语只是单音词"何"的时候，其后总附一"也"以足其音节。除上述《贵生》例外，又如：

其故何也？(《重言》)

乡者靭偏缓，今适，何也？(《处方》)

上述二例中的"也"都不能没有。显然，这里"也"的不可少已非表达语气的必须，而主要是从音节的角度足句的需要。上文述及，"奚故""何故"以不粘附语气助词"也"为常(《吕》中，"奚故""何故"共出现14例，其后粘附"也"仅《疑似》1例)，其原因也在于此。从足句的角度看，"奚故""何故"已是双音节，其后无须再增加一个音节了。

"也"出现在句末、而句中又无疑问词的是非问句仅8例。例

---

① 王海棻《〈公羊传〉〈穀梁传〉疑问词语的比较研究》一文云：特指问句中，用"也"与否，与专书的风格有关，"《公羊》句末一律不用也"(340例)，"《穀梁》句尾用也与否，似带有随意性"(句尾用"也"23例，不用"也"13例)。(载《古汉语研究论集》(三)86页)

如：

宣王曰:"子,静郭君之所听爱也?"(《知士》) 王念孙曰:"'也'与'邪'同。"(495页)

(文王曰)今我非其主也?(《异用》) 毕沅曰:"'也'与'邪'古通用。《御览》八十四作'邪'。"(563页)

若此而不为,意者羞法文王也?(《开春》) 吴汝纶曰:"阎生曰:'也读邪',《策》作'乎'。"(1436页)

子为寡人令太子如尧乎? 其如舜也?(《壅塞》) 陈奇猷曰:"'也'读为'邪'。"(1574页)

类固不必,可推知也?(《别类》) 陈奇猷曰:'也'读为'邪'。"(1645页)

上述例句我们是通过语境而确定其为疑问句的,因为脱离了语境,上述例句与一般陈述句没有区别;又因为无法考察其语调,因此,历代学者都把上述例句疑问语气的表达与句末语气助词"也"连系起来,认为"也"是疑问语气的载体,或说"也"同"邪",或说"也"通"邪",或说"也"是"邪"的方言变体[①]。

这样,我们面临着选择:一是认为"也"不是疑问语气的载体,上述句子的疑问语气是句子本身固有的,是由没有记录下来的语调表达的(尽管今天已无法考察《吕》时代的语调,但从现代汉语可窥见一斑)[②],"也"的作用与特指问句句末的"也"相同;一是认为

[①] 王引之《经传释词》曰:"也,犹'邪'也;'欤'也;'乎'也……'也'与'邪'同义,故二字可以互用。……《颜氏家训》曰:'北人呼'邪'为'也'。盖二字声本相近。'"(岳麓书社,1984年,89—91页)

[②] 参见郭锡良《先秦语气词新探(二)》一文(载《古汉语研究》1989年第1期,55页)。

上述是非问句句末的"也"是疑问语气的载体。我们选择了后者，因为前者只是一种推测，而后者不仅有历代学者的训释，而且也有大量"也""邪"互用的书证加以证明①。

需要说明的是，尽管我们把上述是非问句句末的"也"看作是疑问语气的载体，但是，我们未采用"也"通"邪"的说法。这是因为在上古音系中，"也"在歌部，"邪"在鱼部，语音有别；而且，上述是非问句句末的"也"除了载有疑问语气之外，是否还载有肯定语气，尚须扩大考察范围，作进一步研究，轻易谈通假，可能会抹煞了"也""邪"在语气表达上的差异。②

综上所述，出现在疑问句句末的"也"在表达语气上分为两类：一类出现在特指问句中，不载有疑问信息，其作用是加重句子固有的疑问语气，或以足句；一类出现在是非问句中，载有疑问信息，表达疑问语气。《吕》中出现在疑问句句末的"也"以第一类为常（约占总频率的92%），第二类只是特例。

4.3.1.2 关于"矣""者""哉""焉""为"。这五个语气助词出现在疑问句句末，该句必须要有其他表疑问的词语。分述如下。

《吕》中，"矣"出现在疑问句句末共12例，这12例中均有疑问代词。例如：

> 胡不设不谷矣？（《重言》）
> 是所未得，恶能善之矣？（《务本》）

"者"出现在疑问句句末共2例，句中均有疑问代词。例如：

> 其孰不与者？（《无义》）

---

① 参见王引之《经传释词》89—91页。
② 参见郭锡良《先秦语气词新探（二）》一文（载《古汉语研究》1988年第1期，55页。

"哉"出现在疑问句句末共 103 例,其中 28 例句中有疑问代词。例如:

吾所以亡者,果何故哉?(《审己》)

请问孰病哉?(《审应》)

其余 75 例,句中都有表示反问语气的副词"岂"。例如:

其不相知,岂不悲哉!(《贵生》)

"焉"出现在疑问句句末共 3 例,句中均有疑问代词。例如:

枝无罪,奚请?有罪,奚请焉?(《不苟》)

余何忧于龙焉?(《知分》)

"为"只出现在疑问句句末,句中均有疑问代词。例如:

何以名为?(《报更》)

尚胡革求肉而为?(《当务》)

上述诸例中,《不苟》例最富启发性。"奚请"与"奚请焉"都表达疑问语气,句末"焉"的有无不影响该句的疑问语气。我们可以写作:

奚请焉→奚请

其他各例也都如此。例如:

胡不设不谷矣→胡不设不谷

〔上胡不法先王之法?(《察今》)〕

果何故哉→果何故

〔至于智氏,而子不为报,何故?(《不侵》)〕

其孰不与者→其孰不与

〔其孰能不阿主?(《壅塞》)〕

因此,"奚""者""哉""焉""为"都不是疑问语气的载体,都不表疑问语气。它们的作用或是加重句子固有的疑问语气(或询问,或反问),或是使句子除具有疑问语气之外,还附加上一些其他语气。

4.3.1.3 关于"乎""邪(耶)""与(欤)""夫""于"。这五个语气助词都可以出现在不含疑问词语的是非问句句末。例如:

> 公曰:"鲍叔牙可乎?"管仲对曰:"不可。"(《贵公》)
>
> 惠王曰:"可行邪?"翟翦曰:"不可。"(《淫辞》)
>
> 此非段干木之闾欤?(《期贤》)
>
> 先生所术非攻夫?(《应言》)
>
> 昭王曰:"然则先生圣于?"(《审应》)

《贵公》《淫辞》二例,各是一问一答,疑问句与陈述句的对立恰恰反映在语气助词"乎""邪"的有无上。这表明,"乎""邪"等语气助词负载着疑问信息,其作用是表达疑问语气。

4.3.1.4 通过以上分析,我们可以得出以下结论:《吕》中,出现在疑问句句末的语气助词按其表达语气的功能可分为两类:一类是疑问信息的载体,其功能是表达疑问语气,我们称之为疑问语气助词,如"乎""邪(耶)""与(欤)"等诸词;一类不是疑问信息的载体,其功能或是加重句子固有的疑问语气,或是在句子固有的疑问语气之上附加一些其他的语气,使语气复杂化,我们称之为非疑问语气助词,如"矣""者""哉""焉"等诸词。唯"也"一词兼具以上两种功能,不过后者是主要的,基本的,而前者是偶尔的。

4.3.2 感叹句。《吕》中,出现在感叹句句末的语气助词也分为两类,一类负载着感叹信息,而另一类则否。分述如下。

4.3.2.1 关于"也"。《吕》中,"也"出现在感叹句句末共5例,例如:

> 喟然而叹曰:"由与赐,小人也!"(《慎人》)
>
> 宣王怒曰:"野士也!"(《贵直》)

> 缪公叹曰:"食骏马之肉而不还饮酒,余恐其伤女也!"
> (《爱士》)

如果去掉"喟然而叹""怒曰""叹曰"之类的语言环境,上述例句只是一般的陈述句。这说明,上述感叹句的感叹信息是语境所赋予的,是语境赋予了上述句子的感叹语气。"也"并不负载感叹信息,也不表达感叹语气。"也"的作用或是加重句子固有的感叹语气,如《爱士》例,或是表达肯定语气,如《慎人》《贵直》例。

4.3.2.2 关于"哉""乎""矣""夫""与(欤)""猗"。[①] 这五个词与"也"不同,请看下面的例句:

> 桓公闻之,抚其仆之手曰:"异哉!之歌者非常人也。"
> (《举难》)

> 蹇叔送师于门外而哭曰:"师乎!见其出而不见其入也。"
> (《悔过》)

> 天下闻之曰:"文王贤矣!泽及髊骨,又况于人乎?"(《异用》)

> 孔甲曰:"呜呼!有疾,命矣夫!"(《音初》)

> 夫去人滋久,而思人滋深欤!(《听言》)

> 歌曰"候人兮猗"。(《音初》)

上述例句中,粘附着语气助词的句子,脱离了语境之后,人们仍能感受到句子所传达出的强烈的情感,或惊异(如"异哉"),或悲痛(如"师乎"),或赞叹(如"文王贤矣")等等。但是一旦去掉语气助词"哉""乎""矣""夫"等,则句子失去了感叹语气。这说明,上述句子的感叹语气主要是由语气助词表达的。"哉""乎""矣""夫""与

[①] 《吕》中"兮"表感叹仅1例,且与"猗"连用,故不单独讨论。

(欤)""猗"诸词能够独立地负载句子的感叹信息①,表达感叹语气,我们称之为感叹语气词;"也"属非感叹语气词。

4.3.3 祈使句。

4.3.3.1 关于"也""者"。《吕》中,"也"出现在祈使句句末共19例,"者"仅1例,句中均有其他表示祈使的词语。例如:

> 愿先生之勿患也。(《至忠》)
>
> 欲先生之以此听寡人也。(《不屈》)
>
> 无欺我也。(《贵因》)
>
> 宫之奇谏曰:"不可许也。"(《权勋》)
>
> 且二君将改图,毋或进者。(《贵信》)

或有"愿""欲""可"之类表示祈使的动词,或有"无""毋""勿"之类表示禁止的否定副词,无一例外。如果句子中没有了这些表示祈使的词语,该句就不成其为祈使句了。② 但是,句末的语气助词"也""者"却是可以没有。例如:

> 愿太子易日。(《开春》)
>
> 无或失时。(《孟夏》)
>
> 客请勿复言。(《审应》)

句末虽然没有语气助词,但上述诸句仍然都是祈使句。这说明,"也""者"不是负载祈使信息的独立载体,它们只是加重句子固有的祈使语气,使语气舒缓。

---

① 所谓"独立"并非排除语调。据现代汉语推测,上古汉语中,感叹句的语调当与陈述句有别,只不过我们目前还无法证实罢了。

② 《去私》篇有"先生之以此听寡人也"句,陶鸿庆曰:"句首当有'欲'字。"(59页)按:该句不是一个独立的句子,句中结构助词"之"便是标志,该句当与上文《不屈》例同。

4.3.3.2 关于"矣""乎""已"。《吕》中,"矣"出现在祈使句句末共10例,"乎"4例,"已"1例(前移至句中),都出现在肯定形式的祈使句中。例如:

夫子勉之矣。(《士节》)

贾出矣,不谷知之矣。(《重言》)

子复事矣。(《高义》)

谓王:"起矣。"(《直谏》)

卒然相遇于涂,曰:"姑相饮乎。"(《当务》)

归已君乎。(《求人》)

"矣""乎""已"三词与"也""者"不同的是,大多数情况下,句中无须有其他表示祈使的词语①;相同的是,句末的语气助词脱落后,该句仍是祈使句,祈使语气不变。例如:

王必勉之。(《贵直》)

这说明"矣""乎""已"也非负载祈使信息的独立载体,其作用与"也""者"同。

综上所述,《吕》中没有独立负载祈使信息、表达祈使语气的语气助词。

4.3.4 陈述句。《吕》中,陈述句大多不带语气词,一般陈述语气的表达无须靠语气助词。但一旦陈述句句末有了语气助词,不仅加重了句子固有的一般陈述语气,而且还附加上了诸如肯定、限止、强调、论断、解释等语气色彩。

至于出现在陈述句句首、句中的语气助词的功能已在上节论及,兹不赘述。

---

① 《不侵》篇有"愿因请公往矣",句中有表示祈使的动词,属偶见。

4.3.5 《吕》中,句末语气助词按其表达语气的功能可分为三类,列举如下:

(1)陈述语气助词:也、矣、已(以)、耳、者、焉、而已;

(2)疑问语气助词:乎、邪(耶)、与(欤)、*也、*夫、*于①;[附:为]②

(3)感叹语气助词:哉、乎、夫、矣、兮、猗、*与(欤)。

语气助词表达语气的功能是多功能的,还是单功能的,这一直是个有争议的问题。③ 在对《吕》语气助词的考察中,我们看到,少数语气助词兼表两种语气,如"乎"(疑问/感叹)、"矣"(陈述/感叹)④;表达一种语气的语气助词也并非绝对地只表一种语气,也有特例,如"也""夫""与(欤)"等。正如吕叔湘先生所说:"语气词和语气不是一一相配的。"⑤我们认为,之所以出现这种现象至少有以下两点原因:(1)语气范畴是一个很复杂的范畴,而我们讨论的语气助词只是当时公认的记录语气的书写形式,以有限的书写形式去记录复杂的语气,不可能一一对应。这种现象在现代汉语中依然存在。⑥ (2)每个时代的语气助词系统中,都会有特例存在,这是正常的语言现象。像《吕》这样的集体创作,特例更是不可

---

① 带 * 的语气助词均属特例。

② "为"只出现在反问句句末,不是疑问语气的独立载体,故附于此。

③ 郭锡良《先秦语气词新探(一)》一文认为"语气词的作用是单功能的"。

④ 《马氏文通》云:"'乎'字助设问之句者,其常也。"(362页)又云:"'乎'字助咏叹之句者,非其常。"(366页)。关于"矣",《马氏文通》云:"'矣',传信助字也。"(341页)又云:"其以读为叹句之起词者,尤数见也。"(342页)

⑤ 见《中国文法要略》(商务印书馆,1956年)261页。

⑥ 参见胡明扬《北京话的语气助词和叹词》一文(载胡明扬《语言学论文选》,中国人民大学出版社,1991年,51—80页)。胡先生在文中用"啊¹""啊²""呗¹""呗²""呕¹""呕²"等分别记录同一书写形式下的语气助词语音、语气意义的差异。

避免的。所以,我们的看法是:语气助词表达语气的作用并非是单功能的,但每个语气助词总是以表达一种语气为主。

4.4 语气助词的连用

4.4.1 《吕》中,语气助词连用共涉及 10 个词,共有 11 种结合形式,列举如下:

1.句末语气助词连用:耳矣(2)、而已矣(25)、而已也(1)、矣夫(2)、也夫(4)、乎哉(2)、哉乎(2)、兮猗(1)、矣乎(1)、也哉(4)。例如:

多勇者则为制耳矣。(《壹行》)

有巨有微而已矣。(《荡兵》)

非特具之而已也。(《贵当》)

(以上为陈述句。)

呜呼! 有疾,命矣夫!(《音初》)

以公叔之贤,而今谓寡人必以国听鞅,悖也夫!(《长见》)

异乎哉! 此非吾所谓道也。(《诚廉》)

善哉乎鼓琴!(《本味》)

候人兮猗。(《音初》)

(以上为感叹句。)

其唯圣人矣乎?(《不二》)

岂非命也哉?(《观世》)

(以上为疑问句。)

2.句中语气助词连用:也者(50)。例如:

德也者,万民之宰也。(《精通》)

其邻之子非变也,己则变矣。变也者无他,有所尤也。(《去尤》)

《吕》中,祈使句、疑问句中的询问句未见语气助词连用的现象。

考察《吕》语气助词连用的现象,我们得到以下印象:(1)语气助词连用的个数受到限制,《吕》中仅见两个语气词连用,未见三个语气词连用的形式。① (2)《吕》中语气助词连用的几种形式在《吕》之前的先秦文献中均已出现②,《吕》中未见新的语气助词连用形式。(3)《吕》中,语气助词连用共得 94 例,约占语气助词出现总频率的 2%,出现频率甚低;而且除个别形式("而已矣""也者")外,均属偶见。这表明,尽管先秦时期是语气助词连用现象表现得最为活跃的时期,但发展至《吕》时代,语气助词连用已呈现出下降的态势。

4.4.2 根据语气助词表达语气的类别,语气助词连用又可分为同类连用和异类连用两种类型。所谓同类连用是指连用的语气助词表达同一种语气,如"耳矣""而已矣""而已也""也者"(以上为陈述语气助词连用),"矣夫""乎哉""哉乎""兮猗"(以上为感叹语气助词连用)。所谓异类连用是指表达不同语气的语气助词连用,如"也夫""也哉""矣乎"("矣""也"为陈述语气助词,"夫""哉"为感叹语气助词,"乎"为疑问语气助词)。语气助词在连用时基本上保持了单用时的语气意义,正如《马氏文通》所云:"合助之字(按:指连用的语气助词),各抱本意,藉以毕达句中所孕之辞气耳。"③但连用的语气助词总有一个是语气的重心所在,它决定着该句的基

---

① 《论语》中就有"也已矣"(《子张》)、"也与哉"(《阳货》)、"焉乎尔"(《雍也》)、"尔已矣"(《述而》)等三个语气助词连用的形式。
② 参见赵长才《先秦汉语语气词连用现象的历时演变》一文(载《中国语文》1995年第 1 期)。
③ 见《马氏文通》(商务印书馆,1983 年)381 页。

本语气类型。语气的重心所在又与语气助词连用的类型紧密相关。一般地说,同类连用,语气重心在前;异类连用,语气重心在后。非语气重心的语气助词如果脱落,不会影响该句的基本语气。

4.4.3 《吕》中,语气助词连用是有选择的。例如:常用的陈述语气助词"也""矣"未见其连用形式;常用的疑问语气助词"乎""与(欤)""邪(耶)"未见其连用形式;常用的感叹语气助词"哉""夫"也未见其连用形式。不仅《吕》未见,即使在先秦其他文献中也很难见到。①

《吕》中,语气助词连用是有序的。只有个别连用形式可以互换位置,如"乎哉"偶或也可以说"哉乎",其余连用形式都不能颠倒位置。凡陈述语气助词连用,或"也"、或"矣"殿后;凡陈述语气助词与非陈述语气助词连用,总是非陈述语气助词殿后。②

5. 小 结

助词在《吕》词类系统中词量居第八位(约占总词量的0.4%)。助词都是单音词,唯"而已"一词属特例。

助词没有实在的词汇意义,不能单独存在,只能粘附在词、短语或句子之上,或协调音节以足句,或在句法结构中起标志作用,或传达各种语气。根据助词的功能,我们把助词分为音节助词、结

---

① 参见郭锡良《先秦语气词新探(二)》一文附表二。除"也矣"连用形式《韩非子》《战国策》各见1例外,"乎""与""邪"之间,以及"夫""哉"均未见连用形式。(载《古汉语研究》1989年第1期)

② 《马氏文通》云:"凡以传信助字为殿者,从未见有参以传疑助字者也。"又云:"其以传信助字与传疑助字双合为助者,则惟传疑者殿句。"(378—379页)《吕》语气助词连用的情况正与马氏的结论相合。

构助词、语气助词三类。

先秦时期音节助词一度极为繁复,但至《吕》时代已基本消亡。

结构助词虽然只有4个词,但其使用频率之频繁(频度为1238.5)居三类助词之冠。结构助词的语法功能有四:(1)标志句法结构的语法关系;(2)标志主谓结构不独立成句;(3)标志句法结构内部词序的变化;(4)标志句法结构性质的改变。结构助词的位置随其功能的差异而有别。

语气助词按其表达语气的功能而分为三类:(1)陈述语气助词;(2)疑问语气助词;(3)感叹语气助词。语气助词表达语气的作用并非是单功能的,但每个语气助词总是以表达一种语气为主。

语气助词的位置以句末为主,少量出现在句中,唯"夫"一词出现在句首。为表达情感的需要,句末语气助词有时可以随谓语前移。

《吕》中,语气助词连用约占语气助词总频率的2%,这表明,尽管先秦时期是语气助词连用现象表现得最为活跃的时期,但发展至《吕》时代,语气助词连用已呈现出下降的态势。语气助词连用分为同类连用和异类连用。一般地说,同类连用,语气重心在前;异类连用,语气重心在后。语气助词连用是有选择的,是有序的。

《吕》的助词基本上各属一类,或音节助词,或结构助词,或语气助词,唯"之""者"二词例外。"之"兼属音节助词、结构助词两类,"者"兼属音节助词、结构助词、语气助词三类。

十二 《吕氏春秋》叹词研究

1. 叹词概说

《吕》中共有 7 个叹词(27),其中单音叹词 5 个,它们是:嘻(譆)(17)、訾(1)、嗟(1)、与(1)、於(1);复音叹词 2 个,它们是:嗟乎(3)、呜呼(3)。

《吕》中的叹词在上古音系中均属阴声韵,兹按上古韵部列举如下:

之部:嘻(譆);

支部:訾;

歌部:嗟;

鱼部:与、呜、於、乎。

叹词自身没有确切的词汇意义;在话语中总是单独成读,独立于句子结构之外。

叹词或表情,或表意,须依语言环境而定。① 同一情感可以由不同的叹词表达,而同一叹词在不同的语言环境中又可表达不同情感。正如《马氏文通》所云:"叹字终于单音而极于三音。其发而为叹美,为伤痛者,或音同而字异,或字同而情变,所谓随字见情,

---

① 表意指向对方传递某种信息,如:呼唤。

因声拟字,不可拘也。"(382 页)

《吕》中,叹词的位置一般总是在话语之首(25),偶尔在话语之中(2)。叹词大多与其他话语相连(23 例),但也有独用而无其他话语的情况(4 例)。

2. 叹词分述

2.1 嘻(譆)

"嘻(譆)"以表情为常(16),偶尔表意(1)。例如:

  愠曰:"嘻!胥渠也。"(《爱士》) [表示愤怒。]

  相视而笑曰:"譆!异乎哉!"(《诚廉》) [表示诧异。]

  汤曰:"嘻!尽之矣。非桀,其孰为此也?"(《异用》) [表示不满。]

  文公闻之曰:"譆!此必介子推也。"(《介立》) [表示叹息。]

(以上表情。)

  曰:"嘻!君舆。吾请为君反死。"(《报更》) [呼唤。]

(以上表意。)

"嘻(譆)"均出现在话语之首,单独成读;有时独用而无其他话语相连(4)。例如:

  武王曰:"嘻!"遽告太公。(《贵因》) [表示惊喜。]

  晏子曰:"譆!"遽解左骖以赎之。(《观世》) [表示叹息。]

  庄王方削袂,闻之曰:"嘻!"投袂而起。(《行论》) [表示愤怒。]

  平阿之余子曰:"嘻!"还反战。(《离俗》) [表示顿悟。]

上述四例,"嘻(誒)"独用而表达不同的情感。据现代汉语叹词的研究①,我们推测,《吕》时代,上述四例中"嘻"的音值(声调、长短、开口度、轻重等方面)当有所区别,但这些今天已无法考察,我们只能根据语言环境去体会其间的差异了。

2.2　訾,与
皆表愤怒之情,处于话语之首,单独成读。例如:

子反叱曰:"訾! 退,酒也。"(《权勋》)　毕沅曰:"《韩非》作'嘻'。"王引之曰:"訾与呰同。《说文》:'呰,苛也'(苛与呵同)。"(869页)

子胥将死,曰:"与! 吾安得一目以视越人之入吴也。"(《知化》)　陈奇猷曰:"与借为吁(二字皆隶鱼部),一字为句,叹词。"(1557页)

2.3　嗟
表示叹息。出现在话语之中,单独成读。例如:

惠王往问之,曰:"公叔之疾,嗟! 疾甚矣!"(《长见》)　松皋圆曰:"亲戚存访忧叹之深也,见于辞句间。"(613页)

2.4　於
表示赞叹。出现在话语之中。例如:

周公旦乃作诗曰:"文王在上,於昭于天。"(《古乐》)　按:周公之诗今见《诗经·大雅·文王》。毛传:"於,叹辞也。""於"亦当单独成读,因在诗句之中,故未断句。

2.5　嗟乎,呜呼
皆表叹息,处于话语之首,单独成读。例如:

---

① 参见《北京话的语气助词和叹词》一文(载胡明扬《语言学论文选》51—80页)。

戎夷太息叹曰:"嗟乎! 道其不济夫。"(《长利》)
孔甲曰:"呜呼! 有疾,命矣夫!"(《音初》)

3.《吕》叹词一览表

意义分布 / 叹词		表情					表意	位置		与其他话语连用	独用
		愤怒	诧异	叹息	惊喜、赞美	顿悟	呼唤	话语之首	话语之中		
单音	嘻	6	3	2	1	4	1	17	0	13	4
	訾	1	0	0	0	0	0	1	0	1	0
	与	1	0	0	0	0	0	1	0	1	0
	嗟	0	0	1	0	0	0	0	1	1	0
	於	0	0	0	1	0	0	0	1	1	0
复音	嗟乎	0	0	3	0	0	0	3	0	3	0
	呜呼	0	0	3	0	0	0	3	0	3	0

《吕》中,叹词以单音为主,而单音叹词又以"嘻(譆)"为主,这不仅反映在出现频率上,而且也反映在表达情感的多样化上。复音叹词表达情感则比较单一。与表情叹词相连的话语之末总有语气助词与之呼应,以加重语气。

附　录

Ⅰ 《吕氏春秋》兼类词一览表(452)

(1)形/名兼类(63)

众、小、朽、公、圣、孝、情、勇、愚、弱、高、贤、老、武、苛、幼、戾、夭、章、圆、桀、雄、险、逸、旁、烧、壮、群、昏、泽、陂、玉、野、末、元、鹹、鄙、祥、精、暮、义、棘、偏、豀、素、真、智、仁、污、神、工、寿、邪、时、旬、端、故、荣、阳、孤、功、宝、不肖。

(2)形/动兼类(63)

近、简、著、淫、强、幸、明、轻、美、暴、危、显、疏、循、逊、修、幽、蕃、浮、秀、竞、佚、别、鸷、运、伤、熟、盛、执、杀、假、约、兴、辩、易、肃、酷、嘉、诡、旷、乾、非、全、好、安、是、完、阻、审、慈、定、同、谨、平、柱、先、怒、可、致、尚、充满、暴虐。

(3)名/动兼类(222)

舞、威、外、内、枕、旌、间、丧、焦、横、辱、战、息、败、泣、盟、过、务、害、祀、後、际、居、祠、邻、刑、说、服、养、染、烛、歌、塞、誉、耨、具、离、陷、诏、理、载、指、用、责、闭、虐、藏、贼、种、殃、纵、冠、议、识、惠、代、图、乡、轼、蔽、传、制、禽、礼、择、书、帅、操、祝、罪、角、囚、列、城、稼、记、费、爵、量、佐、盖、历、翼、履、防、孽、粪、环、刈、杖、绳、钩、辅、招、雪、仪、围、象、次、资、舫、树、徵、筑、禄、障、布、雨、失、命、令、使、足、愿、欲、能、谋、言、学、论、任、事、由、以、保、禁、权、梦、习、忧、意、辞、被、房、赋、赐、教、饮、衣、食、饭、御、语、法、则、师、耻、刍、期、虑、患、友、齿、君、王、霸、带、戚、率、志、市、突、族、产、病、等、肆、朝[1]、伯、扑、室、材、党、係、狱、序、敌、聱、贾、弋、组、糵、硌、培、绩、姓、规、盗、寇、面、宰、味、形、军、役、饥、忠、衝、臣、巢、铭、陶、宅、膳、解、经、处、封、行、朝[2]、鼓、度、举、相、尝、将、庸、徒、积聚、壅塞、动作、畜积。

(4)形/副兼类(5)

甚、殊、大、固、新。

(5)动/副兼类(18)

无、加、不、革、必、交、趣¹、反、周、俱、滋、总、卒、尽、更、备、毕、遍。

(6)动/介兼类(16)

为、与、因、用、以、从、由、如、缘、繇、於、在、终、及、于、当。

(7)名/量兼类(3)

里、亩、石。

(8)数/动兼类(1)

壹。

(9)动/量兼类(1)

束。

(以上兼两类。)

(10)形/动/名兼类(32)

善、乱、贱、寡、中、上、下、知、私、圜、重、要、质、薄、适、尊、恶、难、贵、苦、厉、利、治、生、和、甘、长(zhǎng)、穷、陈、类、名、疾。

(11)形/动/副兼类(9)

通、敬、多、几、复、信、专、宜、敢。

(12)形/名/副兼类(3)

常、曲、实。

(13)动/名/副兼类(3)

极、会、终。

(14)形/名/介兼类(1)

方。

(15)形/动/介兼类(1)

比。

(16)名/动/介兼类(1)

道。

(17)名/量/动兼类(3)

步、舍、乘。

(18)名/量/形兼类(1)

钧。

(19) 数/名/动兼类(1)

一。

(以上兼三类。)

(20) 形/动/名/副兼类(4)

正、少、益、亲。

(21) 形/动/副/介兼类(1)

至。

(以上兼四类。)

* 《吕》词表,限于篇幅,兹不赘列,请参见张双棣、殷国光、陈涛著《吕氏春秋词典》。需要说明的是,关于复音词的界定、词的归类,本书与该词典不完全相同,故词量统计亦有出入。

Ⅱ 主要参考著作

马建忠 《马氏文通》(商务印书馆,1983年)
王 力 《汉语语法史》(山东教育出版社,1990年)
吕叔湘 《中国文法要略》(商务印书馆,1956年)
朱德熙 《语法讲义》(商务印书馆,1982年)
胡明扬 《语言学论文选》(中国人民大学出版社,1991年)
杨伯峻、何乐士 《古汉语语法及其发展》(语文出版社,1992年)
周法高 《中国古代语法》(台湾中央研究院历史语言研究所,1959年, 1961年,1962年)
陈奇猷 《吕氏春秋校释》(学林出版社,1984年)
何乐士 《左传虚词研究》(商务印书馆,1989年)
　　　 《左传范围副词》(岳麓书社,1994年)
易孟醇 《先秦语法》(湖南教育出版社,1989年)
程湘清主编 《先秦汉语研究》(山东教育出版社,1982年)
张双棣、殷国光、陈涛 《吕氏春秋词典》(山东教育出版社,1993年)

后　记

　　本书是 1996 年度国家社会科学基金资助项目《〈吕氏春秋〉语法研究》的成果之一。

　　王力先生生前曾多次说起，汉语史的基础研究做得还很不够。应该多作些断代的研究，专书的研究。笔者有幸亲聆教诲，并遵照先生这一思想，开始了对《吕氏春秋》专书的研究。

　　从 1982 年起，我和同窗好友张双棣、张万彬、陈涛一起对《吕氏春秋》进行了校勘、注译(《吕氏春秋译注》已于 1986 年由吉林文史出版社出版)，并编制了索引，又与张双棣、陈涛合作撰写了词典(《吕氏春秋词典》已于 1993 年由山东教育出版社出版)。本课题的研究，就是在这个基础之上进行的。应该说，这本书也包含着几位学兄的辛劳，谨借此机会向他们表示诚挚的谢意。

　　我的研究生导师胡明扬教授对本书的写作给予了极大的关注，在本书的写作过程中，笔者始终得到胡先生的指导与鼓励，胡先生还在百忙中为本书作序，谨在此致以深挚的谢意。本书的部分书稿承蒙何乐士教授、周生亚教授审阅，匡正多处，笔者受益良多，亦在此向二位先生表示衷心的感谢。

　　此外，还要特别感谢本书的责任编辑徐君，感谢她为本书出版所付出的一切辛劳；同时也感谢华夏出版社为本书出版给予的支持。

　　笔者希望本书提供的各种数据和结论能够有助于上古汉语词

类研究的深化;同时也希望本书关于专书词类研究的具体操作所提出的一些原则、方法能够引起古汉语语法学界同仁的关注。果真能够如此,于愿足矣。由于对上古汉语专书的词类进行全面的、量化的研究尚缺乏可资借鉴的先例,更由于笔者水平有限,本书的不成熟和不完备原在意料之中,错误和遗漏固在所难免,恳切地希望得到专家和读者的批评指正。

殷 国 光
1996 年 10 月于中国人民大学

再 版 后 记

拙著《〈吕氏春秋〉词类研究》自 1997 年出版至今已经十年了。

十年来学界的前辈、同仁对拙著给予了关注，并对其学术价值予以了肯定。拙著获得第七届北京大学王力语言学奖、全国普通高等院校第二届人文社会科学优秀成果奖，完全是学界前辈与同仁给予的关爱，这对我来说是极大的鞭策和鼓励。

值此书再版之际，饮水思源，首先要感谢北京大学、中国人民大学培养我的诸位恩师，是他们为我开启了语言学的大门，引导我步入了语言学的殿堂，并以他们渊博的学识和辛劳为我从事语言研究奠定了坚实的基础；其次要感谢商务印书馆，感谢汉语编辑室主任周洪波先生，他们对发展学术事业的远见卓识及热忱使这本小书的再版成为可能；此外，还要感谢本书的责任编辑宿娟女士，感谢她为拙著的再版所付出的一切辛劳。

拙著这次再版，改正了初版中个别数据的错误，修正了初版中的个别结论，并对某些低频语言现象（如：近指代词"兹""时""斯"，"登自鸣条"等）做了进一步的描写和阐释。

专书语法研究虽然是共时的描写，但这种描写必须置于汉语历时发展的背景之下，也需要有时间和空间的双重视角。拙著《〈吕氏春秋〉词类研究》在上个世纪 90 年代在这方面做了尝试，但这种尝试囿于作者的学识，即使在当时也是很不成熟、很不完备的;今天看起来,存在的问题、讹误自然会更多一些,恳切期望得到学界前辈和同仁的批评指正。

殷 国 光

2007 年 5 月于中国人民大学